John Coleman

Het Tavistock Instituut
voor Menselijke Relaties

De morele, spirituele, culturele, politieke en economische
neergang van de Verenigde Staten van Amerika
vormgeven

*Ø*MNIA VERITAS®

John Coleman

John Coleman is een Britse auteur en voormalig lid van de Geheime Inlichtingendienst. Coleman heeft diverse analyses gemaakt van de Club van Rome, de Giorgio Cini Stichting, Forbes Global 2000, het Interreligieus Vredescolloquium, het Tavistock Instituut, de Zwarte Adel en andere organisaties met thema's uit de Nieuwe Wereldorde.

Het Tavistock Instituut voor Menselijke Relaties
De morele, spirituele, culturele, politieke en economische neergang van de Verenigde Staten van Amerika vormgeven.

The Tavistock Institute of Human Relations: Shaping the Moral, Spiritual, Cultural, Political, and Economic Decline of the United States of America.

Vertaald uit het Engels en uitgegeven door Omnia Veritas Limited

© Omnia Veritas Ltd - 2023

⊘MNIA VERITAS®

www.omnia-veritas.com

Het Tavistock Institute for Human Relations heeft een diepgaande invloed gehad op het morele, spirituele, culturele, politieke en economische beleid van de Verenigde Staten van Amerika en Groot-Brittannië. Het stond vooraan bij de aanval op de Amerikaanse grondwet. Geen enkele groep produceerde meer propaganda om de Verenigde Staten aan te moedigen deel te nemen aan de Eerste Wereldoorlog in een tijd dat de meerderheid van het Amerikaanse volk daartegen was.

Dezelfde tactieken werden door de sociale wetenschappers van Tavistock gebruikt om de VS in de Tweede Wereldoorlog, Korea, Vietnam, Servië en de twee oorlogen met Irak te krijgen. Tavistock begon in de aanloop naar de Eerste Wereldoorlog als een organisatie voor het maken en verspreiden van propaganda in Wellington House in Londen, dat Toynbee "dat zwarte gat van desinformatie" noemde. Bij een andere gelegenheid beschreef Toynbee Wellington House als een "fabriek van leugens". Van een enigszins rudimentair begin groeide Wellington House uit tot het Tavistock Instituut, dat het lot van Duitsland, Rusland, Groot-Brittannië en de Verenigde Staten op zeer controversiële wijze heeft bepaald. De mensen in deze landen wisten niet dat ze werden "gehersenspoeld". De oorsprong van "mind control", "innerlijke sturende conditionering" en massaal "hersenspoelen" wordt uitgelegd in een gemakkelijk te begrijpen en gezaghebbend geschreven boek.

De val van de katholieke dynastieën, de bolsjewistische revolutie, de Eerste en Tweede Wereldoorlog, die de vernietiging van oude bondgenootschappen en grenzen tot gevolg hadden, de omwentelingen in de godsdienst, het verval van de moraal, de vernietiging van het gezinsleven, de ineenstorting van de economische en politieke processen, de decadentie in de muziek en de kunst kunnen allemaal worden toegeschreven aan de massa-indoctrinatie (massahersenspoeling) door de sociale wetenschappers van het Tavistock Instituut. Onder de leden van de Tavistock-faculteit bevond zich Edward Bernays, de neef van Sigmund Freud. Naar verluidt gebruikte Herr Goebbels, minister van Propaganda van het Duitse Derde Rijk, de methoden van Bernays en die van Willy Munzenberg, wiens buitengewone carrière wordt beschreven in dit boek over verleden, heden en toekomst. Zonder Tavistock waren er geen Eerste en Tweede Wereldoorlog geweest, geen Bolsjewistische revolutie, geen oorlogen in Korea, Vietnam, Servië en Irak. Zonder Tavistock zouden de Verenigde Staten niet de weg naar ontbinding en ineenstorting zijn ingeslagen.

Erkenningen

Mijn immense dank voor de hulp, aanmoediging en lange uren werk, doordachte kritiek en aanmoediging voor dit boek die mijn vrouw Lena en onze zoon John in elk stadium van de voorbereiding ervan hebben geboden, inclusief suggesties voor het ontwerp van de omslag, onderzoek en het lezen van bronnen.

Ik ben ook dank verschuldigd aan Dana Farnes voor haar onvermoeibare computerwerk en technische bijstand; aan Ann Louise Gittleman en James Templeton, die me aanmoedigden om dit boek te schrijven en me geen rust gunden tot ik begon; aan Renee en Grant Magan voor het dagelijkse werk, waardoor ik me vrij kon concentreren op het schrijven. Mijn speciale dank gaat ook uit naar Dr. Kinne McCabe en Mike Granston, wier trouwe en constante steun mij in staat stelde dit werk te voltooien.

Voorwoord

Het Tavistock Institute of Human Relations was onbekend bij de bevolking van de Verenigde Staten totdat dr. Coleman het bestaan ervan onthulde in zijn monografie *The Tavistock Institute of Human Relations: Britain's Control of the United States*. Tot dan toe had het Tavistock zijn rol in het vormgeven van de zaken van de Verenigde Staten, zijn regering en zijn bevolking geheim weten te houden sinds zijn oprichting in Wellington House in Londen in 1913.

Na de publicatie van het oorspronkelijke artikel van dr. Coleman waarin deze topgeheime organisatie aan de kaak werd gesteld, kwamen andere mensen naar voren die het auteurschap opeisten, maar zonder dit te kunnen staven.

Het Tavistock Institute begon als een organisatie voor het maken en verspreiden van propaganda, gevestigd in Wellington House, met als doel een propaganda-orgaan te creëren dat het sterke verzet van het publiek tegen de dreigende oorlog tussen Groot-Brittannië en Duitsland kon breken.

Het project werd toevertrouwd aan Lords Rothmere en Northcliffe en hun opdracht was een structuur te creëren die in staat was de publieke opinie te manipuleren en deze verzonnen opinie in de gewenste richting te sturen ter ondersteuning van een oorlogsverklaring van Groot-Brittannië tegen Duitsland.

De financiering werd verstrekt door de Britse koninklijke familie en later door de Rothschilds, met wie Lord Northcliffe door huwelijk verwant was. Arnold Toynbee werd gekozen als directeur van Future Studies. Twee Amerikanen, Walter Lippmann en Edward Bernays, werden aangesteld om de

Amerikaanse publieke opinie te manipuleren ter voorbereiding van Amerika's deelname aan de Eerste Wereldoorlog, en om president Woodrow Wilson te informeren en te sturen.

Uit een enigszins rudimentair begin in Wellington House ontwikkelde zich een formidabel effectieve structuur die het lot van Duitsland, Groot-Brittannië en vooral de Verenigde Staten zou bepalen op een uiterst geraffineerde manier om de publieke opinie te manipuleren en te creëren, wat gewoonlijk "massahersenspoeling" wordt genoemd.

In de loop van haar geschiedenis is Tavistock gegroeid in omvang en ambitie, en in 1937 werd besloten het monumentale werk *Untergange des Abenlandes* (*De ondergang van het Westen*) van de Duitse auteur Oswald Spengler als model te nemen.

Eerder hadden de bestuursleden van Wellington House, Rothmere, Northcliffe, Lippmann en Bernays de geschriften van Correa Moylan Walsh gelezen en als leidraad voorgesteld, in het bijzonder het boek *The Climax of Civilization* (1917) als nauw overeenstemmend met de voorwaarden die moesten worden geschapen vóór de komst van een Nieuwe Wereldorde in een Eén Wereldregering.

Bij deze onderneming overlegden de leden van de Raad van Bestuur met de Britse koninklijke familie en verkregen zij de goedkeuring van de "Olympiërs" (de harde kern van het Comité van 300) om een strategie te formuleren. De financiering werd verstrekt door de monarchie, de Rothschilds, de Milner-groep en de trusts van de Rockefeller-familie.

In 1936 had het monumentale werk van Spengler de aandacht getrokken van wat het Tavistock Instituut was geworden. Om de publieke opinie voor de tweede keer in minder dan twaalf jaar te veranderen en te hervormen, werd Spengler's imposante boek met unanieme instemming van de Raad van Bestuur aangenomen als de blauwdruk voor een nieuw werkmodel om het verval en de noodzakelijke ondergang van de westerse beschaving te bewerkstelligen en een Nieuwe Wereld Orde te creëren en te vestigen binnen een Eén Wereld Regering.

Spengler zag het als onvermijdelijk dat er in toenemende mate vreemde elementen in de westerse beschaving zouden worden geïntroduceerd en dat het Westen er niet in zou slagen deze vreemde vormen te verdrijven, waardoor het zijn lot zou bezegelen als een samenleving waarvan de innerlijke overtuigingen en vaste overtuigingen haaks zouden staan op de uiterlijke professie, met als gevolg dat de westerse beschaving zou verdwijnen zoals de oude beschavingen van Griekenland en Rome.

De gedachte van Tavistock was dat Spengler de westerse beschaving had geïndoctrineerd om het voorbeeld van de Romeinse beschaving te volgen en ontbindende vreemde elementen te verdrijven. Het genetische verlies dat Europa - en in het bijzonder Scandinavië, Engeland, Duitsland, Frankrijk - (de Angelsaksische, Noordse en Alpen-Germaanse rassen) is overkomen, dat vlak voor de Tweede Wereldoorlog begon, is al zo groot dat het alle verwachtingen overtreft, en gaat onder de deskundige leiding van de managers van Tavistock in een alarmerend tempo door.

Wat vroeger een zeer zeldzame gebeurtenis was, is een gewone gebeurtenis geworden, een zwarte man getrouwd met een blanke vrouw of omgekeerd.

De twee wereldoorlogen hebben de Duitse natie bijna een kwart van haar bevolking gekost. Het grootste deel van de intellectuele energie van de Duitse natie werd afgeleid naar de kanalen van de oorlog om het vaderland te verdedigen, ten koste van de wetenschap, de kunsten, de literatuur, de muziek en de culturele, geestelijke en morele vooruitgang van de natie. Hetzelfde kan worden gezegd van de Britse natie. De brand die de Britten onder leiding van Tavistock stichtten, stak heel Europa in brand en richtte onberekenbare schade aan volgens het plan van Tavistock dat overeenkwam met de voorspellingen van Spengler.

De klassieke en westerse beschavingen zijn de enige twee die de wereld een moderne renaissance kunnen brengen. Zij bloeiden en gingen vooruit zolang deze beschavingen onder controle bleven van de Angelsaksische, Noordse, Alpiene en Germaanse rassen. De ongeëvenaarde schoonheid van hun literatuur, hun kunst, hun klassieken, de geestelijke en morele vooruitgang van het vrouwelijk geslacht met een overeenkomstige hoge graad van bescherming, was wat de westerse en klassieke beschavingen onderscheidde van de rest.

Het was dit bolwerk dat Spengler steeds meer aangevallen zag worden, en het denken van Tavistock volgde parallelle paden, maar met een heel ander doel. Tavistock zag deze beschaving als een struikelblok voor de komst van een Nieuwe Wereldorde, evenals de nadruk op het beschermen en verheffen van het vrouwelijk geslacht tot een plaats van groot respect en eer.

Het belangrijkste idee van Tavistock was dus het Westen te "democratiseren" door de vrouwelijkheid en de raciale, morele, spirituele en religieuze fundamenten waarop de westerse beschaving rust aan te vallen.

Zoals Spengler suggereerde, waren de Grieken en Romeinen toegewijd aan sociale, religieuze, morele en spirituele vooruitgang en het behoud van vrouwelijkheid en zij slaagden daarin zolang zij de controle hadden en de zaken zo konden regelen dat de regering werd geleid door een beperkt aantal verantwoordelijke burgers, gesteund door de algemene bevolking, die allen van hetzelfde zuivere, onvervalste ras waren. De plannenmakers van Tavistock zagen dat de manier om het evenwicht van de westerse beschaving te verstoren was om ongewenste veranderingen in het ras te forceren door de controle over te dragen van de verdienstelijke naar de onverdiende, zoals de oude Romeinse heersers die werden verdrongen door hun vroegere slaven en de buitenlanders die zij onder zich hadden laten komen.

In 1937 had Tavistock een lange weg afgelegd na het begin in Wellington House en de succesvolle propagandacampagne die het Britse publiek, dat in 1913 sterk tegen de oorlog was, tot gewillige deelnemers had gemaakt door de kunst van het manipuleren en de gewillige medewerking van de nieuwsmedia.

Deze techniek werd in 1916 aan de andere kant van de Atlantische Oceaan toegepast om het Amerikaanse volk te manipuleren om de oorlog in Europa te steunen. Ondanks het feit dat de overgrote meerderheid, waaronder ten minste 50 Amerikaanse senatoren, fel gekant was tegen deelname van de VS aan wat zij beschouwden als een ruzie tussen Groot-Brittannië en Frankrijk enerzijds en Duitsland anderzijds, voornamelijk over handel en economie, lieten de samenzweerders zich niet afschrikken. Het was op dit punt dat Wellington House het woord "isolationisten" introduceerde als pejoratieve beschrijving van die Amerikanen die tegen Amerikaanse deelname aan de oorlog waren. Het gebruik van deze woorden en uitdrukkingen nam toe onder de deskundige hersenspoeling van de sociale wetenschappers van Tavistock. Termen als "regime change", "collateral damage" werden gemeengoed.

Met het Tavistock-plan aangepast aan de Amerikaanse omstandigheden, leidden Bernays en Lippmann president Woodrow Wilson ertoe om de allereerste methodologische technieken in te voeren voor het peilen (vervaardigen) van de zogenaamde publieke opinie die door de propaganda van Tavistock werd gecreëerd. Zij leerden Wilson ook een geheim korps van "managers" op te zetten om de oorlogsinspanning te beheren en een korps van "adviseurs" om de president bij te staan in zijn besluitvorming. De Commissie Creel was het eerste adviesorgaan dat in de Verenigde Staten werd opgericht.

Woodrow Wilson was de eerste Amerikaanse president die publiekelijk zijn steun uitsprak voor de oprichting van een Nieuwe Wereldorde binnen een socialistische Eenheidsregering. Zijn opmerkelijke aanvaarding van de Nieuwe Wereldorde wordt beschreven in zijn boek *The New Freedom*.

Ze zeggen "zijn" boek, maar in feite is het geschreven door de socialist William B. Hayle. Wilson hekelt het kapitalisme. "Het is in strijd met de gewone man en heeft stagnatie gebracht in onze economie," schreef Wilson.

Toch maakte de Amerikaanse economie in die tijd een

ongekende welvaart en industriële expansie door:

> "Wij zijn in de aanwezigheid van een revolutie - geen bloedige revolutie, Amerika is niet gemaakt om bloed te vergieten - maar een stille revolutie, waardoor Amerika zal aandringen op de terugkeer naar de praktijk van die idealen die het altijd heeft verdedigd, van het vormen van een regering gewijd aan de verdediging van het algemeen belang. We staan aan de vooravond van een tijd waarin het systematische leven van het land in elk opzicht ondersteund of tenminste aangevuld zal worden door de activiteit van de regering. En nu moeten we bepalen wat voor soort overheidsactiviteit dit zal zijn; of deze, in eerste instantie, door de regering zelf wordt gestuurd, of dat deze indirect is, via instrumenten die zich al gevormd hebben en klaar staan om de plaats van de regering in te nemen."

Terwijl de Verenigde Staten onder president Wilson nog een neutrale mogendheid waren, verspreidde Wellington House een gestage stroom leugens over Duitsland en de vermeende dreiging die het voor Amerika vormde.

We herinneren ons de verklaring van Bakoenin in 1814, die zo goed paste bij de schandelijke propaganda die Wilson gebruikte om zijn argumenten te ondersteunen:

> "Liegen door diplomatie: Diplomatie heeft geen andere missie. Wanneer een staat een andere staat de oorlog wil verklaren, begint hij met een manifest dat niet alleen gericht is aan zijn eigen onderdanen, maar aan de hele wereld.

> In dit manifest verklaart zij dat recht en rechtvaardigheid aan haar kant staan, en tracht zij te bewijzen dat zij gedreven wordt door liefde voor vrede en menselijkheid (en voor de democratie), en dat zij, doordrongen van grootmoedige en vreedzame gevoelens, lang in stilte heeft geleden totdat de toenemende ongerechtigheid van haar vijand haar dwong met het zwaard te zwaaien.

> Tegelijkertijd zweert zij dat zij, minachtend voor elke materiële verovering en niet uit op uitbreiding van het grondgebied, een einde zal maken aan deze oorlog zodra het recht is hersteld. En zijn tegenstander antwoordt met een soortgelijk manifest, waarin uiteraard het recht, de rechtvaardigheid, de menselijkheid en alle edelmoedige gevoelens aan zijn kant staan. Deze manifesten, die

tegenover elkaar staan, zijn met dezelfde welsprekendheid geschreven, ze ademen dezelfde rechtschapen verontwaardiging, en het ene is even oprecht als het andere, dat wil zeggen, ze zijn allebei schaamteloos in hun leugens, en alleen dwazen laten zich erdoor misleiden. Verstandige mensen, iedereen met enige politieke ervaring, nemen niet eens de moeite dergelijke uitspraken te lezen."

De proclamaties van president Wilson vlak voordat hij naar het Congres ging om een grondwettelijke oorlogsverklaring te vragen, belichamen elk van Bakoenins gevoelens.

Hij "loog voor de diplomatie" en gebruikte de ruwe propaganda die in Wellington House was gemaakt om het Amerikaanse publiek op te hitsen met verhalen over wreedheden die het Duitse leger tijdens zijn opmars door België in 1914 had begaan. Zoals we zullen ontdekken, was dit in wezen een gigantische leugen die dankzij de propagandamanoeuvres van Tavistock als waarheid werd voorgesteld.

Ik herinner me dat ik door een grote stapel oude kranten bladerde in het British Museum, waar ik vijf jaar lang uitgebreid onderzoek deed. De kranten besloegen de jaren 1912 tot 1920. Ik herinner me dat ik toen dacht: "Is het niet verbazingwekkend dat de stormloop op een totalitaire socialistische regering van de Nieuwe Wereldorde wordt geleid door de Verenigde Staten, zogenaamd een bastion van vrijheid?"

Toen werd het me overduidelijk dat het Comité van 300 zijn mensen heeft op elk niveau in de Verenigde Staten, in het bankwezen, de industrie, de handel, defensie, het ministerie van Buitenlandse Zaken en zelfs het Witte Huis, om nog maar te zwijgen van het eliteclubje dat de Senaat van de Verenigde Staten heet en dat volgens mij gewoon een forum is om een Nieuwe Wereldorde door te drukken.

Toen besefte ik dat de propaganda-explosie van president Wilson tegen Duitsland en de keizer (in feite het product van de Rothschild-agenten Lords Northcliffe en Rothmere, en de propagandafabriek Wellington House) niet veel verschilde van de "verzonnen situatie" in Pearl Harbor, het "incident" in de Golf van Tonkin en, Terugkijkend zie ik geen verschil tussen de propagandaleugens over de wreedheid van Duitse soldaten die armen en benen van kleine Belgische kinderen afhakten in 1914, en de methoden die gebruikt werden om het Amerikaanse volk te misleiden om de Bush regering toe te staan Irak binnen te vallen. Was in 1914 de keizer een "woeste bruut", een "meedogenloze moordenaar", een "monster", de "Slager van Berlijn", in 2002 was president Hoessein dat allemaal en meer, inclusief de "Slager van Bagdad"! Arm, misleid, gedupeerd, medeplichtig, vertrouwend Amerika! Wanneer zullen jullie het ooit leren?

In 1917 ramde Woodrow Wilson de agenda van de Nieuwe Werelddorde door het Huis en de Senaat, en president Bush ramde in 2002 de agenda van de Nieuwe Wereldorde voor Irak door het Huis en de Senaat zonder debat, in een willekeurige machtsuitoefening en een flagrante schending van de Amerikaanse grondwet, waarvoor het Amerikaanse volk een enorme prijs betaalt. Maar het Amerikaanse volk lijdt aan een traumatische schok veroorzaakt door het Tavistock Institute of Human Relations en slaapwandelt zonder echt leiderschap.

Ze weten niet wat de prijs is en ze willen er niet achter komen. Het Comité van 300 blijft de Verenigde Staten besturen, net als tijdens de presidentschappen van Wilson en Roosevelt, terwijl het Amerikaanse volk werd afgeleid door "brood en spelen", behalve dat het nu honkbal, voetbal, eindeloze Hollywoodproducties en sociale zekerheid is. Er is niets veranderd.

De Verenigde Staten, getreiterd, opgejaagd, geduwd en geschoven, is op de snelle weg naar de nieuwe wereldorde, voortgestuwd door de radicale Republikeinen van de oorlogspartij die zijn overgenomen door de wetenschappers van het Tavistock Instituut voor Menselijke Relaties.

Onlangs nog vroeg een abonnee mij "waar ik het Tavistock Instituut kon vinden". Mijn antwoord was: "Kijk rond in de Amerikaanse Senaat, het Huis van Afgevaardigden, het Witte Huis, het Ministerie van Buitenlandse Zaken, het Ministerie van Defensie, Wall Street, Fox T.V. (Faux T.V.) en je zult op elk van deze plaatsen hun veranderaars zien."

President Wilson was de eerste Amerikaanse president die de oorlog "beheerde" via een burgercomité dat werd geleid en gestuurd door de reeds genoemde Bernays en Lippmann van Wellington House.

Het daverende succes van Wellington House en zijn enorme invloed op de loop van de Amerikaanse geschiedenis begon al eerder, in 1913. Wilson was bijna een jaar bezig geweest met het ontmantelen van de beschermende handelstarieven die hadden voorkomen dat de Amerikaanse binnenlandse markten zouden worden overspoeld door "vrijhandel", wat in wezen betekende dat goedkope Britse goederen, gemaakt door onderbetaalde arbeid in India, de Amerikaanse markt konden overspoelen. Op 12 oktober 1913 ondertekende Wilson de wet die het begin betekende van het einde van Amerika's unieke middenklasse, lange tijd het doelwit van Fabiaanse socialisten. Het wetsvoorstel werd omschreven als een maatregel om "de tarieven aan te passen", maar het zou nauwkeuriger zijn geweest het te omschrijven als een wetsvoorstel om "de tarieven te vernietigen".

De verborgen macht van Wellington House was zo groot dat de overgrote meerderheid van het Amerikaanse volk deze leugen accepteerde, zonder te weten of te beseffen dat dit de doodsteek betekende voor de Amerikaanse handel en leidde tot NAFTA, GATT en de Noord-Amerikaanse Vrijhandelsovereenkomst, alsmede de oprichting van de Wereldhandelsorganisatie (WTO). Nog verrassender was de aanvaarding van de Federal Income Tax Act, aangenomen op 5 september 1913, ter vervanging van de handelstarieven als bron van inkomsten voor de federale overheid. De inkomstenbelasting is een marxistische doctrine die niet voorkomt in de Amerikaanse grondwet, evenmin als de Federal Reserve Bank. Wilson noemde zijn twee slagen tegen de grondwet "een strijd voor het volk en voor de vrijheid van het bedrijfsleven" en zei dat hij er trots op was te hebben deelgenomen "aan de voltooiing van een grote onderneming...". De Federal Reserve Act, door Wilson uitgelegd als "de wederopbouw van het bank- en monetaire systeem van de natie", werd er met een stroom propaganda van Wellington House doorheen gejaagd, net op tijd voor de vijandelijkheden die de gruwel van de Eerste Wereldoorlog ontketenden.

De meeste historici zijn het erover eens, dat zonder de Federal Reserve Bank Act, Lord Grey deze verschrikkelijke vuurzee niet had kunnen ontketenen.

De bedrieglijke taal van de Federal Reserve Act stond onder leiding van Bernays en Lippman, die een "National Citizens League" oprichtten met de beruchte Samuel Untermeyer als president, om de Federal Reserve Bank te promoten, die de controle over het geld en de munteenheid van het volk verwierf en het zonder toestemming van het slachtoffer overdroeg aan een particulier monopolie.

Een van de meest interessante historische elementen rond het opleggen van de buitenlandse financiële slavernijmaatregel is dat, voordat deze ter ondertekening naar Wilson werd gestuurd, een exemplaar werd overhandigd aan de sinistere kolonel Edward Mandel House als vertegenwoordiger van Wellington House en de Britse oligarchie vertegenwoordigd door de bankier J. P. Morgan, zelf een agent van de Rothschilds van Londen en Parijs.

Het Amerikaanse volk, in wiens naam deze rampzalige maatregel was ingesteld, had geen idee hoe het was misleid en totaal bedrogen. Een instrument van slavernij was aan hun nek bevestigd zonder dat de slachtoffers het doorhadden.

De methodologie van Wellington House was op haar hoogtepunt toen Wilson werd gecoacht om het Congres ervan te overtuigen Duitsland de oorlog te verklaren, hoewel hij was gekozen op grond van een plechtige belofte Amerika buiten de oorlog te houden die toen in Europa woedde, een grote triomf voor de nieuwe kunst van de publieke opinievorming. Het was precies dat - de enquêtevragen waren genuanceerd zodat de antwoorden de meningen van het publiek weerspiegelden, niet hun begrip van de kwesties of de processen van de politieke wetenschap.

Uitgebreid onderzoek en lezing van de Congressional Record van

1910 tot 1920 door deze auteur heeft het overduidelijk gemaakt dat als Wilson het onrechtvaardige wetsvoorstel voor "valutahervorming" op 23 december 1913 niet had ondertekend, de door H.G. Wells voorspelde geheime parallelle regering die de Verenigde Staten controleert, niet in staat zou zijn geweest Amerika's enorme middelen in te zetten voor de oorlog in Europa.

Het Huis van Morgan, dat de "Olympiërs" van het Comité van 300 en zijn almachtige financiële netwerk in de City van Londen vertegenwoordigt, speelde een hoofdrol bij de oprichting van de "Federal Reserve Banks of the United States", die noch "federaal" noch "banken" waren, maar een geld genererend particulier monopolie dat om de nek van het Amerikaanse volk was gebonden, wiens geld nu vrij was om op onvoorstelbare schaal gestolen te worden, waardoor zij slaven werden van de Nieuwe Wereld Orde binnen de toekomstige Eén Wereld Regering. De Grote Depressie van de jaren dertig was de tweede grote catastrofale rekening die het Amerikaanse volk moest betalen, de eerste was de Eerste Wereldoorlog. (Zie Bijlage)

Degenen die dit boek lezen als een eerste kennismaking met de Nieuwe Wereld Orde binnen een Eén Wereld Regering zullen sceptisch zijn; maar bedenk dat zo'n belangrijke figuur als de grote Sir Harold Mackinder er geen geheim van maakte dat hij in de komst ervan geloofde.

Meer nog, hij suggereerde dat het een dictatuur kon worden. Sir Harold had een indrukwekkend CV: hij was hoogleraar geografie aan de Universiteit van Londen, directeur van de London School of Economics van 1903 tot 1908 en parlementslid van 1910 tot 1922. Hij was ook een nauwe bondgenoot van Arnold Toynbee, een van de leidende figuren in Wellington House. Hij voorspelde correct een aantal opzienbarende geopolitieke gebeurtenissen, waarvan er vele daadwerkelijk plaatsvonden.

Een van deze "voorspellingen" was de oprichting van twee Duitslanden, de Sociaal Democratische Republiek Duitsland en de Bondsrepubliek Duitsland. Critici hebben gesuggereerd dat hij deze informatie van Toynbee kreeg; dat het gewoon de langetermijnplanning van het Comité van 300 was waarvan Toynbee op de hoogte was.

Na Wellington House verhuisde Toynbee naar het Royal Institute for International Affairs (RIIA) en vervolgens naar de Universiteit van Londen, waar hij de leerstoel Internationale Geschiedenis bekleedde. In zijn boek *America and World Revolution* stelt hij

> "Als we collectieve zelfmoord willen voorkomen, moeten we onze wereldstaat snel creëren en dat betekent waarschijnlijk dat we hem om te beginnen in een niet-democratische vorm moeten hebben. We zullen nu moeten beginnen met het opbouwen van een wereldstaat, in het beste model dat we op dit moment kunnen."

Toynbee zegt verder dat deze "mondiale dictatuur" de plaats zal moeten innemen van "de lokale nationale staten die de huidige geopolitieke kaart bezaaien".

De nieuwe wereldstaat moest worden gevestigd op basis van massale mind control en propaganda die het aanvaardbaar zou maken. [1]Ik heb in mijn boek *The Committee of 300* uitgelegd dat Bernays peilingen "aan de kaak stelde" in zijn boeken van 1923 en 1928, *Propaganda*, en *Crystallizing Public Opinion.*

Dit werd gevolgd door technische toestemming:

> Zelfbehoud, ambitie, trots, honger, liefde voor familie en kinderen, patriottisme, imitatie, de wens om een leider te zijn, liefde voor het spel - deze en andere motivaties zijn de psychologische grondstoffen waarmee elke leider rekening moet houden bij zijn pogingen om het publiek voor zijn standpunt te winnen... Om hun zelfvertrouwen te behouden, moeten de meeste mensen er zeker van zijn dat alles wat ze over iets geloven waar is.

Deze onthullende werken worden besproken en er moet aan worden toegevoegd dat de Tavistock-hiërarchie zich bij het schrijven ervan kennelijk veilig genoeg voelde om zich te

---

[1] Gepubliceerd door Omnia Veritas Limited.

verkneukelen over haar bereikte controle over de Verenigde Staten en Groot-Brittannië, die was uitgegroeid tot een openlijke samenzwering in de termen die voor het eerst door H.G. Wells werden voorgesteld.

Met de komst van Wellington House, gefinancierd door de Britse monarchie en later door Rockefeller, Rothschild en de Verenigde Staten, ging de westerse beschaving de eerste fase in van een plan voor een geheime regering om de wereld te regeren, namelijk het Comité van 300.

Het Tavistock Institute of Human Relations is de uitloper ervan. Aangezien dit boek niet over het Comité van 300 gaat, raden wij de lezers aan exemplaren van het eerste en tweede boek, *Het Comité van 300*, aan te schaffen.[2]

Het zorgvuldig gestructureerde plan van de "300" is tot op de letter gevolgd en nu, aan het eind van 2005, is het voor de goed geïnformeerde mens vrij eenvoudig om de loop van de westerse beschaving te volgen en de weg te markeren naar waar we nu zijn. Dit boek is op zijn minst een poging daartoe.

---

[2] *De hiërarchie van de samenzweerders - Geschiedenis van het comité van 300*, Omnia Veritas Ltd, www.omnia-veritas.com.

HOOFDSTUK 1

Het oprichten van 's werelds eerste hersenspoelinstituut

Het Tavistock Institute for Human Relations is vanuit zijn bescheiden maar uiterst belangrijke begin in Wellington House snel uitgegroeid tot 's werelds belangrijkste topgeheime "hersenspoel"-instituut. Het is de moeite waard uit te leggen hoe deze snelle vooruitgang werd bereikt.

De moderne wetenschap van massamanipulatie van de publieke opinie werd geboren in Wellington House in Londen onder leiding van Lord Northcliffe en Lord Rothmere.

De Britse monarchie, Lord Rothschild en de Rockefellers waren verantwoordelijk voor de financiering van de onderneming. Uit de documenten die wij hebben mogen bestuderen blijkt dat het doel van de medewerkers van Wellington House was de opinie van het Britse volk, dat categorisch tegen een oorlog met Duitsland was, te veranderen, een formidabele taak die werd volbracht door "opinievorming" via opiniepeilingen. Tot het team behoorden Arnold Toynbee, de toekomstige directeur van het Royal Institute of International Affairs (RIIA), de heren Norhcliffe en de Amerikanen Walter Lippmann en Edward Bernays.

Bernays werd op 22 november 1891 in Wenen geboren. Als neef van Sigmund Freud, de vader van de psychoanalyse, wordt hij door velen beschouwd als "de vader van de public relations", hoewel die titel toebehoort aan Willy Munzenberg. Bernays was een pionier in het gebruik van psychologie en andere sociale wetenschappen om de publieke opinie zo te vormen dat het publiek gelooft dat deze verzonnen meningen de zijne zijn.

"Als we het mechanisme en de motivaties van de groepsgeest begrijpen, is het nu mogelijk de massa's naar onze wil te controleren en te besturen zonder hun medeweten", stelde Bernays. Hij noemde deze techniek "the engineering of consent". Een van zijn bekendste technieken om dit doel te bereiken was het indirecte gebruik van wat hij autoriteiten van derden noemde om de gewenste meningen te vormen: "Als je de leiders kunt beïnvloeden, met of zonder hun bewuste medewerking, beïnvloed je automatisch de groep die zij beïnvloeden. Hij noemde deze techniek "opinievorming".

Misschien kunnen we nu beginnen te begrijpen hoe Wilson, Roosevelt, Clinton, Bush senior en junior de Verenigde Staten zo gemakkelijk konden meeslepen in rampzalige oorlogen waarbij hun bevolking nooit betrokken had mogen zijn.

De Britse en Amerikaanse deelnemers concentreerden hun inspanningen op technieken die nog niet waren uitgeprobeerd, om steun te mobiliseren voor de oorlog die aan de horizon opdoemde.

Zoals gezegd wilde en zei het Britse volk geen oorlog, maar Toynbee, Lippmann en Bernays wilden dat veranderen door technieken toe te passen om de publieke opinie via peilingen te manipuleren. Hier bespreken we de methoden die werden bedacht en uitgevoerd om Groot-Brittannië en de VS in de Eerste Wereldoorlog te krijgen, evenals de technieken die tussen de twee wereldoorlogen en daarna werden toegepast. Zoals we zullen zien, speelde propaganda een belangrijke rol.

Een van Tavistocks belangrijkste doelstellingen was de degradatie van de vrouw. Tavistock erkende dat Jezus Christus de vrouw een nieuwe en respectabele plaats in de beschavingsorde had gegeven, die vóór zijn komst niet bestond.

Na de bediening van Christus kregen vrouwen een achting en een verheven plaats in de samenleving die in de voorchristelijke beschavingen ontbraken. Natuurlijk kan worden aangevoerd dat een dergelijke hoge status bestond in het Griekse en Romeinse rijk, en dit zou tot op zekere hoogte waar zijn, maar nog steeds te ver verwijderd van de status die vrouwen in de post-christelijke samenleving vonden.

Tavistock probeerde dit te veranderen en het proces begon onmiddellijk na de Eerste Wereldoorlog. De Oosters-Orthodoxe Kerk, die de Rus (Viking) prinsen van Moskou uit Constantinopel hadden meegebracht, vereerde en respecteerde de vrouwelijkheid, en hun ervaring met de Khazaren, die zij later versloegen en uit Rusland verdreven, maakte hen vastbesloten de vrouwelijkheid in Rusland te beschermen.

De stichter van de Romanov-dynastie, Michael Romanov, was de afstammeling van een adellijke familie die Rusland had verdedigd op basis van een christelijk land. Vanaf 1613 streefden de Romanovs ernaar Rusland te veredelen en te doordringen van een grote geest van christendom, wat ook de bescherming en de eer van de Russische vrouwen inhield.

De Moskouse edelen, onder leiding van prins Dimitri Donskoi, verdienden de niet aflatende haat van de Rothschilds tegen Rusland vanwege Donskoi's nederlaag en verdrijving van de Khazaren die de lagere regionen van de Wolga bewoonden. Dit barbaarse krijgersvolk, van mysterieuze Indo-Turkse oorsprong, had bij decreet van koning Bulant de Judese godsdienst aangenomen, nadat deze godsdienst was goedgekeurd door de grote Khazaarse wichelaar-tovenaar, David el-Roi.

Het was El Roi's persoonlijke vlag, nu de "Davidsster" genoemd, die de officiële vlag werd van de Khazariaanse natie toen deze zich in Polen vestigde na uit Rusland te zijn verdreven.

De vlag werd later door de zionisten overgenomen als hun standaard en wordt nog steeds ten onrechte de "Davidster" genoemd. Christenen maken de fout deze te verwarren met Koning David uit het Oude Testament, terwijl er in feite geen verband is tussen de twee.

De haat tegen Rusland nam toe in 1612, toen de Romanov-dynastie een Russisch leger tegen Polen stuurde, dat grote delen van Polen overnam die ooit tot Rusland hadden behoord.

De belangrijkste architect van de vijandschap jegens Rusland was de Rothschild-dynastie en het was deze brandende haat die Tavistock gebruikte en kanaliseerde in zijn plan om de westerse beschaving te vernietigen.

Tavistocks eerste kans kwam in 1905 toen de Japanse marine de Russische vloot aanviel en volledig verraste. De militaire oefening werd gefinancierd door Jacob Schiff, de Wall Street bankier die banden had met Rothschild.

De nederlaag van de Russische vloot bij Port Arthur in een verrassingsaanval markeerde het begin van de somberheid die over christelijk Europa zou vallen. Rockefeller's Standard Oil Group, geleid door Tavistock en met de hulp van de "300", organiseerde de Russisch-Japanse oorlog. Het geld voor de financiering van de operatie kwam van Jacob Schiff, maar werd in feite verstrekt door de Rockefeller General Education Board, waarvan het verklaarde doel was zwart onderwijs te financieren. Alle propaganda en publiciteit van de Board werd geschreven en ontworpen door de sociale wetenschappers van Tavistock, dat toen Wellington House heette.

In 1941 betaalde een andere dekmantelorganisatie van Rockefellers, het Institute for Pacific Relations (IPR), grote sommen geld aan haar Japanse tegenhanger in Tokio. Het geld werd vervolgens doorgesluisd naar een lid van de keizerlijke familie door Richard Sorge, een Russische spion, met als doel Japan aan te zetten tot een aanval op de Verenigde Staten in Pearl Harbor. Nogmaals, Tavistock was de bron van alle IPR publicaties.

Hoewel nog niet duidelijk, zoals Spengler zou vermelden in zijn monumentale werk, gepubliceerd in 1936, markeerde het het begin van het einde van de oude orde. In tegenstelling tot de meeste gevestigde historische verslagen was de "Russische" revolutie helemaal geen Russische revolutie, maar een buitenlandse ideologie die vooral werd gesteund door het Comité van 300 en zijn gewapende vleugel, het Tavistock Instituut, en die met geweld werd opgedrongen aan een verraste, onvoorbereide en onthutste Romanov familie.

Het was politieke oorlogsvoering, oorlog op laag niveau en psychologische oorlogsvoering waarin Tavistock zeer bedreven was geworden.

Zoals Winston Churchill opmerkte: "Ze vervoerden Lenin in een verzegelde vrachtwagen, als een pestbacil, van Zwitserland naar Rusland", en vervolgens, eenmaal gevestigd, "namen Lenin en Trotski Rusland bij de haren".

Er is veel geschreven (maar bijna altijd terloops, alsof het slechts een naschrift bij de geschiedenis was) over de "verzegelde wagon", de "verzegelde trein" die Lenin en zijn bolsjewistische revolutionairen veilig door het door oorlog verscheurde Europa voerde en hen in Rusland afzette, waar zij hun geïmporteerde bolsjewistische revolutie begonnen, die ten onrechte de "Russische Revolutie" wordt genoemd.

De documenten die de auteur het voorrecht had te bestuderen in Wellington House en wat werd onthuld in de documenten van Arnold Toynbee en de privé-documenten van Bruce Lockhart, leidden tot de conclusie dat zonder Toynbee, Bruce Lockhart van de Britse geheime dienst MI6 en de medeplichtigheid van ten minste vijf Europese naties, die ogenschijnlijk loyaal en bevriend waren met het hof van Sint-Petersburg, de meedogenloze bolsjewistische revolutie niet zou hebben plaatsgevonden.

Aangezien dit verslag noodzakelijkerwijs beperkt moet blijven tot de betrokkenheid van Tavistock bij de affaire, zal het niet zo volledig zijn als we hadden gewenst. Volgens Milners privédocumenten namen zijn assistenten, via Tavistock, contact op met een medesocialist, Fritz Platten (Milner was een vooraanstaande Fabian Socialist, ook al verachtte hij Sydney en Beatrice Webb). Het was Platten die de logistiek van de reis plande en er toezicht op hield tot de revolutionairen in Petrograd aankwamen.

Dit is bevestigd en bekrachtigd door de archieven van de Guillaumestrasse, waarvan wij het grootste deel hebben kunnen raadplegen, omdat deze dossiers toegankelijk zijn voor bepaalde personen die bevoegd zijn ze te raadplegen. Ze komen vrij goed overeen met het relaas van Bruce Lockhart in zijn privé-dossiers en met wat Lord Alfred Milner te zeggen had over de slinkse affaire die Rusland verraadde. Het blijkt dat Milner veel contacten had met bolsjewistische expats, waaronder Lenin. Het was tot Lord Milner dat Lenin zich wendde toen hij geld nodig had voor de revolutie. Gewapend met een introductiebrief van Platten ontmoette Lenin Lord Milner en schetste zijn plan voor de omverwerping van de Romanovs en het christelijke Rusland.

Milner ging akkoord op voorwaarde dat hij zijn MI6 agent Bruce Lockhart kon sturen om toezicht te houden op lopende zaken en verslag uit te brengen over Lenin.

Lord Rothschild en de Rockefellers eisten toestemming om Sydney Reilly naar Rusland te sturen om toe te zien op de overdracht van Ruslands natuurlijke hulpbronnen en de gouden roebels van de Centrale Bank naar Londen. Lenin, en later Trotski, stemden toe.

Om de deal te bezegelen gaf Lord Milner, namens de Rothschilds, Lenin 60 miljoen pond in gouden sovereigns, terwijl de Rockefellers ongeveer 40 miljoen dollar bijdroegen.

De landen die medeplichtig waren aan de "verzegelde wagon" affaire waren Groot-Brittannië, Duitsland, Finland, Zwitserland en Zweden. Hoewel de Verenigde Staten niet direct betrokken waren, moeten zij hebben geweten wat er aan de hand was. Op bevel van president Wilson werd immers een gloednieuw Amerikaans paspoort afgegeven aan Leon Trotski (wiens echte naam Lev Bronstein was) zodat hij in alle rust kon reizen, ook al was Trotski geen Amerikaans staatsburger.

Lenin en zijn landgenoten beschikten over een goed ingerichte privé-wagen, die door hoge Duitse regeringsambtenaren ter beschikking werd gesteld en altijd afgesloten was op grond van overeenkomsten met de stations langs de lijn. Platten had de leiding en stelde de regels van de reis vast, waarvan sommige zijn vastgelegd in de dossiers van de Guillaumestrasse:

> ➤ De auto moest de hele reis gesloten blijven.

> ➤ Niemand mocht in de auto zonder toestemming van

Platten.

> De trein zou een extra territoriale status hebben. Aan de grenzen zouden geen paspoorten nodig zijn.

> Tickets worden gekocht tegen de normale prijs.

> Het leger of de politie van een land dat onderweg is, mag geen "veiligheidsprobleem" opwerpen.

Volgens de Guillaumestrasse-dossiers werd de reis goedgekeurd door generaal Ludendorff en keizer Wilhelm. Ludendorff zei zelfs dat als Zweden weigerde de bolsjewieken door te laten, hij hun doorgang via de Duitse linies naar Rusland zou garanderen! De Zweedse regering en de Finse regering maakten geen bezwaar.

Een van de opmerkelijke revolutionairen die zich bij aankomst bij de Duitse grens met Zwitserland bij de trein voegde, was Radek, die een leidende rol zou spelen in de bloedige bolsjewistische revolutie. Er waren ook lichtere momenten. De Guillaumestrasse Files beschrijft hoe de wagon zijn locomotief miste in Frankfurt, wat resulteerde in een heen-en-weer geloop van ongeveer 8 uur.

De partij verliet het comfort van hun koets in de Duitse Baltische stad Sasnitz, waar de Duitse regering hen van "fatsoenlijke accommodatie" voorzag. De Zweedse regering was zo vriendelijk hen per veerboot naar Malmö te vervoeren, vanwaar ze naar Stockholm voeren, waar de bolsjewistische partij een "mooi" onderkomen wachtte voor een overnachting, alvorens op weg te gaan naar de Finse grens.

Hier verliet de onverschrokken Platten de groep vol goede moed, en de laatste reis naar Rusland werd gemaakt per trein naar Petrograd. Dus een epische reis die begon in Zürich, Zwitserland, eindigde in Petrograd. Lenin was aangekomen en Rusland stond op instorten. En al die tijd hielden Bernays en Lippmann en hun medewerkers in Wellington House (Tavistock) een gestage stroom hersenspoelpropaganda in stand die, zo mag worden geconcludeerd, een groot deel van de wereld voor de gek hield.

HOOFDSTUK 2

Europa valt van de afgrond

Na de Eerste Wereldoorlog en het einde van de bolsjewistische revolutie werd Europa gedwongen te veranderen volgens het plan van Tavistock. Toen Europa dankzij de door de Britten veroorzaakte Eerste Wereldoorlog van de afgrond naar het einde van zijn wereld tuimelde, of misschien is het gepaster te zeggen dat het zich als een zombie voortsleepte tot de laatste vertegenwoordigers van zijn voorbije verleden in de duisternis van de afgrond verdwenen, werden de gedwongen veranderingen heel duidelijk.

Dit is geen boek over de Eerste Wereldoorlog als zodanig. Er zijn honderdduizenden analyses geschreven over de oorzaken en gevolgen van de grootste tragedie die de mensheid ooit is overkomen, maar toch is er niet voldoende aandacht aan besteed en zal dat waarschijnlijk ook nooit gebeuren. Over één ding zijn veel schrijvers - waaronder ikzelf - het eens.

De oorlog werd door Groot-Brittannië begonnen uit pure haat tegen de snelle opkomst van Duitsland als belangrijke economische macht in concurrentie met Groot-Brittannië, en Lord Edward Grey was de belangrijkste architect van de oorlog.

Het feit dat het niet populair was en niet werd goedgekeurd door een grote meerderheid van het Britse volk vereiste "speciale maatregelen", een nieuw ministerie om de uitdaging aan te gaan. In wezen is dit de reden waarom Wellington House werd opgericht.

Van zo'n bescheiden begin is het in 2005 uitgegroeid tot het reusachtige Tavistock Institute of Human Relations, 's werelds belangrijkste hersenspoelinstituut dat de meest sinistere occulte invloed uitoefent. Het moet worden aangepakt en verslagen als de Verenigde Staten willen overleven als een constitutionele republiek met een gegarandeerde republikeinse regeringsvorm in alle 50 staten, naar de mening van een aantal leden van de Amerikaanse Senaat die bij de voorbereiding van dit boek werden geraadpleegd, maar die vroegen niet bij naam te worden genoemd.

De gevolgen van de Eerste Wereldoorlog en de vergeefse pogingen om een Volkenbond op te richten hebben de kloof tussen de oude westerse beschaving en de nieuwe alleen maar geaccentueerd. De economische ramp van het naoorlogse Duitsland hing als rook van een brandstapel boven de westerse cultuur en versterkte de sombere, trieste en beangstigende sfeer die in de jaren twintig begon.

Historici zijn het erover eens dat alle strijdende partijen in meer of mindere mate te lijden hadden onder economische verwoesting, hoewel Rusland enigszins gespaard bleef, om vervolgens door de bolsjewieken te worden vernietigd, terwijl Duitsland en Oostenrijk het zwaarst werden getroffen. In de jaren twintig daalde een vreemd soort gedwongen vrolijkheid neer op Europa (waartoe ik ook Groot-Brittannië reken) en op de Verenigde Staten. Dit werd toegeschreven aan de "opstandige jeugd" en het feit dat men in het algemeen "genoeg had van oorlog en politiek". In feite reageerden de mensen op de lange termijn penetratie en binnenlandse conditionering van de meesters van Tavistock.

Tussen het einde van de Eerste Wereldoorlog en 1935 waren ze net zo geschokt als de troepen die de hel van de loopgraven hadden overleefd waar kogels en granaten om hen heen vlogen, behalve dat het nu de economische kogels en granaten waren en de enorme veranderingen in de sociale mores die hun zintuigen verdoofden.

Maar het eindresultaat van de "behandeling" was hetzelfde. Mensen gooiden hun discretie overboord en het morele verval dat in 1918 begon, gaat door en groeit. In deze staat van gedwongen vrolijkheid zag niemand de wereldwijde economische crash en de daaropvolgende wereldwijde depressie aankomen.

De meeste historici zijn het erover eens dat deze situatie kunstmatig was en wij zijn geneigd te geloven dat Tavistock een rol speelde in de koortsachtige publiciteitscampagnes van de verschillende facties in deze periode. Ter ondersteuning van onze stelling dat de crash en de depressie kunstmatige gebeurtenissen waren. Zie de bijlage van de gebeurtenissen.

Spengler voorspelde wat komen ging, en het blijkt dat zijn voorspellingen verbazingwekkend accuraat waren. De "decadente maatschappij" en "vrije vrouwen", gekenmerkt door "tomboyish" houdingen en schimmige mannen, eisten en bereikten een vermindering van vrouwelijke bescheidenheid die resulteerde in hogere hemlines, bobbed hair en excessieve make-up, vrouwen die roken en drinken in het openbaar. Naarmate het moeilijker werd aan geld te komen en de rijen voor gaarkeukens en werkloosheid langer werden, werden de rokken korter, terwijl de geschriften van Sinclair Lewis, F. Scott Fitzgerald, James Joyce en D. H. Lawrence verbazing wekten en de nieuwste Broadway-shows en nachtclubacts meer dan ooit tevoren de verborgen charmes van vrouwen onthulden en voor iedereen zichtbaar maakten.

In 1919 merkten modeontwerpers in het tijdschrift *New Yorker op* dat "de zomen van dit jaar 15 cm van de grond en zeer gedurfd zijn".

HOOFDSTUK 3

Hoe de'tijden' zijn veranderd

Maar dat was nog maar het begin. In 1935, met Hitlers opkomst aan de macht, gegarandeerd door de onmogelijke voorwaarden die Duitsland in Versailles waren opgelegd, stegen ook de hemdlijnen tot duizelingwekkende kniehoogte, behalve in Duitsland, waar Hitler bescheidenheid eiste van de Duitse vrouwen en die ook kreeg, samen met een gezond respect, wat niet paste bij het Tavistock-programma.

Mensen die even nadenken zeggen dat ze de manier waarop "de tijden veranderen" haten, maar wat ze niet weten en niet kunnen weten is dat de tijden worden gemaakt om te veranderen volgens een zorgvuldig opgestelde Tavistock-formule. Overal elders in Europa en Amerika is de opstand gaande, de koorts voor "emancipatie" verspreidt zich.

In de Verenigde Staten waren het de idolen van de stomme film die de weg vrijmaakten, maar dat was niet het geval in Europa, waar men zich overgaf aan allerlei "genoegens", waaronder homoseksualiteit, die lang in de schaduw werd gehouden en nooit werd genoemd in de beleefde samenleving.

Homoseksualiteit verscheen naast lesbianisme om afkeer op te wekken en, zo lijkt het, om degenen die nog aan de oude orde hechtten opzettelijk te beledigen.

De studie van deze aberratie toonde aan dat homoseksualiteit en lesbianisme zich niet verspreidden vanwege innerlijke of latente verlangens, maar om het oude establishment en zijn rigide codes van goede zeden te'shockeren'. Ook de muziek leed hieronder en veranderde in jazz en andere "decadente" vormen.

Tavistock bevond zich nu in de meest cruciale fase van de ontwikkeling van zijn plan, waarbij de vrouwelijkheid moest worden teruggebracht tot een niveau van moraal en gedrag dat zijn weerga in de geschiedenis niet kende. De naties verkeerden in een staat van gevoelloosheid, "geschokt" door de radicale veranderingen die hen werden opgedrongen en die niet te stoppen leken, waarbij een totale afwezigheid van vrouwelijke bescheidenheid tot uiting kwam in aangeleerde gedragspatronen die de jaren twintig en dertig van de vorige eeuw deden lijken op een conventie van zondagsschoolleraren. Niets kon de "seksuele revolutie" die de wereld in die tijd overspoelde en de daarmee gepaard gaande geplande degradatie van de vrouwelijkheid tegenhouden.

Sommige stemmen werden gehoord, met name die van G.K. Chesterton en Oswald Spengler, maar dit was niet genoeg om de aanval van het Tavistock Instituut te pareren, dat in feite "de oorlog had verklaard aan de westerse beschaving". De effecten van "penetratie over lange afstand en interne gerichte conditionering" zijn overal zichtbaar. Het morele, spirituele, raciale, economische, culturele en intellectuele bankroet waarin we ons vandaag de dag bevinden is geen sociaal fenomeen of het resultaat van iets abstracts of sociologisch dat gewoon "gebeurd" is. Het is veeleer het resultaat van een zorgvuldig gepland Tavistock-programma.

Wat we zien is niet toevallig, noch is het een aberratie van de geschiedenis. Het is veeleer het eindproduct van een bewust veroorzaakte sociale en morele crisis, die zich overal manifesteert en in figuren als Mick Jagger, Oprah Winfrey, Britney Spears, "reality"-televisieshows, "muziek" die een amalgaam lijkt te zijn van alle oerinstincten, Fox News (Faux News), bijna pornografische films in reguliere bioscopen, reclame waarin bescheidenheid en fatsoen overboord worden gegooid, luidruchtig en onbeschoft gedrag in openbare gelegenheden, met name in Amerikaanse restaurants ; Katie Curic en een groot aantal anderen in prominente posities in de samenleving.

Al deze mensen waren getraind om te spreken met een harde, monotone, piepende stem, zonder enige cadans, alsof ze door opeengeklemde kaken spraken, op een harde, schrille en onaangename manier voor de oren. Terwijl de nieuwslezers en "presentatoren" altijd mannen waren geweest, waren er plotseling slechts een dozijn mannen op het terrein.

We zien het in de "sterren" van de filmindustrie die films produceren van een steeds lager cultureel niveau. We zien het ook in de verheerlijking van interraciale huwelijken, echtscheiding op verzoek, abortus en schaamteloos homoseksueel en lesbisch gedrag, in de teloorgang van de religieuze overtuigingen en het gezinsleven van de westerse beschaving. Sterren" zoals Ellen DeGeneres, die totaal geen talent of culturele waarde te bieden hebben, worden voorgesteld als rolmodellen voor beïnvloedbare jonge meisjes die steeds vaker rondparaderen en tot 75% van hun lichaam tentoonstellen. We zien dit in de enorme toename van drugsverslaving en allerlei sociale misstanden, zoals de goedkeuring door Canada van een "wet" die het homo- en lesbische "huwelijk" legaal maakt onder het mom van "burgerrechten".

We zien het in de wijdverbreide corruptie van het politieke systeem en in de constitutionele chaos waarbij het Huis en de Senaat flagrante schendingen van de hoogste wet van het land toestaan, op elk niveau van de regering en nergens meer dan in de uitvoerende macht, waar elke president sinds Roosevelt zich bevoegdheden heeft toegeëigend die de zittende president niet mag hebben. We zien dit in de ongeoorloofde beslissing van de president om de oorlog te verklaren, terwijl de Amerikaanse grondwet dergelijke voorrechten uitdrukkelijk aan de uitvoerende macht ontzegt.

We zien het in een nieuwe dimensie van grondwettelijke ongehoorzaamheid die wordt toegevoegd aan een lelijke lijst van "wetten" die niet zijn toegestaan door de Grondwet, met als een van de meest recente en schokkende de schaamteloze overschrijding van de bevoegdheden van het Hooggerechtshof van de VS die de rechten van de staten heeft geschonden en

George Bush Jr. tot president heeft gekozen. Dit is een van de zwaarste slagen voor de Grondwet en de meest flagrante schending van het 10e Amendement van de Amerikaanse Grondwet in de geschiedenis van dit land. Toch is het Amerikaanse volk zo verbijsterd en geschokt dat er geen protesten zijn geuit, geen massademonstraties zijn georganiseerd en geen oproepen zijn gedaan om het Hooggerechtshof tot de orde te roepen. In dit ene incident is de kracht van Tavistocks "penetratie op lange afstand en interne richtinggevende conditionering" een enorme triomf gebleken.

Nee, de staat van desintegratie van onze Republiek, waarin we ons in 2005 bevinden, is niet het resultaat van evolutie; het is eerder het eindproduct van een zorgvuldig gepland social engineering brainwashing project van immense proporties. De waarheid wordt weerspiegeld in de doodsstrijd van wat eens de grootste natie op aarde was.

De literatuur over fysiologische conditionering geschreven door Tavistock sociologen werkt goed. Je reactie is geprogrammeerd. Je kunt niet anders denken, tenzij je je uiterste best doet.

Je kunt ook geen stappen ondernemen om je van deze toestand te bevrijden als je niet eerst de vijand identificeert en zijn plan voor de ontbinding van de Verenigde Staten en Europa in het bijzonder en de westerse wereld in het algemeen. Deze vijand heet het Tavistock Institute for Human Relations en is al vanaf het begin in oorlog met de westerse beschaving, voordat het vorm en inhoud kreeg in Wellington House en uitgroeide tot de huidige faciliteiten aan de Universiteit van Sussex en de Tavistock Clinic in Londen. Voordat ik dit instituut ontmaskerde in 1969, was het onbekend in de Verenigde Staten. Het is ongetwijfeld's werelds eerste hersenspoelende social engineering instelling.

We kijken naar wat het heeft bereikt in zijn begindagen in het Engeland van voor de Eerste Wereldoorlog, vervolgens in de aanloop naar en na de Tweede Wereldoorlog, tot aan het heden. Tijdens de Tweede Wereldoorlog was het Tavistock Instituut gevestigd in de Physiological Warfare Division van het Britse leger. We hebben de geschiedenis van het instituut tijdens de beginjaren in Wellington House behandeld en gaan nu in op de activiteiten voor en na de Tweede Wereldoorlog.

HOOFDSTUK 4

Social engineering en sociaal-wetenschappelijke onderzoekers

Dr. Kurt Lewin was de belangrijkste theoreticus, gespecialiseerd in het onderwijzen en toepassen van de topologische psychologie, die de meest geavanceerde methode van gedragsverandering was en is. Lewin werd bijgestaan door Major General John Rawlings Reese, Eric Trist, W. R. Bion, H. V. Dicks en verscheidene van de "groten" op het gebied van hersenspoeling en social engineering, zoals Margaret Meade en haar man, Gregory Bateson. Bernays was de belangrijkste adviseur totdat George Bush in het Witte Huis werd geplaatst door het Hooggerechtshof. We willen niet te technisch worden, dus gaan we niet in op de details van hoe zij de sociale wetenschap toepasten. De meeste mensen zullen de algemene term "hersenspoeling" accepteren als een algemene verklaring voor de activiteiten van deze "moeder van alle denktanks".

Het zal u niet verbazen dat Lewin en zijn team het Stanford Research Center, de Wharton School of Economics, het MIT en het National Institute of Mental Health hebben opgericht, naast vele andere instellingen die in de volksmond als "Amerikaans" worden beschouwd. In de loop der jaren heeft de federale regering miljoenen en miljoenen dollars geschonken aan Tavistock en zijn uitgebreide netwerk van onderling verbonden instellingen, terwijl het Amerikaanse bedrijfsleven en Wall Street deze bijdragen hebben verdubbeld.

Wij durven te stellen dat er zonder de groei en verbazingwekkende vooruitgang van de door het Tavistock Instituut ontwikkelde massale hersenspoeltechnieken geen

Tweede Wereldoorlog zou zijn geweest, noch een van de oorlogen die daarop volgden, en zeker niet de twee Golfoorlogen, waarvan de tweede in november 2005 nog steeds woedt.

Tegen het jaar 2000 was er vrijwel geen aspect van het leven in Amerika dat de tentakels van Tavistock niet hadden bereikt, inclusief elk overheidsniveau, van lokaal tot federaal, industrie, handel, onderwijs en de politieke instellingen van de natie. Elk mentaal en psychologisch aspect van de natie werd geanalyseerd, geregistreerd, geprofileerd en opgeslagen in computer databanken.

Wat is ontstaan, is wat Tavistock een "driesysteemrespons" noemt, en dat is de manier waarop bevolkingsgroepen reageren op stress als gevolg van "verzonnen situaties" die crisisbeheersingsoefeningen worden. Wat we in de VS en het VK hebben, is een regering die een situatie creëert die door haar burgers als een crisis wordt gezien, en de regering beheert vervolgens die 'crisis'.

De Japanse aanval op Pearl Harbor in december 1941 is een voorbeeld van een "kunstmatige situatie". De aanval op Pearl Harbor werd "gefabriceerd", zoals eerder uitgelegd, met de overdracht van Rockefeller-geld aan Richard Sorge, de spionnenmeester, en vervolgens aan een lid van de keizerlijke familie, om Japan ertoe te bewegen de eerste schoten af te vuren, zodat de regering Roosevelt een voorwendsel zou hebben om de Verenigde Staten in de Tweede Wereldoorlog te brengen.

De economische wurging van Japan door Groot-Brittannië en de Verenigde Staten, die eenzijdig de stroom van essentiële grondstoffen naar de eilandfabriek die Japan is blokkeerden, bereikte een punt waarop besloten werd er een einde aan te maken.

Tavistock speelde een grote rol bij het vormgeven van de massale golf van anti-Japanse propaganda die de VS via de oorlog tegen Japan in de oorlog in Europa bracht.

Er werd ondraaglijke economische druk op Japan uitgeoefend, terwijl de regering Roosevelt weigerde te "onderhandelen", totdat de regering in Tokio geen andere uitweg meer zag dan Pearl Harbor aan te vallen. Roosevelt had voor het gemak de Pacific Fleet in gevaar gebracht door deze zonder goede of strategische reden van zijn thuishaven San Diego naar Pearl Harbor te verplaatsen, waardoor deze direct binnen het bereik van de Japanse marine kwam.

Een ander voorbeeld is recenter: de Golfoorlog, die begon toen er stemmen opgingen over Irak's vermeende voorraden nucleaire en chemische wapens, de zogenaamde "massavernietigingswapens" (WMD). De regering-Bush en de regering-Blair wisten dat deze kwestie een "verzonnen situatie" was zonder grond of verdienste; zij wisten dat deze wapens niet bestonden. Er was onweerlegbaar bewijs dat het wapenprogramma van Hoessein na de Golfoorlog van 1991 en door de handhaving van brute sancties was stopgezet.

Kortom, de twee westerse "leiders" zijn verstrikt geraakt in een web van leugens, maar de macht van het Comité van 300 en het hersenspoelvermogen van Tavistock zijn zo groot dat zij in functie zijn gebleven ondanks de erkenning dat door hun leugens ten minste een miljoen Irakezen en meer dan 2.000 Amerikaanse militairen zijn omgekomen en 25.999 gewond zijn geraakt (cijfers van de Russische militaire inlichtingendienst GRU), waarvan 53% verminkt, en dat de kosten in geld uitgedrukt in oktober 2005 meer dan 550 miljard dollar bedroegen.

Het dodental in Irak is het totaal van de twee Golfoorlogen, waarvan de meerderheid burgers waren die stierven door gebrek aan voedsel, schoon water en medicijnen als gevolg van de misdadige sancties die door de Britse en Amerikaanse regeringen onder de dekmantel van de VN werden opgelegd.

Door sancties tegen Irak toe te passen heeft de VN haar eigen handvest geschonden en is zij een verlamde instelling zonder geloofwaardigheid geworden.

Er is geen parallel in de geschiedenis waar een man in het hoogste ambt bewezen is een leugenaar en een bedrieger te zijn en toch in staat is geweest aan de macht te blijven alsof niets zijn ambt had bezoedeld, een stand van zaken die de kracht aantoont van de "langdurige penetratie en innerlijke conditionering" van het Tavistock Instituut van het Amerikaanse volk, die hen ertoe zou brengen een dergelijke gezwollen en met afschuw vervulde situatie gedwee te aanvaarden zonder ooit in woede de straat op te gaan.

Zei Henry Ford niet dat "het volk de regering verdient die het krijgt"? Als het volk niets doet om die regering omver te werpen, wat volgens de Amerikaanse grondwet het recht van het Amerikaanse volk is, dan verdienen ze het dat leugenaars en bedriegers hun land en hun leven besturen.

Aan de andere kant maakt het Amerikaanse volk misschien wel een van de drie fasen door van wat Dr. Fred Emery, ooit hoofdpsychiater van Tavistock, heeft omschreven als "sociale milieuturbulentie". Volgens Emery:

> "Grote bevolkingsgroepen vertonen de volgende symptomen wanneer zij worden blootgesteld aan omstandigheden van gewelddadige sociale verandering, stress en turbulentie, die in welomschreven categorieën kunnen worden ingedeeld: Oppervlakkigheid is de toestand die ontstaat wanneer de bedreigde bevolkingsgroep reageert door oppervlakkige slogans aan te nemen, die zij voor idealen probeert uit te geven."

Er vindt zeer weinig "ego-investering" plaats, waardoor de eerste fase een "inadequate reactie" is omdat, zoals Emery het formuleerde, "de oorzaak van de crisis niet wordt geïsoleerd en geïdentificeerd" en de crisis en de spanning niet afnemen, maar voortduren zolang de controleur dat wil. De tweede fase van de reactie op de crisis (aangezien de crisis voortduurt) is "fragmentatie", een toestand waarin paniek uitbreekt, de "sociale cohesie" instort met als gevolg dat zeer kleine groepen zich vormen en zich proberen te beschermen tegen de crisis zonder zich te bekommeren om de kosten of de kosten voor de andere kleine gefragmenteerde groepen. Emery noemt deze fase "passieve maladaptatie", zonder de oorzaak van de crisis te achterhalen.

In de derde fase keren de slachtoffers zich af van de bron van de veroorzaakte crisis en de daaruit voortvloeiende spanning. Ze gaan op "fantasievolle reizen van interne migratie, introspectie en zelfobsessie". Dit is wat Tavistock'dissociatie en zelfrealisatie' noemt. Emery legt verder uit dat "passieve maladaptieve reacties nu gepaard gaan met'actieve maladaptieve reacties'."

Emery zegt dat in de afgelopen 50 jaar toegepaste sociale psychologische experimenten en het daaruit voortvloeiende "crisismanagement" elk aspect van het leven in Amerika hebben overgenomen en dat de resultaten zijn opgeslagen in de computers van toonaangevende "denktanks" zoals de Stanford Universiteit. De scenario's worden eruit gehaald, gebruikt en van tijd tot tijd herzien en, volgens Tavistock, "worden de scenario's nu uitgevoerd."

Dit betekent dat Tavistock de meerderheid van het Amerikaanse volk heeft geprofileerd en gehersenspoeld. Als enig deel van het Amerikaanse publiek ooit in staat is de oorzaak te achterhalen van de crises die deze natie de afgelopen zeventig jaar hebben overspoeld, zal de door Tavistock opgebouwde maakbaarheidsstructuur instorten. Maar dat is nog niet gebeurd. Tavistock blijft het Amerikaanse publiek verdrinken in zijn zee van gecreëerde publieke opinie.

De door de sociale wetenschappers van Tavistock ontwikkelde social engineering werd als wapen gebruikt in de twee wereldoorlogen van deze eeuw, met name de Eerste Wereldoorlog. De enquêteurs die het ontwikkelden waren heel eerlijk: ze gebruikten dezelfde apparaten en methoden op de Amerikaanse bevolking als die welke werden gebruikt en getest op vijandige bevolkingsgroepen.

Vandaag de dag is het manipuleren van de publieke opinie door middel van peilingen een centrale techniek geworden in de handen van de sociale ingenieurs en controleurs van de sociale wetenschappen die werkzaam zijn bij Tavistock en zijn vele "denktanks" in de Verenigde Staten en Groot-Brittannië.

HOOFDSTUK 5

Hebben we wat H.G. Wells "een onzichtbare regering" noemde?

Zoals ik al zei, begon de moderne wetenschap van de vorming van de publieke opinie door middel van geavanceerde technieken van massa-meningsmanipulatie in een van de meest geavanceerde propagandafabrieken van het Westen, gevestigd in Wellington House in Groot-Brittannië. Deze faciliteit voor sociale manipulatie en het creëren van de publieke opinie stond bij het uitbreken van de Eerste Wereldoorlog onder auspiciën van Lords Rothmere en Northcliffe en de toekomstige directeur studies van het Royal Institute of International Affairs (RIIA), Arnold Toynbee. Wellington House had een Amerikaanse afdeling, waarvan de meest eminente leden Walter Lippmann en Edward Bernays waren. Zoals we later ontdekten, was Bernays de neef van Sigmund Freud, een feit dat zorgvuldig voor het publiek verborgen werd gehouden.

Samen concentreerden zij zich op technieken om steun voor de Eerste Wereldoorlog te "mobiliseren" onder de massa's mensen die tegen een oorlog met Duitsland waren. De publieke perceptie was dat Duitsland een vriend van het Britse volk was, geen vijand, en het Britse volk zag geen noodzaak om tegen Duitsland te vechten. Was het immers niet zo dat koningin Victoria de neef was van keizer Wilhelm II? Toynbee, Lippmann en Bernays trachtten hen te overtuigen van de noodzaak van oorlog, gebruikmakend van de technieken van de nieuwe wetenschap door de nieuwe kunst van massamanipulatie via de communicatiemedia, voor propagandadoeleinden getint met een bereidheid tot liegen die nog maar net begonnen was, na aanzienlijke ervaring te hebben opgedaan tijdens de Anglo-Boerenoorlog (1899-1902).

Niet alleen het Britse publiek, maar ook het recalcitrante Amerikaanse publiek moet een andere kijk op de gebeurtenissen krijgen.

Bernays en Lippmann waren in dit verband behulpzaam bij de oprichting door Woodrow Wilson van het Comité Creel, dat de eerste reeks methodologische technieken creëerde voor de verspreiding van succesvolle propaganda en voor de wetenschap van het peilen om de "juiste" opinie te verkrijgen.

Vanaf het begin werden de technieken zo ontworpen dat peilingen (de vorming van de publieke opinie) gebaseerd waren op een voor de hand liggend maar opvallend kenmerk: ze waren geïnteresseerd in de meningen van mensen, niet in hun begrip van wetenschappelijke en politieke processen. Met opzet smeedden de opiniepeilers dus een in wezen irrationele mentaliteit op het primaire niveau van de publieke aandacht. Het was een bewuste keuze om het begrip van de werkelijkheid door massa's mensen in een steeds complexere industriële samenleving te ondermijnen.

Als u ooit naar "Fox News" hebt gekeken, waar de kijkers de resultaten te zien krijgen van een opiniepeiling over "wat de Amerikanen denken", en zich vervolgens een uur lang hoofdschuddend afvraagt wat de resultaten van de peiling zeggen over uw eigen denkprocessen, dan bent u meer dan ooit verbijsterd.

De sleutel tot het begrijpen van Fox News en peilingen kan liggen in wat Lippmann over deze zaken te zeggen had. In zijn boek uit 1922, *Public Opinion*, beschreef Lippmann Tavistocks methodologie van psychologische oorlogsvoering.

[3]In een inleidend hoofdstuk getiteld "The World Outside and the Pictures in Our Heads" wijst Lippmann erop dat

---

[3] De buitenwereld en de beelden in ons hoofd. Ndt.

"het studieobject voor de sociale analist van de publieke opinie is de werkelijkheid zoals die wordt gedefinieerd door de interne perceptie of beelden van die werkelijkheid. De publieke opinie houdt zich bezig met indirecte, onzichtbare, verwarrende feiten, en er is niets duidelijks aan. De situaties waarop de publieke opinie betrekking heeft, zijn slechts bekend als meningen".

"De beelden in de hoofden van deze mensen, de beelden van zichzelf, van anderen, van hun behoeften, van hun doelen, van hun relaties, zijn hun publieke opinies. Deze beelden, waarnaar wordt gehandeld door groepen mensen, of door individuen die namens groepen handelen, zijn de publieke opinie met hoofdletters. Het innerlijke beeld misleidt mensen zo vaak in hun relaties met de buitenwereld".

Uit deze beoordeling kan gemakkelijk de volgende beslissende stap van Bernays worden afgeleid, namelijk dat de elites die de maatschappij besturen de middelen van de massacommunicatie kunnen mobiliseren om de geesten van de "kudde" te mobiliseren en te veranderen.

Een jaar na Lippmanns boek schreef Bernays *Crystallizing Public Opinion*. Dit werd in 1928 gevolgd door een boek met de eenvoudige titel: *Propaganda*.

In het eerste hoofdstuk, "Organizing Chaos", schrijft Bernays:

De bewuste en intelligente manipulatie van de organisatie, gewoonten en meningen van de massa's is een belangrijk element van de democratische samenleving. Zij die dit onzichtbare mechanisme van de samenleving manipuleren vormen een onzichtbare regering, die de werkelijke heersende macht van ons land is.

We worden geregeerd, onze geest gevormd, onze smaak gevormd, onze ideeën gesuggereerd, grotendeels door mannen waar we nog nooit van gehoord hebben... Onze onzichtbare heersers zijn zich vaak niet bewust van de identiteit van hun collega's in het binnenste kabinet.

Welke houding men ook kiest ten opzichte van deze toestand, het feit blijft dat we in bijna elke handeling van ons dagelijks leven, of het nu gaat om politiek of zaken, om sociaal gedrag of ethisch denken, worden gedomineerd door het relatief kleine aantal mensen - een onbeduidende fractie van onze miljoenen - die de mentale processen en sociale patronen van de massa begrijpen. Zij zijn degenen die aan de touwtjes trekken, die de publieke geest beheersen, die oude sociale krachten inzetten en nieuwe manieren bedenken om de wereld te binden en te sturen.

In *Propaganda vervolgt* Bernays zijn lofzang op de "onzichtbare overheid" door de volgende fase van propagandatechnieken te schetsen:

> Naarmate de beschaving complexer is geworden en de noodzaak van een onzichtbare overheid steeds duidelijker werd, zijn de technische middelen uitgevonden en ontwikkeld om de opinie te besturen. Met de drukpers en de krant, de telefoon, de telegraaf, de radio en het vliegtuig kunnen ideeën zich snel en zelfs ogenblikkelijk over Amerika verspreiden.

Om zijn punt te ondersteunen citeert Bernays de mentor van de "manipulatie van de publieke opinie", H.G. Wells. Hij citeert een artikel uit 1928 in de *New York Times waarin* Wells de "moderne communicatiemiddelen" prijst voor "het openen van een nieuwe wereld van politieke processen" en het mogelijk maken van "het documenteren en ondersteunen van het gemeenschappelijke doel" tegen perversie en verraad. Voor Wells betekende de komst van "massacommunicatie" tot en met televisie de opening van fantastische nieuwe wegen voor sociale controle, die de stoutste dromen van de vroege fanatici van de Britse Fabian Society over massamanipulatie te boven gingen. Op dit uiterst belangrijke onderwerp komen we later in dit document terug.

HOOFDSTUK 6

Massacommunicatie luidt de peilingindustrie in

Voor Bernays leverde de erkenning van Wells' idee een sleutelpositie op in de hiërarchie van Amerikaanse publieke opiniecontroleurs; in 1929 kreeg hij een positie bij CBS, dat net was opgekocht door William Paley.

Evenzo heeft de opkomst van de massacommunicatie geleid tot de industrie van opiniepeilingen en steekproeven, om massabeelden te organiseren voor de mediamaffia (onderdeel van de "onzichtbare regering" die de show van achter de schermen runt).

In 1935-36 waren de peilingen in volle gang. [4]Datzelfde jaar lanceerde Elmo Roper zijn *Fortune* magazine FOR polls, die uitgroeiden tot zijn "What People Are Thinking" column voor de *New York Herald Tribune.*

in 1936 opende hij het Britse Institute of Public Opinion. Gallup vestigde zijn activiteiten rond de Princeton Universiteit, in wisselwerking met het complexe Office of Public Opinion Research/Institute for International Social Research/Department of Psychology onder leiding van Hadley Cantril, dat een steeds belangrijker rol zou gaan spelen bij de ontwikkeling van de psychologische profileringsmethoden die later werden gebruikt bij het verzinnen van de Aquarius Samenzwering.

In dezelfde periode, 1935-36, werden voor het eerst peilingen

---

[4] "Wat mensen denken", Ndt.

gebruikt bij presidentsverkiezingen, onder impuls van twee kranten van de familie Cowles, de *Minneapolis Star-Tribune* en de *Des Moines Register*. De Cowles zitten nog steeds in de krantenbusiness.

Met hun basis in Spokane, Washington, zijn zij actieve opiniemakers en hun steun voor Bush' oorlog in Irak was een cruciale factor.

Het is niet precies bekend wie de praktijk van "presidentiële adviseurs" heeft ingevoerd, mensen die niet door het volk zijn gekozen en die het volk niet kan controleren, maar die beslissen over het binnenlands en buitenlands beleid van de natie. Woodrow Wilson was de eerste Amerikaanse president die deze praktijk toepaste.

Opinieonderzoek en de Tweede Wereldoorlog

Dit waren kleine voorbereidingen voor de volgende fase, veroorzaakt door twee belangrijke gebeurtenissen die elkaar kruisten: de komst in Iowa van de geëmigreerde psychologische oorlogsdeskundige Kurt Lewin en de betrokkenheid van de Verenigde Staten bij de Tweede Wereldoorlog.

De Tweede Wereldoorlog bood Tavistocks opkomende sociale wetenschappers een enorm experimenteerveld. Onder leiding van Lewin zouden de belangrijkste krachten die na de Tweede Wereldoorlog zouden worden ingezet, de voor de oorlog ontwikkelde technieken gebruiken tegen de bevolking van de Verenigde Staten. In feite verklaarde Tavistock in 1946 de oorlog aan de burgerbevolking van de Verenigde Staten en is sindsdien in staat van oorlog gebleven.

De door Lewin, Wells, Bernays en Lippmann uiteengezette basisconcepten bleven van kracht als leidraad voor de manipulatie van de publieke opinie; de oorlog gaf sociale wetenschappers de gelegenheid om ze in zeer geconcentreerde vorm toe te passen en een groot aantal instellingen onder hun leiding samen te brengen om de doelstellingen van hun experimenten te bereiken.

Het centrale instituut voor de vorming van de "publieke opinie" was het Nationaal Moreel Comité. Ogenschijnlijk opgericht om steun voor de oorlog te mobiliseren, zoals president Wilson zijn Management Committee had opgericht om de Eerste Wereldoorlog te "beheren", was het werkelijke doel ervan het maken van intensieve profilering van de "Axis"- en Amerikaanse bevolking om een middel voor sociale controle te creëren en te handhaven.

Het comité werd geleid door verschillende leiders van de Amerikaanse samenleving, waaronder Robert P. Bass en Herbert Bayard Swope. De secretaris was de echtgenoot van Margaret Meade, Gregory Bateson, een van de belangrijkste aanstichters van de beroemde "MK-Ultra" LSD-experimenten van de CIA, die volgens sommige deskundigen het lanceerplatform waren voor de Amerikaanse tegencultuur van drugs, rock en seks.

Het bestuur van de commissie bestond onder meer uit opiniepeiler George Gallup, inlichtingenofficier Ladislas Farago en Tavistock-psycholoog Gardner Murphy.

Het comité voerde een aantal speciale projecten uit, waarvan het belangrijkste een grote studie was naar de beste manier om psychologische oorlogsvoering tegen Duitsland te voeren. De belangrijkste personen die een belangrijke rol speelden bij de ontwikkeling van het publieke opinie project waren:

* Kurt K. Lewin, Onderwijs en geschiedenis; Psychologie; Sociale wetenschappen

* Professor Gordon W. Allport, Psychologie

* Professor Edwin G. Borin, Psychologie

* Professor Hadley Cantril, Psychologie

* Ronald Lippitt, Sociale Wetenschappen

* Margaret Mead, Antropologie, Sociale wetenschappen; Jeugd- en kinderontwikkeling

Het personeel omvatte meer dan honderd onderzoekers en verschillende instellingen voor opinieprofilering die essentieel waren voor het project.

Een van deze speciale projectteams was bij het Office and Strategic Services (OSS) (de voorloper van de CIA), bestaande uit Margaret Mead, Kurt Lewin, Ronald Lippitt, Dorwin Cartwright, John K. French en specialisten op het gebied van de publieke opinie zoals Samuel Stouffer (later voorzitter van de groep sociale betrekkingen van het laboratorium van Harvard University), Paul Lazarsfeld van de afdeling sociologie van Columbia University, die met profiler Harold Lasswell een methodologie voor "opinieonderzoek" voor de OSS ontwikkelde op basis van een gedetailleerde "inhoudsanalyse" van de lokale pers in vijandelijke landen en Rensis Likert.

Likert, die vlak voor de oorlog een topman was van de Prudential Insurance Company, had als Research Director van de Life Insurance Agency Management Association profiling technieken geperfectioneerd. Dit stelde hem in staat om gunstig te communiceren met het hoofd van het US Strategic Bombing Investigation, die het voormalige hoofd was van de Prudential Life Insurance Company. Likert bekleedde van 1945 tot 1946 de functie van directeur van de afdeling moreel van het Strategisch Bombardementsonderzoek, wat hem aanzienlijke mogelijkheden bood voor profilering en het manipuleren van de publieke opinie van de massa.

HOOFDSTUK 7

Vorming van de publieke opinie

Volgens de archieven van het Tavistock Instituut speelde het Strategic Bombing Survey een sleutelrol bij het op de knieën dwingen van Duitsland door middel van een zeer gedisciplineerd programma van systematische bombardementen op Duitse arbeiderswoningen, dat Sir Arthur Harris van de RAF maar al te graag uitvoerde.

Bovendien stond Likert van 1939 tot 1945 aan het hoofd van de Afdeling Programma Onderzoeken van het Ministerie van Landbouw, die belangrijke studies verrichtte over de technieken van "massaoverreding". Of, anders gezegd, "de publieke opinie laten instemmen met gewenste doelstellingen". Men kan alleen maar speculeren over het aantal burgers dat geloofde dat hun steun voor de "geallieerde" oorlogsinspanning voortkwam uit hun eigen mening.

Een van Likerts belangrijkste medewerkers in deze divisie was Dorwin Cartwright, Lewins protegé en toekomstig Tavistock-agent, die het handboek "Some Principles of Mass Persuasion" schreef, dat nog steeds in gebruik is.

Het Office of War Information (OWI), geleid door Gardner Cowles gedurende een groot deel van de oorlog, was een ander belangrijk bureau voor de vorming van de publieke opinie. Bernays trad als adviseur toe tot het OWI. Uit de hier beschreven banden is na de Tweede Wereldoorlog het netwerk van grote "opiniepeilingsinstellingen" ontstaan. Zij hebben sindsdien een krachtige en beslissende rol gespeeld in het Amerikaanse leven. Gallup, afkomstig uit de Raad van Bestuur van het Nationaal Moreel Comité, intensiveerde zijn activiteiten en werd de belangrijkste commandant van de peilingsinstituten om het nieuwe beleid van het Comité van 300 te lanceren, dat het doorgaf als "peilingsresultaten".

Bernays speelde verschillende sleutelrollen na de oorlog. In 1953 schreef hij een document voor het State Department waarin hij de oprichting van een staatsbureau voor psychologische oorlogsvoering aanbeval. In 1954 was hij adviseur van de US Air Force, de tak van de strijdkrachten die het meest beïnvloed werd door de mensen van het Strategic Bombing Survey.

Begin jaren vijftig was Bernays public relations adviseur van de United Fruit (United Brands) Corporation, een van de belangrijkste bedrijven in het nationale communicatie/veiligheidsapparaat (Eisenhower's "militair-industrieel complex"), dat toen bezig was zijn macht over de Amerikaanse politiek te consolideren.

Bernays leidde de propagandacampagne waarin werd beweerd dat Guatemala onder "communistische controle" viel, wat resulteerde in een door de VS georganiseerde staatsgreep in dat land. In 1955 schreef Bernays een boek over zijn ervaringen, getiteld *The Engineering of Consent*.[5]

Dit boek is het virtuele Tavistock-plan geworden dat door de Amerikaanse regering wordt gevolgd om elk land omver te werpen waarvan het beleid onaanvaardbaar is voor de socialistische dictatuur van de eenwereldregering.

Gedurende de hele naoorlogse periode was Bernays lid van de Society for Applied Anthropology, één van Margaret Mead's instituten voor sociale controle in de Verenigde Staten, en van de Society for the Psychological Study of Social Issues, een groep opgericht door Tavistock-oprichter John Rawlings Reese om "psychiatrische shocktroepen" te houden onder de Amerikaanse bevolking.

Een van haar eerste acties was de afschaffing van homoseksualiteit in Florida, een maatregel waartegen Anita

---

[5] *De vervaardiging van toestemming.*

Bryant, die geen idee had wat haar te wachten stond, zich fel verzette.

Ten tweede introduceerde hij het thema dat niet-blanken intelligenter zijn dan blanken, waarover later meer.

Likert verhuisde naar de Universiteit van Michigan om het Institute for Social Research (ISR) op te richten, dat het Massachusetts Center for the Study of Group Dynamics opslokte, de belangrijkste dochteronderneming van Tavistock in de Verenigde Staten in de vroege naoorlogse periode.

Het Tavistock ISR was het centrum van een aantal subgroepen voor kritische profilering en "opinieonderzoek", waaronder het Center for research in the Utilization of Scientific Knowledge, opgericht door Ronald Lippitt, Likerts medewerker bij de OSS en een leerling van Lewin.

De directeur van het project, Donald Michael, was een leidende figuur in de Club van Rome, en een tweede subgroep, het Survey Research Center, was Likert's eigen creatie die uitgroeide tot de meest uitgebreide instelling in de Verenigde Staten voor het "peilen" (creëren) van populaire houdingen en trends, met als belangrijkste de ontwaarding en degradatie van vrouwelijkheid en de nadruk op de superieure intellectuele capaciteiten van niet-blanke mensen volgens scenario's die zorgvuldig waren uitgewerkt door Lewin.

Robert Hutchins werd in deze tijd beroemd en zijn naaste collega in die eerste jaren was William Benton, de oprichter in 1929 met Chester Bowles van Benton en Bowles, het beroemde reclamebedrijf. Benton gebruikte Benton en Bowles als middel om de wetenschap van massabesturing door middel van reclame te ontwikkelen.

Het was Bentons pionierswerk, gesteund door Douglass Cater, dat leidde tot de ontwikkeling van de beginnende controle van Tavistock over het mediabeleid van de VS via het Aspen Institute in Colorado, het Amerikaanse hoofdkwartier van het Comité van 300 van de Socialistische Eenheidsregering.

Ik moet terloops vermelden dat de wetenschap van

massamediacontrole via reclame nu zo stevig verankerd is dat zij de belangrijkste component van opinievorming is geworden. In de vroege naoorlogse periode verwerkte Hollywood het in bijna al zijn films.

De reclame (het hersenspoelen) gebeurde via het type en merk auto waarin de held reed, het merk sigaretten dat de suave Lawrence Harvey rookte, de kleding en make-up die de ster droeg, kleding die in de loop der jaren steeds gewaagder werd, tot nu, in 2005, de vrouwelijkheid is gedegradeerd door de bijna naakte borsten en de blote buik van Britney Spear, blootgelegd door de skinny jeans die ze vaak draagt, en door de moraal die Hollywood zo graag met voeten treedt.

HOOFDSTUK 8

De degradatie van vrouwen en het verval van morele normen

De degradatie van de vrouwelijkheid is opmerkelijk versneld sinds de rokken op de knie zitten. Dit is duidelijk op gebieden als bijna-pornografie in mainstream films en soap opera's, en wij durven te suggereren dat de dag niet ver weg is waarop dergelijke scènes "totaal en verplicht" zullen zijn.

Deze afname van het aantrekkelijke vrouwendiscours kan worden toegeschreven aan de Tavistock-methodologie en haar beoefenaars, Cantril, Likert en Lewin. Een andere opmerkelijke verandering is de toename van het aantal films met interraciale ontmoetingen en seks, gekoppeld aan claims van "mensenrechten" voor lesbiennes in de meest openlijke vorm.

Voor deze taak zijn speciale mensen geselecteerd en opgeleid; de bekendste is waarschijnlijk Ellen Degeneres, die honderdduizenden dollars aan gratis publiciteit heeft ontvangen onder het mom van interviews in talkshows en "discussiegroepen" over het onderwerp "liefde tussen twee vrouwen van hetzelfde geslacht", d.w.z. ontmoetingen tussen twee vrouwen met een of andere vorm van seksuele praktijk.

Benton, de pionier van de debasering van vrouwelijkheid, werd begeleid door Tavistocks belangrijkste sociale wetenschapper van de profilingtheorie, Harold Lasswell, die samen met Benton in 1940 de American Policy Commission oprichtte. Lasswells gezamenlijke onderneming met Benton markeerde de duidelijkste link tussen Aspen's geheime wereldsocialistische regeringsoperaties in Amerika en het Tavistock Instituut. Aspen werd het hoofdkwartier van het Comité van 300 filialen in de Verenigde Staten.

Hedley Cantril, Likert en Lewin, met hun methodologie toegepast op de humanistische psychologie en hersenspoeling, hebben een steeds belangrijker rol gespeeld bij het gebruik van "opinieonderzoek" om paradigma- en waardeverschuivingen in de samenleving te bewerkstelligen, zoals die welke zojuist zijn beschreven, maar dan op grotere schaal en op alle niveaus van de samenleving die de westerse beschaving, zoals die al eeuwen bekend is, vormen.

Cantrils thuisbasis, van waaruit hij zijn oorlogsoperaties tegen het Amerikaanse volk voerde, was het Office of Public Opinion Research van de Princeton University, opgericht in 1940, hetzelfde jaar dat Cantril zijn boek *The Invasion From Mars schreef,* een gedetailleerde analyse van hoe de bevolking van de regio New York-New Jersey met angst en paniek reageerde op de uitzending van Orson Wells' "War of the Worlds" in 1938.

Hoe konden zij weten dat zij deel uitmaakten van een profileringsonderneming, terwijl redelijkerwijs kan worden geconcludeerd dat in 1938 vrijwel geen enkele Amerikaan ooit van Hadley Cantril of het Tavistock Instituut had gehoord? Het zou interessant zijn te weten hoeveel Amerikanen in 2005 van Tavistock hadden gehoord?

De meeste mensen herinneren zich Orson Wells, maar waarschijnlijk negenennegentig procent van de bevolking hecht geen belang aan de naam Cantril en is niet op de hoogte van het Tavistock Instituut.

Laten we het verhaal van de nacht van 30 oktober 1938 vertellen, want dezelfde technieken werden gebruikt door de regering Bush, het ministerie van Defensie en de CIA om de publieke perceptie te vormen van de gebeurtenissen die leidden tot de invasie van Irak in 2003 en zijn in 2005 nog steeds relevant.

In 1938 had Orson Wells een reputatie opgebouwd als meester in nepnieuws door de Engelse auteur H. G. Wells, een voormalig MI6-agent, en zijn boek *War of the Worlds te gebruiken.*

In de radiobewerking van Wells' werk onderbrak de andere Wells radioprogramma's in New Jersey door aan te kondigen dat de Marsmannetjes zojuist waren geland. "De Martiaanse invasie is begonnen", verklaarde Orson Welles.

Tijdens deze vier uur durende productie werd niet minder dan vier keer aangekondigd dat het publiek luisterde naar een fictieve reconstructie van hoe het verhaal van H.G. Wells eruit zou zien als het tot leven kwam. Maar het had geen zin. Miljoenen mensen raakten in paniek, ontvluchtten hun huizen en blokkeerden wegen en communicatiesystemen.

Wat was het doel van de "hoax"? Ten eerste om de doeltreffendheid van de Cantril- en Tavistock-methoden in de praktijk te testen en, misschien nog belangrijker, om het terrein voor te bereiden op de komende oorlog in Europa, waarin "nieuwsuitzendingen" een cruciale rol zouden spelen bij het verzamelen en verspreiden van informatie als een gevestigde bron van betrouwbare informatie en als forum voor het vormen van de publieke opinie.

Twee dagen na de uitzending van het nieuwsbulletin "Martian Invasion" onderstreepte een redactioneel artikel van de *New York Times* met de titel "Terror by Radio" onbewust wat Tavistock in gedachten had voor het Amerikaanse volk in de naderende oorlog: "Wat begon als amusement had gemakkelijk kunnen eindigen in een ramp", aldus het redactioneel. De verantwoordelijken voor de radio hadden een verantwoordelijkheid en "zouden twee keer moeten nadenken voordat ze nieuwstechnieken mengen met zulke angstaanjagende fictie".

Waar The *Times* onbedoeld op stuitte was de golf van de toekomst gezien door de ogen van Tavistock theoretici. Van nu af aan was het "mengen van nieuws technieken met fictie zo angstaanjagend" dat het als feit zou worden aangenomen, de standaard praktijk voor Tavistock afgestudeerden. Alle nieuwsprogramma's moesten bewerkingen zijn van "nieuws en fictie" in een slimme mix om het ene onherkenbaar te maken van het andere.

In feite bracht Tavistock zijn nieuw geteste theorie een jaar later in de praktijk, toen de bevolking van de Europese steden Londen, München, Parijs en Amsterdam werd getroffen door de angst voor oorlog, zelfs toen Neville Chamberlain erin slaagde een oorlog af te wenden met behulp van dezelfde technieken als die welke werden gebruikt in de "War of the Worlds" radiouitzendingen van oktober 1938.

HOOFDSTUK 9

Hoe reageren individuen en groepen op de mix van realiteit en fictie?

Cantrils conclusie is dat het publiek precies zo reageerde als zijn experimenten met profileringsonderzoek hem hadden doen geloven. Die zondagavond van 30 oktober 1938 zou een mijlpaal worden in zijn archief en een datum die een enorme paradigmaverschuiving betekende in de manier waarop "nieuws" voortaan zou worden gepresenteerd. Iets meer dan zeven decennia later wordt de wereld nog steeds gevoed met nieuws vermengd met fictie, fictie die in veel gevallen angstaanjagend is. De westerse wereld heeft radicale veranderingen ondergaan die haar met tegenzin zijn opgelegd, in die mate dat het een wereld is geworden die zo anders is dan die van die nacht in oktober 1938 dat het "een andere planeet" is geworden. Op dit essentiële onderwerp komen we later in het boek terug.

Na de Tweede Wereldoorlog raakte Cantril volledig betrokken bij de belangrijkste goeroe van Tavistock, de oprichter ervan, John Rawlings Reese, en zijn project over wereldwijde spanningen bij de Verenigde Naties UNESCO.

Profielen van hoe individuen en groepen reageerden op internationale spanningen werden geformuleerd op basis van een slimme mix van feiten en angstaanjagende fictie voor een campagne om "wereldburgers" (van een socialistisch-communistische één-wereldregering dictatuur) te lanceren die gebruikt werden om grenzen te verzwakken, taal en cultuur en om nationale trots en de soevereiniteit van natiestaten in diskrediet te brengen, als voorbereiding op de nieuwe socialistische wereldorde - een éénwereldregering, waarvan president Woodrow Wilson zei dat Amerika die veilig zou maken voor de "democratie".

Deze frisse Amerikaanse jongens uit Arkansas en North Carolina werden naar Europa gestuurd in de overtuiging dat zij "voor hun land vochten", zonder te weten dat de "democratie" die Wilson hen stuurde om "de wereld veilig te stellen" een internationale socialistisch-communistische dictatuur met één wereldregering was.

John Rawlings Reese was de redacteur van het tijdschrift van Tavistock, het *Journal of Humanistic Psychology*. Hun gedeelde denkwijze is te zien in de monografie van 1955, "Toward a Humanistic Psychology", en als een voortzetting van Cantrils steun voor Gordon Airports door Tavistock geschoolde opvatting van "persoonlijkheid". Zoals hij het uitdrukte in het boek *"Understanding Man's Social Behavior" uit* 1947, in een hoofdstuk over "Causaliteit". Cantrils methodologie was gebaseerd op de opvatting dat "de specifieke omgeving waarin de groei plaatsvindt, het specifieke individu een bepaalde richting geeft voor zijn groei."

De inspanningen van Cantril zijn goede voorbeelden van het doorbreken van de grenzen tussen zogenaamd neutrale opinievorming en sociaal gemanipuleerde opinievorming door de inzet van Tavistock om grote persoonlijkheids- en gedragsveranderingen af te dwingen in alle sectoren van de doelgroepen zoals wij die hebben willen omschrijven.

Cantril heeft een raad van bestuur benoemd om haar bij haar werk te helpen, waaronder:

> ➢ Warren Bennis, een volgeling van Tavistock manager Eric Trist.

> ➢ Marilyn Ferguson, naar verluidt de auteur van *The Aquarian Conspiracy*;

> ➢ Jean Houston, directeur van het Brain Research Institute, lid van de Club van Rome en auteur van Mind Games.

> ➢ Aldous Huxley, die toezicht hield op het MK-Ultra LSD programma, dat 20 jaar duurde.

> Willis Harman, directeur van de Stanford Universiteit en mentor van "The Changing Images of Man", later vermomd als "The Aquarian Conspiracy" en gepresenteerd als het werk van Marilyn Ferguson.

> Michael Murphy, directeur van het Esalen Instituut, opgericht door Huxley en anderen als een centrum voor "gevoeligheidstraining" en drugsexperimenten.

> James F. T. Bugenthal, een initiatiefnemer van projecten om een cultus te creëren in Esalen.

> Abraham Maslow, vooraanstaand exponent van de irrationalistische "denkkracht" en oprichter van de AHP in 1957.

> Carl Rogers, Maslow's collega bij de AHP in 1957.

De heersende ideologie van de AHP werd geïllustreerd door een boekbespreking in een uitgave van 1966 van haar tijdschrift, *The Journal of Humanistic Psychology*.

In zijn recensie van Maslow's *The Psychology of Science* verwelkomde Willis Harman, een jaar voor zijn studie aan Stanford in 1967-69, de "uitdaging voor de wetenschap" van "ESP, psychokinese, mystiek en bewustzijnsverruimende drugs" (met name LSD en mescaline). Hij prees Maslows "nieuwe wetenschap" voor het naar voren brengen van "hypnose, creativiteit, parapsychologie en psychedelische ervaring" en het verschuiven van wetenschappelijke zorgen van de "buitenwereld" naar de studie van de "binnenruimte".

Het was Cantrils oorspronkelijke denken over de "bijzondere persoonlijkheid" dat tot zijn logische conclusie werd gebracht. Cantril had de "eer en glorie" om een enorme paradigmaverschuiving te forceren in de manier waarop de westerse wereld denkt en zich gedraagt.

Oswald Spengler zou er zeker geen moeite mee hebben gehad het aan te wijzen als een van de oorzaken van de ondergang van het Westen die hij in 1936 voorspelde.

Veranderingen aanbrengen in de "cognitieve en gedragsstructuur".

[6]Welke bijzondere tint van ideologie na de Tweede Wereldoorlog de enquêteurs ook hebben vergezeld, het onveranderlijke idee van social engineering door middel van "steekproefmethoden" en "opinieonderzoek" is te vinden in Cartwright's document getiteld *Some Principles of Mass Persuasion*, opgesteld voor de Division of Program Surveys van het Ministerie van Landbouw.

[7]Het artikel had als ondertitel "Selected Findings of Research on the Sale of United States War Bonds", maar zoals Cartwright duidelijk maakt, was het oorlogsaspect van het onderzoek slechts een voorwendsel voor een analyse van de principes van hoe perceptie kan worden veranderd om te voldoen aan de doelen die de controleur in gedachten heeft.

Men kan zich afvragen wat de verkoop van oorlogsobligaties met landbouw te maken had, maar dat maakte deel uit van Cartwrights methodologie. Het was de hypothese van Bernays-Lippmann-Cantril-Cartwright samengevat en geconcentreerd in een context van de Tweede Wereldoorlog. Het artikel stond in de Tavistock krant, wat onmiddellijk de aandacht van de lezer zou moeten trekken.

> "Van de vele technologische ontwikkelingen van de afgelopen eeuw die veranderingen in de sociale organisatie teweeg hebben gebracht," begint Cartwright, "belooft de ontwikkeling van de massamedia de meest ingrijpende te zijn. Deze toegenomen onderlinge afhankelijkheid van mensen betekent dat de mogelijkheden voor het mobiliseren van massale sociale actie enorm zijn toegenomen. Het is denkbaar dat één enkel overtuigend individu, door het gebruik van massamedia, de wereldbevolking naar zijn of haar hand kan zetten."

We denken niet dat Cartwright Jezus Christus in gedachten had toen hij deze uitspraak deed.

Onder de ondertitel "Creating a particular cognitive structure"

---

[6] *Principe van massale overreding,* Ndt.

[7] "Selectieve bevindingen over onderzoek naar de verkoop van Amerikaanse oorlogsobligaties," Ndt.

gaat Cartwright verder:

> Eerste principe: "Vrijwel alle psychologen beschouwen het als een waarheid als een koe dat het gedrag van een persoon wordt gestuurd door zijn perceptie van de wereld waarin hij leeft... Hieruit volgt dat één manier om het gedrag van een persoon te veranderen is zijn cognitieve structuur te veranderen. Aan het veranderen van de cognitieve structuur van individuen door middel van de massamedia zijn verschillende voorwaarden verbonden. Deze kunnen worden geformuleerd als principes."

Cartwright doorspekt zijn verslag met voorbeelden uit de toepassing van zijn studie op de campagne voor de verkoop van oorlogsobligaties in de Tweede Wereldoorlog en ontwikkelt vervolgens de principes: "De'boodschap' (d.w.z. informatie, feiten, enz.) moet de zintuigen van de te beïnvloeden mensen bereiken... Situaties van totale stimulatie worden geselecteerd of afgewezen op basis van een indruk van hun algemene kenmerken", enz. Een tweede reeks principes heeft ons in staat gesteld methoden te ontwikkelen om de "cognitieve structuur" te wijzigen.

> Tweede beginsel: "Wanneer de'boodschap' de zintuigen heeft bereikt, moet zij worden aanvaard als deel van de cognitieve structuur van de persoon".

Cartwright merkt in deze sectie op dat

> "Elke poging om gedrag te veranderen door deze cognitieve structuur te wijzigen, moet de krachten overwinnen die de huidige structuur in stand houden."

Alleen wanneer een bepaalde cognitieve structuur de persoon onbevredigend lijkt voor zijn aanpassing, zal hij waarschijnlijk gemakkelijk invloeden ontvangen die bedoeld zijn om deze structuur te wijzigen".

Onder de titel "Een specifieke motivatiestructuur creëren" analyseert Cartwright meer in detail

> "de sociale prikkels die de gouverneurs van de Amerikaanse Federal Reserve in Washington langdurig in beroering hebben gebracht".

HOOFDSTUK 10

Opiniepeilingen worden volwassen

De Tavistock Kliniek in Londen was de plaats waar Sigmund Freud zich bij zijn aankomst uit Duitsland had gevestigd, en waar zijn neef, Edward Bernays, later een hele hofhouding van bewonderaars onderhield.

Zo werd Engeland het wereldcentrum voor massale hersenspoeling, een experiment in social engineering dat zich in de naoorlogse klinieken over de hele Verenigde Staten verspreidde.

Tijdens de Tweede Wereldoorlog was Tavistock het hoofdkwartier van het Office of Psychological Warfare van het Britse leger dat, via de regelingen van de Britse Special Operation Executive (SOE) (later bekend als MI6), het beleid inzake psychologische oorlogvoering dicteerde aan de Amerikaanse strijdkrachten.

Tegen het einde van de oorlog kreeg het personeel van Tavistock de leiding over de World Federation of Mental Health en de Psychological Warfare Division van het Supreme Headquarters, Allied Expeditionary Force (SHAEF) in Europa.

De belangrijkste theoreticus van Tavistock, Dr. Kurt Lewin, kwam naar de Verenigde Staten om de psychologische kliniek van Harvard, het onderzoekscentrum voor groepsdynamica van het MIT en het instituut voor sociaal onderzoek van de Universiteit van Michigan te organiseren, terwijl zijn collega's Cartwright en Cantrill zich bij hem voegden om belangrijke politieke rollen te spelen in de psychologische afdelingen van het Office of Strategic Services (OSS), het Office of Naval Research

(ONI), het U.S. Strategic Bombing Survey en het Committee of National Morale.

Bovendien is een groot aantal invloedrijke personen op de hoogste politieke niveaus opgeleid in de theorie van Dr. Lewin's topologische psychologie, die tot op heden's werelds meest geavanceerde methode voor gedragsverandering en hersenspoeling is. Belangrijke collega's van Kurt Lewin bij Tavistock, Eric Trist, John Rawlings Reese, H. V. Dicks, W. R. Bion en Richard Crossman, alsmede geselecteerde leden van de Strategic Bombing Survey, het Committee on National Morale en de National Defense Resources Council, sloten zich bij Lewin aan bij de Rand Corporation, het Stanford Research Institute, de Wharton School, de National Training Laboratories en het National Institute of Mental Health.

De Amerikaanse regering begon miljoenencontracten toe te kennen aan al deze instellingen. Over een periode van veertig jaar werden tientallen miljarden dollars toegekend door de federale regering om het werk van deze groepen te financieren, terwijl nog eens tientallen miljarden aan deze instellingen werden betaald door particuliere stichtingen.

In de loop der jaren zijn deze instellingen gegroeid en de omvang van de projecten die ze hebben aangenomen is met hen meegegroeid. Elk aspect van het mentale en psychologische leven van het Amerikaanse volk is geprofileerd, vastgelegd en opgeslagen in computerdatabases.

De instellingen, medewerkers en netwerken zijn zich blijven uitbreiden en dringen door tot in alle uithoeken van de federale, staats- en lokale overheid. Op hun interne specialisten en afgestudeerden is een beroep gedaan om beleid te ontwikkelen voor sociale diensten, arbeidsbemiddelingsraden, vakbonden, de luchtmacht, de marine, het leger, de nationale onderwijsvereniging en psychiatrische klinieken, evenals het Witte Huis, het ministerie van Defensie en het ministerie van Buitenlandse Zaken. Deze structuren profiteren ook van talrijke contracten met de Central Intelligence Agency (CIA).

Tussen deze denktanks en de grote peilinginstituten en mediabedrijven in de Verenigde Staten ontstonden nauwe samenwerkingsverbanden. De Gallup Poll, de Yankelovich-CBS-New York Times Poll, het National Opinion Research Center en anderen maakten voortdurend psychologische profielen van de hele bevolking en deelden de resultaten ter evaluatie en verwerking met de alomtegenwoordige sociaalpsychologen.

Wat het publiek ziet in kranten als opiniepeilingen is slechts een fractie van het werk dat de opiniepeilers willen doen. Een van de sleutels tot de controle van Tavistock over belangrijke gebieden van de dagelijkse gang van zaken in het Westen is het feit dat er geen andere communicatiemiddelen zijn.

De Verenigde Staten hebben nu hun eigen de facto televisiekanaal, Fox News, dat sinds de overname door Richard Murdoch een vrijwel vlekkeloze propagandamachine voor de regering is.

Boven deze hechte groep van sociale psychologen, onderzoekers en mediamanipulatoren staat een elite van machtige beschermheren, "de goden van Olympus" (het Comité van 300). In geïnformeerde kringen is bekend dat deze groep alles in de wereld controleert, met uitzondering van Rusland en, meer recentelijk, China.

Zij plant en implementeert langetermijnstrategieën op een totale, gedisciplineerde en eensgezinde manier. Het controleert meer dan 400 van de grootste Fortune 500 bedrijven in de VS, met in elkaar grijpende verbindingen die elk facet van regering, handel, bankwezen, buitenlands beleid, inlichtingendiensten en het militaire establishment raken.

Deze elite heeft alle andere "machtsgroepen" uit de vroegere Amerikaanse geschiedenis geabsorbeerd: de Rothschild-groep, Morgan, Rockefeller, de liberale gevestigde orde aan de oostkust, belichaamd door de families Perkins, Cabot en Lodge, de cr de la cr van de oude Oost-Indische opiumhandel, die vele miljarden dollars opbracht.

De hiërarchie omvat de oude families die afstammen van de Britse Oost-Indische Compagnie, wier enorme fortuin voortkwam uit de opiumhandel, en die van hoog tot laag worden geregeerd, onder meer door de Europese koninklijke familie. In de diepste krochten van de inlichtingendienst van Washington noemen hoge inlichtingenofficieren deze indrukwekkende groep, op gedempte toon en in geheimzinnige taal, het "Comité van 300". De leiders worden "De Olympiërs" genoemd. Geen enkele Amerikaanse president wordt gekozen of blijft in functie zonder hun gunst.

Degenen die zich verzetten tegen hun controle worden verwijderd. Voorbeelden zijn John F. Kennedy, Richard Nixon en Lyndon Johnson. Het Comité van 300 is de internationale socialistische wereldregering die de Nieuwe Wereldorde van achter de schermen bestuurt, waar het zal blijven tot het klaar is om te voorschijn te komen en de volledige en openlijke controle over alle regeringen van de wereld over te nemen in een internationale communistische dictatuur.

HOOFDSTUK 11

De paradigmaverschuiving in het onderwijs

In de jaren 1970 werd een radicale paradigmaverschuiving in de schoolprogramma's op alle niveaus doorgevoerd, in die mate dat leerlingen studiepunten kregen voor maatschappijleer in plaats van voor lezen, schrijven en rekenen. Een epidemie van "ongedwongen seks" en drugsgebruik overspoelde de schoolgaande tieners en verspreidde zich over het hele land.

In juli 1980 werd een grote internationale conferentie gehouden in Toronto, Canada, onder auspiciën van de First Global Conference on the Future, waaraan 4000 sociale ingenieurs, cybernetici en futuristen uit alle denktanks deelnamen. De conferentie werd geleid door de miljardair-voorzitter van het Tavistock Instituut, Maurice Strong, die het thema vaststelde:

> "De tijd is gekomen om van bezinning en dialoog over te gaan tot actie. Deze conferentie wordt het lanceerplatform voor deze belangrijke actie die in de jaren tachtig zal plaatsvinden."

Strong was voorzitter van Petro-Canada, een van de vele "paradepaardjes" van de Olympiërs. Hij was lid van de Britse geheime dienst MI6, waar hij tijdens de Tweede Wereldoorlog de rang van kolonel bekleedde. Strong en zijn netwerk van bedrijven waren sterk betrokken bij de lucratieve handel in opium, heroïne en cocaïne. Strong en Aldous Huxley waren verantwoordelijk voor de LSD-plaag die de Verenigde Staten en later Europa teisterde. Hij was directeur van het milieuprogramma van de Verenigde Naties.

Een van de hoofdsprekers van de conferentie was Dr. Aurelio

Peccei, voorzitter van de Club van Rome, een denktank van de NAVO.

De Noord-Atlantische Verdragsorganisatie (NAVO) werd opgericht als onderdeel van de Aquarius Samenzwering, een project van sociologen van de Stanford Universiteit onder leiding van Willis Harmon. De NAVO vormde en promootte op haar beurt een nieuwe tak genaamd "De Club van Rome", een naam ontworpen om verwarring en verhulling te zaaien, omdat het niets te maken heeft met de katholieke kerk.

Zonder in te gaan op de technische details van de Club van Rome (hierna te noemen "de Club"), was het doel ervan een tegenwicht te bieden aan de postindustriële landbouw- en militaire expansie met een "postindustriële landbouwmaatschappij zonder groei", die een einde moest maken aan de bloeiende verwerkende industrie van Amerika en de groeiende capaciteit voor voedselproductie door gemechaniseerde landbouw. Het lidmaatschap van de Club en de NAVO waren uitwisselbaar.

Stanford Research, het Tavistock Instituut en andere centra voor toegepaste sociale psychiatrie hebben zich hierbij aangesloten. In 1994 tekende Tavistock een belangrijk contract met NASA om de effecten van haar ruimteprogramma te evalueren. De Club zelf werd pas in 1968 opgericht als onderdeel van de roep om een Nieuwe Wereld Orde binnen een Eén Wereld regering. De Club werd een instrument om groeibeperkingen op te leggen aan industriële landen, en de Verenigde Staten waren het eerste land dat het doelwit werd.

Dit was in feite een van de eerste stappen om het doel van de "300" te verwezenlijken, namelijk de Verenigde Staten terugbrengen tot een soort feodale staat waarin de gehele bevolking wordt gecontroleerd door een nieuwe occulte aristocratie. Een van de industrieën waartegen de Club ageerde was kernenergie, en zij slaagde erin de bouw van alle kerncentrales voor elektriciteitsopwekking te stoppen, waardoor de vraag het aanbod van elektrische energie ruimschoots overtrof. De NAVO was het militaire bondgenootschap om Rusland in het gareel te houden.

De volgende punten stonden op de agenda van bovengenoemde vergadering van 1980:

> De vrouwenbevrijdingsbeweging.

> Zwart bewustzijn, rassenvermenging, de afschaffing van taboes tegen gemengde huwelijken, zoals voorgesteld door Tavistock-antropologe Margaret Meade en Gregory Bateson.

> Op deze bijeenkomst werd besloten een agressief programma te lanceren om de "gekleurde rassen" te presenteren als superieur aan de blanken van de westerse beschaving. Vanuit dit forum werden Oprah Winfrey en een groot aantal zwarte mensen gerekruteerd en getraind voor hun rol in het presenteren van de "gemengde rassen" als superieur aan de blanken.

> * We zien dit ook in films, waar zwarte sterren plotseling woekeren en een begrip worden. Het is ook te zien wanneer een zwarte persoon in een gezagspositie wordt geplaatst ten opzichte van blanken, zoals een rechter, een districtshoofd van de FBI of het leger, een CEO van een groot bedrijf, enz.

> De rebellie van jongeren tegen de denkbeeldige kwalen van de maatschappij.

> Opkomende belangstelling voor maatschappelijk verantwoord ondernemen.

> De generatiekloof vereist een paradigmaverschuiving.

> De anti-technologie vooringenomenheid van veel jongeren.

> Experimenten met nieuwe gezinsstructuren - interpersoonlijke relaties waarin homoseksualiteit en lesbianisme "genormaliseerd" en "niet anders dan anders" zijn geworden - aanvaardbaar in alle lagen van de samenleving, twee lesbische "moeders".

> De opkomst van nep natuurbehoud/ecologie bewegingen

zoals Greenpeace.

> Een hernieuwde belangstelling voor Oosterse religieuze en filosofische perspectieven.

> Hernieuwde belangstelling voor het "fundamentalistische" christendom.

> De vakbonden richten zich op de kwaliteit van de werkomgeving.

> Een groeiende belangstelling voor meditatie en andere spirituele disciplines Kabbala moest de christelijke cultuur verdringen en er werden speciale mensen uitgekozen om Kabbala te onderwijzen en te verspreiden. De eerste gekozen discipelen waren Shirley McLean, Roseanne Barr en later Madonna en Demi Moore.

> Het toenemende belang van "zelfrealisatie"-processen.

> *Heruitvinding van hip-hop en rapmuziek door groepen als Ice Cube.

> Een nieuwe vorm van taal waarin het Engels zo verminkt is dat het onverstaanbaar is. Dit fenomeen strekt zich uit tot prime-time televisie nieuwslezers.

Deze uiteenlopende trends wijzen op het ontstaan van een klimaat van maatschappelijke beroering en ingrijpende veranderingen, nu een nieuw mensbeeld ingang begint te vinden, wat leidt tot radicale veranderingen in de westerse beschaving.

Een "leiderloos" maar machtig netwerk, het "onzichtbare leger", ging aan de slag om "onaanvaardbare" veranderingen in de Verenigde Staten teweeg te brengen. De kernleden ervan waren "stoottroepen" die alle vormen van de norm radicaliseerden en braken met bepaalde sleutelelementen van de westerse beschaving. Onder "Olympianen" stond dit netwerk bekend als de "Aquarius Samenzwering" en de aanhangers ervan zouden bekend staan als de "onzichtbare stoottroepen".

Deze massale, gigantische, onherroepelijke

paradigmaverschuiving viel Amerika binnen terwijl wij sliepen, en veegde het oude weg met nieuwe politieke, religieuze en filosofische systemen. Dit is wat de burgers van de nieuwe wereldorde - een éénwereldregering - vervolgens zullen moeten laten zien, een nieuwe geest - de geboorte van een nieuwe orde zonder natiestaten, zonder trots op plaats en ras, een cultuur uit het verleden die gedoemd is tot de vuilnisbak van de geschiedenis, om nooit meer tot leven te worden gewekt.

Wij weten uit ervaring dat dit werk waarschijnlijk met hoon en ongeloof zal worden ontvangen. Sommigen zullen zelfs medelijden met ons hebben. Termen als "ongewoon" zullen worden gebruikt om dit werk te beschrijven. Dit is de gebruikelijke reactie wanneer je niet weet wat de sociale wetenschappers, brainwashers, opiniemakers en sociale psychologen van Tavistock beweegt om hun oorlog tegen de Verenigde Staten te voeren. Waarschijnlijk weet 90% van de Amerikanen niet dat Tavistock de oorlog verklaarde aan de Duitse burgerbevolking om de Tweede Wereldoorlog te beëindigen.

Toen dit conflict in 1946 eindigde, gingen de Tavistock-beoefenaars van massale hersenspoeling en opinievorming de oorlog aan met het Amerikaanse volk.

Als dit is hoe je reageert als je deze presentatie leest, voel je dan niet slecht - begrijp dat dit is hoe je geacht wordt te reageren. Als de motivatie vergezocht en ongeloofwaardig lijkt, of zelfs onbegrijpelijk, dan "bestaat" de motivatie niet. Als dat het geval is, dan bestaat de resulterende actie niet; ergo "de Olympiërs" bestaan niet en er is geen samenzwering.

Maar feit is dat er een gigantische samenzwering bestaat. Het lijdt geen twijfel dat Kurt Lewin, de belangrijkste wetenschapper van Tavistock en een belangrijke theoreticus in alle denktanks, het duidelijker zou kunnen uitleggen dan wij, als hij dat zou willen. Zijn praktijk is afgeleid van wat hij de leer van de "topologie-psychologie" noemt. Lewin is de man wiens theorieën het mogelijk maakten de psychologische oorlogsvoering van de Tweede Wereldoorlog met succes uit te voeren, de man die de strategische bombardementen plande en uitvoerde die leidden tot de nederlaag van Duitsland in de Tweede Wereldoorlog door de massale vernietiging van 65% van de Duitse arbeiderswoningen, die we zojuist heel kort hebben genoemd.

HOOFDSTUK 12

Lewin's doctrine van "verandering van identiteit"

De leer van Lewin is voor de leek niet gemakkelijk te volgen. In wezen stelt Lewin dat alle psychologische verschijnselen zich voordoen binnen een domein dat wordt omschreven als de "ruimte van psychologische fasen". Deze ruimte bestaat uit twee onderling afhankelijke "velden", de "omgeving" en het "zelf".

Het concept van een "gecontroleerde omgeving" is ontstaan uit de studie dat als je een vaste persoonlijkheid hebt (die op een voorspelbare manier kan worden geprofileerd), en je een bepaald soort gedrag van die persoonlijkheid wilt verkrijgen, je alleen maar de derde variabele in de vergelijking hoeft te controleren om het gewenste gedrag te produceren.

Het was de standaard in sociaal-psychologische formules. MI6 gebruikte het, en bijna elk soort situatie waarbij onderhandelingen betrokken waren; counter-insurgency operaties van het leger, arbeidsonderhandelingen en diplomatieke onderhandelingen gebruikten het tot blijkbaar de jaren 1960.

Na 1960 veranderde Tavistock de vergelijking door meer nadruk te leggen op de techniek van de gecontroleerde omgeving; niet het gedrag, maar de gewenste persoonlijkheid. Wat Lewin wilde bereiken was veel radicaler en permanenter: het veranderen van de diepe structuren van de menselijke persoonlijkheid. Kortom, wat Lewin bereikte was een overstap van "gedragsmodificatie" naar "identiteitsverandering".

De verandering van identiteit werd omarmd door de naties van de wereld. Naties streefden naar een "nieuwe persoonlijkheid" die de manier zou veranderen waarop de wereld naar hen keek.

De theorie was gebaseerd op de oorspronkelijke formuleringen van twee Tavistock-theoretici, de theorie van Dr. William Sargent in zijn boek *Battle for the Mind*, en het werk van Kurt Lewin over persoonlijkheidsregressie.

Lewin merkte op dat "het innerlijk van het individu bepaalde reacties vertoont wanneer het wordt blootgesteld aan spanningen uit de omgeving. Wanneer er geen spanning is, is iemands normale innerlijke zelf goed gedifferentieerd, evenwichtig, veelzijdig en veelzijdig."

"Wanneer de omgeving een redelijke spanning uitoefent, worden alle capaciteiten en vermogens van het innerlijk alert, klaar om doeltreffend te handelen.

Maar wanneer er een ondraaglijke spanning op wordt uitgeoefend, stort deze geometrie ineen tot een blinde, ongedifferentieerde soep; een primitieve persoonlijkheid in een staat van regressie. De persoon wordt gereduceerd tot een dier; sterk gedifferentieerde en veelzijdige capaciteiten verdwijnen. De gecontroleerde omgeving neemt het over van de persoonlijkheid."

Het is deze "techniek" van Lewin die wordt toegepast op gevangenen in het gevangenkamp Guantanamo Bay, in strijd met het internationale recht en de Amerikaanse grondwet. Het flagrante wangedrag van de regering Bush in dit kamp gaat de grenzen van de normale westerse christelijke beschaving te buiten, en de aanvaarding ervan door een meegaand Amerikaans publiek kan het eerste teken zijn dat het Amerikaanse volk zo is veranderd door de "penetratie op lange termijn en de interne conditionering" van Tavistock, dat het nu klaar is om af te dalen tot het niveau van de Nieuwe Wereldorde in een regering van één wereld, waar een dergelijke barbaarse "behandeling" als normaal wordt beschouwd en zonder protest wordt aanvaard.

Het feit dat artsen deelnamen aan de onmenselijke marteling van een ander mens en geen wroeging voelden, toont aan hoe laag de wereld al gezonken is.

Er werd opgemerkt dat dit de basis was voor het militaire kamp in Guantanamo Bay, Cuba, dat daar werd geopend om de beperkingen van de Amerikaanse grondwet te omzeilen en een gecontroleerde omgeving van het Lewin-type te bieden. De mannen in deze psychologische gevangenis bevinden zich nu in een staat van regressie waarin zij tot het niveau van dieren zijn gereduceerd.

Guantanamo is het soort kamp dat volgens ons overal in de Verenigde Staten en in de wereld zal worden gevestigd wanneer de Nieuwe Wereldorde - een regering met één wereld - de totale controle over de wereld krijgt. Het is een sadistisch, onmenselijk en beestachtig kamp, ontworpen om de natuurlijke trots van de slachtoffers te breken, de wil tot verzet te breken en de gevangenen tot beesten te reduceren.

In het eerste experiment van de wereldregering in wat toen de USSR was, mochten mannen gebruik maken van het toilet, om vervolgens midden in de evacuatie te worden onderbroken en naar buiten te worden geduwd voordat ze zich konden schoonmaken. Abu Graihb en Guantanamo waren ongeveer van dat niveau toen de controleurs onder wereldwijd toezicht kwamen te staan. Generaal Miller, die de chef kapo was, is sindsdien uit beeld verdwenen.

Dissidenten" die erop staan dat de Amerikaanse regering zich aan de grondwet houdt en hun grondwettelijke rechten opeist, zullen in de toekomst worden behandeld als "dissidenten", net zoals Stalin "dissidenten" in Rusland behandelde. De toekomstige "Guantanamos" die overal in Amerika zijn opgedoken zijn een voorbode van de dingen die komen gaan. Daar kunnen we zeker van zijn.

HOOFDSTUK 13

Het geïnduceerde verval van de westerse beschaving tussen de twee wereldoorlogen

Van alle Europese naties in de periode tussen de twee wereldoorlogen leed Duitsland, als de super-economische, superraciaal zuivere, super-krijgsmachtige natie, het meest, zoals was voorspeld. De Volkenbond was het "eerste ontwerp" van de snel naderende nieuwe wereldorde van één wereldregering, en de "vredesvoorstellen" op de Vredesconferentie van Parijs, geleid en gecontroleerd door Tavistock, waren bedoeld om Duitsland te verlammen tot een permanente tweederangs Europese macht, wiens zelfrespect zou worden vernietigd door sociale degradatie tot pauperisme of, in het beste geval, proletarische status.

Het is niet verwonderlijk dat het Duitse volk woest werd en Hitler de massale steun gaf die hij nodig had om zijn latente nationalistische beweging om te vormen tot een kracht voor vernieuwing.

We zullen nooit weten of Tavistock een misrekening maakte of dat hij daarmee de weg vrijmaakte voor een grotere en bloediger oorlog. Meade en Bertrand Russell hadden immers gezegd dat er behoefte was aan een wereld bevolkt door "volgzame" onderdanen. Russell had een opmerking gemaakt over het "kinderlijke" karakter van de Amerikaanse neger die hij op zijn reizen in de Verenigde Staten had ontmoet. Russell zei dat hij ze liever had dan blanken. Hij zei ook dat als het blanke ras wilde overleven, het zou moeten leren zich te gedragen als een kind, zoals de neger. Maar de afgezant van Tavistock, die zijn gedachten uitbreidde, noemde zwarten "nutteloze eters" en verklaarde dat ze massaal moesten worden geëlimineerd.

Russell waardeert ook de volgzaamheid van het Braziliaanse volk, volgens hem te danken aan "interraciaal fokken met Afrikanen die als slaven werden binnengebracht".

Er is een school die denkt dat een van de belangrijkste doelstellingen van de monsters die de twee wereldoorlogen planden, was dat ze grotendeels door jonge blanke mannen zouden worden uitgevochten. Het is zeker waar dat Duitsland, Groot-Brittannië, de Verenigde Staten en Rusland miljoenen van de bloei van hun mannelijke bevolking verloren, die voor altijd uit de genenpoel van de natie werden verwijderd. In de door Tavistock ontworpen Eerste Wereldoorlog waren de oorlogsfronten en veldslagen zo georganiseerd dat Rusland 9 miljoen man verloor, oftewel 70% van zijn totale militaire sterkte.

Met uitzondering van Rusland leed de aristocratie veel minder onder de economische gevolgen van oorlog en revolutie dan de bourgeoisie. Traditioneel bestond een groot deel van hun vermogen uit land, dat bij inflatie niet zo sterk in waarde daalde als andere materiële activa.

De desintegratie van de monarchieën (met uitzondering van Engeland) trof de oude maatschappelijke orde van de hogere klassen, die de maatschappij niet langer konden blijven dienen in hun rol van officier of diplomaat - er was geen vraag meer naar hun diensten - de mogelijkheden voor een dergelijke dienst waren veel minder dan voor de oorlog.

Sommige leden van de Russische aristocratie aanvaardden moedig een proletarische of zelfs arbeidersstatus, als taxichauffeurs, nachtclubportiers en Russische butlers in het naoorlogse Parijs; anderen gingen in zaken. De meesten vervielen echter in een leven van sociale vernedering. Waar eens de streng bewaakte grens tussen de samenlevingen in de oude monarchale hoofdsteden en de rest van de maatschappij onbegaanbaar was, ontstonden nu brede kloven naarmate de lijnen vervaagden.

Zoals de hertog van Windsor zei in zijn memoires, *A King's Story*:

> "De kracht van de verandering was nog niet zo diep doorgedrongen in de structuur van de Britse samenleving dat veel van de oude elegantie was uitgewist. Tijdens het zogenaamde Londense seizoen was het West End van middernacht tot zonsopgang een bijna ononderbroken bal. De avond kon altijd worden gered door een beroep te doen op een van de vrolijke nachtclubs, die toen zo modieus en bijna respectabel waren geworden."

(In die tijd betekende het woord "homo" "gelukkig". Het werd pas halverwege de jaren vijftig gebruikt als eufemisme voor sodomie). Noch legde de Hertog uit dat de "kracht voor verandering" die hij noemt, deskundig was toegepast door het Tavistock Instituut.

Het verval van de vrouwelijke bescheidenheid, dat kort na het einde van de Eerste Wereldoorlog begon, deed zich plotseling overal en steeds sneller voor. Voor de onwetende was het een sociaal fenomeen. Niemand kon vermoeden dat Wellington House en zijn sinistere sociale ingenieurs de oorzaak waren.

Deze emancipatie van de vrouw ging gepaard met een beweging van opstand, vooral onder de jongeren, tegen alle conventionele beperkingen van de geest of het lichaam die uitdoofden te midden van de verbrijzelde idolen van de gevallen rijken. De naoorlogse generatie in Europa kwam in opstand tegen alle gebruiken, terwijl ze wanhopig worstelde om de verschrikkingen van de oorlog die ze hadden meegemaakt van zich af te schudden. Het decolleté stortte in, roken en drinken in het openbaar werd een vorm van opstand. Homoseksualiteit en lesbianisme werden manifest, niet uit innerlijke overtuiging, maar als protest tegen wat er was gebeurd, en als rebellie tegen alles wat de oorlog had verwoest.

Radicale en revolutionaire overdaad manifesteerde zich in kunst, muziek en mode. Jazz" hing in de lucht en "moderne kunst" werd beschouwd als "chic". [8]Het begrijpelijke element van alles was "don't have a care"; het was verontrustend en onwerkelijk. Dit waren de jaren waarin heel Europa in een shocktoestand verkeerde. Wellington House en Tavistock hadden hun werk goed gedaan.

Onder de hectiek van de oncontroleerbare gebeurtenissen lag een geestelijke en emotionele gevoelloosheid. De gruwel van de oorlog, waarin miljoenen jonge mannen nodeloos waren afgeslacht, verminkt, gewond en vergast, begon nog maar net voelbaar te worden en moest "uit het geheugen worden gewist".

De slachtoffers maakten de oorlog maar al te reëel in zijn ontstellende en wrede lelijkheid, en de mensen deinsden terug in shock en revolutie, in de wanhoop die de ontgoocheling van de vrede met zich meebracht. De Europeanen, met hun superieure cultuur die de westerse beschaving belichaamde, waren nog meer geschokt dan de Amerikanen.

Zij verloren hun geloof in de grondbeginselen van de vooruitgang die hun vaders en grootvaders hadden ondersteund en hun naties groot hadden gemaakt. Dit gold vooral voor Duitsland, Rusland, Frankrijk en Engeland.

Nadenkende mensen konden niet begrijpen waarom de twee meest beschaafde en geavanceerde naties ter wereld zichzelf hadden verscheurd en miljoenen van hun beste jonge mannen het leven hadden ontnomen. Het was alsof een angstaanjagende waanzin Groot-Brittannië en Duitsland in zijn greep had.

Voor ingewijden was het niet de waanzin, maar de methodiek van Wellington House die de Britse jeugd in zijn greep hield. De angst dat het opnieuw zou gebeuren, voorkwam bijna het uitbreken van de Tweede Wereldoorlog.

Officieren die terugkeerden van het bloedbad beschreven aan de kranten de verschrikkingen van de gevechten van man tot man die vaak plaatsvonden tijdens "de Grote Oorlog". Ze waren ontzet en bang, ontzet en ontmoedigd. Niemand van hen begreep

---

[8] "Geef nergens om.

waarom er een oorlog was geweest. De duistere geheimen van Wellington House en de "Olympiërs" bleven verborgen, zoals ze tot op de dag van vandaag blijven.

Waar ooit het leggen van een kroon bij de Whitehall Cenotaph in Londen door de monarch van Engeland troost bracht, wekt het nu bitterheid, woede en afkeer op. Het toneel was klaar voor de Tweede Wereldoorlog, waarin Tavistock een enorme en onevenredige rol zou spelen.

Er waren een paar denkers die iets te zeggen hadden: Spengler in de geschiedenis bijvoorbeeld, Hemingway en Evelyn Waugh in de literatuur, en in Amerika Upton Sinclair en Jack London, maar ook hun boodschap was duister, nog duisterder dan Spengler's sombere voorspelling van het onvermijdelijke verval van de westerse beschaving.

Deze indrukken werden bevestigd door de verslechtering van de persoonlijke relaties na de oorlog. Echtscheiding en vreemdgaan kwamen vaker voor. Het mooie concept van de vrouw op een voetstuk, de zachte, vrouwelijke vrouw met een mooie, cadmische stem, de bloem van Gods schepping, het mysterie, was een verdwijnend ideaal. Daarvoor in de plaats kwam de schrille, de luidruchtige, de vulgaire, met een raspende, schrille spraak, zoals die is overgenomen en gepopulariseerd door een bijzonder populaire ochtend talkshow.

Niemand kon weten dat dit trieste verval het eindproduct was van Tavistocks oorlog tegen de westerse vrouwelijkheid.

In het naoorlogse Europa was Montparnasse in Parijs een trieste plek geworden. Het naoorlogse Wenen, leeggelopen door de oorlog die zoveel van zijn zonen had weggevaagd, was nog triester. Maar Berlijn, ooit zo bruisend en schoon, was het Babylon van Europa geworden, en misschien wel de treurigste plaats van allemaal.

> "Iedereen die die apocalyptische maanden, die jaren heeft meegemaakt, heeft walging en verbittering gevoeld, heeft de komst van een terugslag, een afschuwelijke reactie",

schreef de historicus Zweig.

Het politieke, geestelijke en sociale bankroet van de nieuwe machtselites, die de monarchen, aristocraten en ouderwetse burgerlijke dynastieën opvolgden, was in veel opzichten spectaculairder dan dat van hun voorgangers, en nergens meer dan in de Verenigde Staten, met de komst van het socialistische tijdperk onder Franklin D. Roosevelt. Deze keer was de eclips van het leiderschap echter niet beperkt tot één continent of tot één bepaalde maatschappelijke klasse.

Het Amerika van Franklin Roosevelt toonde als geografische Nieuwe Wereld al snel aan dat de Verenigde Staten slechts iets minder anachronistisch waren dan het Oostenrijk-Hongarije van Franz Joseph. Hier zet hij het "democratische" socialisme van de Nieuwe Wereldorde op, rechtstreeks naar het model van de Fabian Society, terwijl de Verenigde Staten een Confederale Constitutionele Republiek zijn - met andere woorden, precies het tegenovergestelde.

Noch de verschuiving van het centrum van de Europese macht en prestige van de voormalige westerse democratieën van het Centrale Rijk, noch de vervanging van de traditionele heersende klassen van de gevallen monarchieën door de Verenigde Staten heeft bijgedragen tot een verbetering van het economische, politieke, sociale, morele of religieuze klimaat in de naoorlogse wereld. De crash van Wall Street en de daaropvolgende depressie zijn welsprekende, zij het stille, getuigen van de waarheid en juistheid van onze bewering.

De wijze waarop dit evenement door het Tavistock Institute werd georganiseerd, is te zien in de evenementenkalender die wij in de bijlage hebben opgenomen.

HOOFDSTUK 14

Amerika is geen "thuisland"

De Verenigde Staten van Amerika zijn lange tijd de meest vruchtbare grond geweest voor de grootschalige verspreiding van propaganda, waarbij de inwoners het onderwerp zijn geweest van samenzwering, leugens en bedrog, waarin de Britten altijd voorop hebben gelopen;'s werelds eerste centrum voor mind control, hersenspoeling en propaganda was het Tavistock Institute of Human Relations. De voorloper ervan was de organisatie die werd opgericht door Lord Northcliffe, die trouwde met een Rothschild-erfgename, en die vakkundig werd bijgestaan door Lord Rothmere en de Amerikanen Walter Lippman en Edward Bernays.

Uit dit bescheiden begin in 1914 werd het Tavistock Institute of Human Relations geboren, ongeëvenaard in zijn vermogen om op grote schaal propaganda te maken. Tavistock is een instituut dat zich toelegt op propaganda en het op maat maken van elk aspect van het leven. Tavistock benaderde propaganda alsof het een strijd was, en in zekere zin was dat ook zo. Er zijn geen halve maatregelen; het is een oorlog waar alles kan zolang het de overwinning verzekert.

Als we naar het politieke toneel kijken, kunnen we er niet omheen dat de laatste twee decennia de diepte en omvang van de propaganda, en vooral van de mind control, alomtegenwoordig is geworden. De correcte toepassing van propaganda op elke kwestie, of die nu economisch of politiek van aard is, is een essentieel onderdeel van het controlemechanisme van de regering.

Stalin zei ooit dat als je een volgzame bevolking wilde, je angst en terreur op hen moest loslaten. In zekere zin is dat wat er gebeurde in de Verenigde Staten en Groot-Brittannië. De Tweede Wereldoorlog bood onbeperkte mogelijkheden om van propaganda een verfijnde kunst te maken. Als we kijken naar de pogingen van de regering Roosevelt om het Amerikaanse volk op andere gedachten te brengen, waarvan 87% tegen de oorlog in Europa was, zien we dat Roosevelt daar niet in is geslaagd. Het Amerikaanse volk wees een oorlog in Europa af.

Er was een verzonnen situatie voor nodig, een vooraf gekozen voorwendsel, de Japanse aanval op Pearl Harbor, om de publieke opinie ten gunste van de Amerikaanse deelname aan de Europese oorlog te keren. Roosevelt beweerde dat Amerika vocht voor de democratie en zijn manier van leven, wat helemaal niet het geval was; de oorlog werd gevoerd om de zaak van het internationale socialisme te bevorderen naar zijn doel van een nieuwe wereldorde onder één enkele wereldregering.

Om doeltreffend te zijn moet propaganda gericht zijn op de bevolking als geheel en niet op individuen of individuele groepen, met als doel een zo breed mogelijke aandacht te trekken. Zij is niet bedoeld als persoonlijk onderricht. Feiten spelen geen rol in propaganda, die altijd bedoeld is om een indruk te wekken. Zij moet op een eenzijdige, systematische en duurzame manier indoctrineren dat wat de regering, de media en de politieke leiders zeggen, de waarheid is. En het moet zo worden gepresenteerd dat mensen de indruk krijgen dat het is wat zij denken.

Propaganda moet daarom gericht zijn op een massapubliek waarvan de boodschap aanslaat. Laten we een recent voorbeeld nemen van het soort propaganda dat over het algemeen door een ontvankelijk publiek zou worden aangenomen. Na de ramp met het World Trade Center creëerde president Bush een nieuw overheidsagentschap, dat hij het Office of Homeland Security noemde, en benoemde hij een directeur om toezicht te houden op het agentschap.

Dit klinkt erg geruststellend en geruststellend, totdat we kijken naar het 10e Amendement, dat alle bevoegdheden die de heer Bush heeft voorgesteld te grijpen, voorbehoudt aan de individuele staten.

Het feit dat de heer Bush amendement 10 niet ongedaan kan maken, werd botweg genegeerd. Volgens de propagandatekst kan hij dat wel, en aangezien die gericht was op de massa's, geloofden die de tekst in plaats van hun grondwet, zodat er weinig effectief verzet was tegen deze flagrante schending van de grondwet, met name van amendement 10. Bush lijkt te hebben gehandeld naar Stalins richtlijn:

> "Als je het volk wilt controleren, begin dan met ze te terroriseren."

Degenen die zich verzetten tegen de "binnenlandse veiligheid" quasi-wetgeving werden bestempeld als "onpatriottisch" en "aanhangers van terrorisme". Nogmaals, het absolute feit dat deze nepwet helemaal geen wet was en pure propaganda, werd nooit in twijfel getrokken, maar passief geaccepteerd door het onnadenkende publiek. Dit is hoe de publieke opinie wordt gevormd, en het is de publieke opinie die wetgevers ertoe aanzet te stemmen voor "binnenlandse veiligheid" of andere nepwetgeving, zoals Bernays en Lippmann beiden beweerden in de begindagen van het Wellingtonhuis. Wetgevers stemmen langs partijlijnen, zoals in het Britse parlementaire systeem, en stemmen niet op basis van de Amerikaanse grondwet. Zij wisten dat zij, door zich tegen de president te verzetten, een goede kans maakten om bij de volgende verkiezingen een luizenbaantje te verliezen, of het risico liepen om door een gluiperige "administratief" man te worden gehekeld.

Amerika is geen "thuisland" maar 50 afzonderlijke en verschillende staten. In ieder geval komt het woord "thuisland" rechtstreeks uit het Communistisch Manifest. Aangezien het uiteindelijke doel van de regering is een nieuwe wereldorde te vestigen, een internationale communistische regering, zou de keuze van dit woord als titel voor communistische wetgeving geen verrassing moeten zijn.

De bevoegdheid om onderwijs, welzijn en politie te controleren behoort toe aan de staten, waar zij altijd heeft gelegen, en zij werd niet van de staten afgenomen ten tijde van het verdrag. Noch president Bush, noch het Huis en de Senaat hebben de macht om dat te veranderen, wat het nieuw opgerichte bureau voorstelde te doen. Alleen door aanhoudende, systematische en herhaalde propaganda heeft het volk van de staten deze flagrante schending van de Amerikaanse grondwet geaccepteerd.

De propagandatrommel ging door met talloze artikelen over de achtergrond en ervaring van de "Directeur van Binnenlandse Veiligheid", zijn werk, enz. maar geen woord over de flagrante ongrondwettelijkheid van het nieuwe departement. Het zal u niet ontgaan dat alleen al de titel: "Homeland Security" een knap staaltje propaganda is. Het volk is er nu van overtuigd dat het nieuwe bureau niet alleen grondwettelijk is, maar ook noodzakelijk. De massa's mensen zijn nu succesvol "mentaal gecontroleerd" (gehersenspoeld).

Degenen die de kwestie willen bestuderen in plaats van alleen maar naar het CBS Evening News te kijken, zullen iets heel anders vinden tussen het relaas van een onafhankelijke commentator en dat van de pers. Zoals altijd zal die persoon in de minderheid zijn, dus hun opvattingen, zelfs als ze worden geuit, zullen het doel en de bedoeling van de oprichting van het nieuwe agentschap niet veranderen. Ik zeg u dat de grondwet van de Verenigde Staten en de grondwetten van de 50 afzonderlijke staten de Verenigde Staten verbieden om enig mechanisme van centrale federale controle opgelegd te krijgen. De "Homeland Security" wet is een travestie omdat het de republikeinse regeringsvorm vernietigt die aan de oorspronkelijke staten werd toegekend in het 10e Amendement, dat niet kan worden weggenomen.

De zogenaamde Homeland Security Act is daarom nietig en helemaal geen wet. Toch zullen de gehersenspoelde en dus gemanipuleerde slachtoffers van Tavistock het gehoorzamen alsof het een wet is.

Kortom, het Homeland Security Agency is een schijnvertoning en kan geen kracht van wet hebben. Geen enkele ongrondwettelijke maatregel kan worden uitgevaardigd en het Congres heeft de dringende plicht de "wet" die op onwettige wijze aanleiding gaf tot de Homeland en Patriot Acts onmiddellijk in te trekken. Het kardinale punt om te onthouden is dat propaganda en massale hersenspoeling altijd moeten worden beschouwd in relatie tot het doel dat ze geacht worden te dienen. In dit geval is dat het overtuigen van de bevolking dat vrijheden moeten worden opgeofferd in ruil voor "bescherming". Henry Clay, de grootste constitutionalist die ooit heeft geleefd, noemde deze truc "een doctrine van de noodzaak, een doctrine van de hel" en veroordeelde dergelijke pogingen onomwonden.

H. V. Dicks doceerde in Tavistock. Hij verklaarde dat individuele rechten moeten worden opgeofferd voor het welzijn van allen! Dit omvat de maatregel die de hoogste wet van het land schendt! Het moet worden geaccepteerd omdat het voor het welzijn van allen is! Dit wordt het best verklaard door de propaganda en hersenspoeling die gepaard ging met president Roosevelts wanhopige pogingen om de Verenigde Staten via Japan te betrekken bij de lopende oorlog in Europa.

Toen de verwachte aanval op Pearl Harbor plaatsvond (Roosevelt wist de dag en het uur waarop deze zou plaatsvinden) kondigde hij in toespraken die voor hem geschreven waren door het Tavistock Instituut, aan dat het Amerikaanse volk zou vechten voor de hoogste en edelste zaak, de verdediging van de natie, de verdediging van de vrijheid en voor de toekomstige veiligheid en het welzijn van de natie. Zoals gebruikelijk in dergelijke gevallen, spraken de feiten van een heel andere reeks doelstellingen.

Roosevelt zei niet dat het Amerikaanse volk ten strijde trok voor de bevordering van het internationale socialisme en voor de doelstellingen van de Nieuwe Wereldorde - de vestiging van het internationale communisme onder één enkele wereldregering.

Het Amerikaanse volk is verteld dat Duitsland van plan is de wereld tot slaaf te maken. Dit is een heel goed weerwoord, want zelfs de minst opgeleide mensen weten dat slavernij een van de ergste lotgevallen is die de mensheid kan treffen. De introductie van het woord "slavernij" sloeg aan.

Nogmaals, de propaganda had niets te maken met de feiten. Nadenkende mensen, niet gevoelig voor propaganda, zouden hebben begrepen dat een kleine natie als Duitsland de wereld niet tot slaaf kon maken, zelfs als het dat had gewild. De middelen en mankracht waren er gewoonweg niet. Duitsland beschikte niet over de enorme marinevloot die nodig was om een dergelijke aanval op de Verenigde Staten mogelijk te maken.

De initiatiefnemers van de oorlog begrepen vanaf het begin dat een aanhoudende explosie van propaganda nodig was om de vaart erin te houden. Vicepresident Cheney volgde hetzelfde principe in de weken voorafgaand aan de Amerikaanse aanval op Irak; hij verdraaide de feiten, zond een reeks "angsttoespraken" uit en verdraaide informatie van de inlichtingendiensten om zijn doel te bereiken. Niemand werkte harder dan Cheney om ervoor te zorgen dat een oorlog met Irak niet op het laatste moment zou worden afgewend.

Het was voor Roosevelt belangrijk om de aandacht van de massa's op de "problemen" te vestigen en hen ervan bewust te maken, vandaar de eindeloze reportages in de pers, de "journaals" die steeds weer in de bioscopen werden vertoond en de eindeloze hersenspoelingspreken van politici.

Propaganda moet worden gepresenteerd in een medium dat gemakkelijk te begrijpen is door het laagste niveau van intelligentie in de natie, zoals posters met afbeeldingen van arbeiders in munitiefabrieken, scheepswerven, vliegtuigassemblagefabrieken die allemaal werken aan het "thuisfront" voor de "oorlogsinspanning", enz.

In de nasleep van de WTC-tragedie werd veel van dit soort massale hersenspoelpropaganda nieuw leven ingeblazen: "Amerika in oorlog", "de frontlinie", "en munitieopslagplaatsen", "vijandelijke troepenposities" verschenen in ondertitels op bijna elk televisiescherm.

Het feit dat de Verenigde Staten niet in oorlog waren omdat de oorlog niet was verklaard, en dat er geen andere vijandelijke "troepen" waren dan los gestructureerde guerrillagroepen, werd natuurlijk weggelaten.

Woordenboeken definiëren troepen als "een groep soldaten; een leger, meestal in het meervoud". De Taliban had geen leger, en dus geen troepen. Bovendien kon de oorlog niet worden verklaard tegen "terrorisme", "bolsjewisme" of enig ander "isme". Volgens de Amerikaanse grondwet kan de oorlog alleen worden verklaard tegen soevereine naties.

De oorlog kan alleen worden verklaard aan een land of een bepaald volk dat in dat land woont. Al het andere is Tavistock poppycock opgediend op een schotel versierd met wapperende vlaggen en begeleid door krijgshaftige muziek. Zeggen dat de Verenigde Staten in oorlog zijn met de Taliban is het toppunt van misleiding. Om in oorlog te zijn, moet er een voorafgaande oorlogsverklaring zijn. Zonder oorlogsverklaring is het een misleiding, in feite helemaal geen oorlog.

Er is een nieuwe dimensie toegevoegd. President Bush, die volgens de Amerikaanse grondwet niet de bevoegdheid had om oorlog te voeren en wetten te maken, kreeg plotseling bevoegdheden die in de Amerikaanse grondwet niet voorkomen.

Hij begon "de opperbevelhebber" te worden genoemd, hoewel hij geen recht had op deze tijdelijke titel, die alleen door het Congres kan worden verleend na een volledige oorlogsverklaring. Dat is nooit gebeurd.

Hij is op mystieke wijze "verklaard" over de bevoegdheid te beschikken om iedereen die hij kiest als "vijandelijke strijder" te bestempelen. Het feit dat een dergelijke bevoegdheid niet voorkomt in de Amerikaanse grondwet, noch uitdrukkelijk wordt geïmpliceerd, deerde de heer Bush geen moment: wat hem betreft was hij vanaf dat moment de wet.

De onwettige en ongrondwettelijke toe-eigening van bevoegdheden door een zittende Amerikaanse president, die begon met Woodrow Wilson die tien extra bevoegdheden "nam" waar hij absoluut geen recht op had, breidde zich uit tot Roosevelt die dertig bevoegdheden "nam" en Bush die vijfendertig (en meer) bevoegdheden nam die hem door de Amerikaanse grondwet werden ontzegd.

De Verenigde Staten zijn inderdaad een wetteloze natie geworden onder de deskundige leiding van het Tavistock Instituut, wiens hersenspoeling van het Amerikaanse publiek door "interne conditionering en penetratie op lange termijn" dit alles mogelijk heeft gemaakt.

Terloops wil ik hieraan toevoegen dat de Britse propaganda dezelfde taal van leugens gebruikte tegen de Boeren in Zuid-Afrika, tijdens de oorlog die de Britten begonnen om de controle te krijgen over de enorme goudvoorraden van dat land. De Britse pers stond bol van de verhalen over het "Boerenleger", terwijl de Boeren geen leger hadden, alleen een guerrilla van boeren en burgers.

Net als keizer Wilhelm II in 1913/1914 werd Paul Kruger, de godvrezende patriarch van de Transvaalrepubliek, in de Britse pers gedemoniseerd als een wrede tiran die de zwarte bevolking meedogenloos onderdrukte, wat niets met de waarheid te maken had.

Uiteindelijk werd via een reeks proeven en fouten tijdens de Eerste en Tweede Wereldoorlog een formule ontwikkeld, die werd overgenomen en aangepast voor gebruik bij de Amerikaanse aanval op Afghanistan. Het was voldoende om de aandacht van het grootste deel van de Amerikaanse bevolking te trekken, omdat het was aangepast aan hun psychologische niveau. De lessen die tijdens de twee wereldoorlogen in de kunst van de propaganda werden geleerd, werden gewoon overgebracht van het Europese theater naar het Amerikaanse, en later naar Irak, Servië en Afghanistan.

De hersenspoeling bleef beperkt tot de essentie, belichaamd in simplistische slogans, slagzinnen en stereotiepe formules die voor het eerst werden ontwikkeld door Lord Northcliffe in Wellington House in Londen in 1912. Het Britse volk moest worden geleerd dat het Duitse volk 'de vijand' was. Alle kwaad en wreedheid werd de Duitsers verweten, zodat de massa van het

Britse volk begon te geloven dat de Duitsers in feite wrede barbaren waren die nergens voor terugdeinsden. Overal verschenen posters met "moffenslachters" die Belgische vrouwen en kinderen vermoordden.

HOOFDSTUK 15

De rol van de media in propaganda

Aangezien de media een enorme rol hebben gespeeld in de propaganda, is het misschien de moeite waard om na te gaan waar het begon en hoe het kwam dat de media in de Verenigde Staten nu, bijna volledig, een volledig gecontroleerd orgaan van propaganda is. De aanloop naar de Eerste Wereldoorlog was een klassieke reeks gebeurtenissen waarbij publieke figuren werden gemanipuleerd; de ergste overtreders waren de Britse en Amerikaanse kranten. Zoals in alle oorlogen moet je iemand demoniseren om het publiek erbij te betrekken. In 1913 was het Kaiser Wilhelm II van Duitsland die voor, tijdens en na deze verschrikkelijke oorlog werd gedemoniseerd.

Een van de belangrijkste propagandamakers in deze periode was Lord Northcliffe, de beruchte persbaron, een familielid van de Rothschilds en een vijand van Duitsland. Northcliffe leidde Wellington House als een belangrijk centrum van anti-Duitse propaganda en koesterde een bijzondere haat tegen Willem II, de neef van koningin Victoria uit de beroemde Zwarte Welf dynastie van Venetië.

Northcliffe pestte Willem II bij elke gelegenheid, vooral wanneer de keizer sprak over de militaire macht en dapperheid van Duitsland. Wilhelm was geneigd tot kinderlijk opscheppen en de meeste Europese regeringen kenden hem als een man die graag "soldaatje speelde" en zich verkleedde in excentriek versierde uniformen. Willem was helemaal geen militair. Als Rothschild ergerde dit Northcliffe, die begon te "waarschuwen" dat "Duitslands plaats in de zon", zoals de keizer het graag noemde, een gevaar was voor de rest van Europa. Het feit dat deze bewering ongegrond was, leek Northcliffe niet te deren, en hij maximaliseerde haar tot het punt dat ze geloofwaardig werd.

De waarheid is dat Duitsland in die tijd geen bedreiging vormde, noch was de keizer een machtige krijger die klaar stond om toe te slaan, maar eerder een man die vatbaar was voor zenuwinzinkingen, waaronder drie in vijf jaar, en een bijna nutteloze verdorde arm, wat helemaal niet het beeld gaf van een krijgsman. Het dichtst dat hij bij een krijgsman kwam was zijn liefde voor extravagante uniformen. In werkelijkheid had Wilhelm II weinig of geen controle over het Duitse leger, een feit dat Northcliffe goed kende en toch verkoos te negeren.

Hierin stond de keizer op gelijke voet met de Britse monarch, koning George V, die geen controle had over de Britse Expeditiemacht. Dit weerhield Northcliffe er niet van om een felle aanval te openen op de Duitse neef van koningin Victoria en hem ervan te beschuldigen verantwoordelijk te zijn voor een hele reeks wreedheden die het Duitse leger bij de doortocht door België zou hebben begaan. Natuurlijk maakte het Duitse opperbevel een fout door het neutrale België binnen te vallen, maar het was slechts op doorreis en had geen plannen om het land te bezetten.

Het maakte allemaal deel uit van een tactisch plan om naar Parijs te marcheren via een 'short cut' door België om het Franse leger te omsingelen. Er zou niets te winnen zijn met het opzettelijk doden van burgers, een feit dat door het Duitse opperbevel werd benadrukt. Northcliffe beschreef de Kaiser als een "megalomaan" met een "honger naar wereldheerschappij" die hoe dan ook ver buiten de mogelijkheden van de Europese almacht lag. In 1940 beschuldigde Churchill Hitler ervan hetzelfde verlangen te hebben om "de wereld te overheersen", hoewel hij wist dat dit niet waar was. Churchill zei ook dat Hitler "een gek" was, terwijl hij wist dat zijn karakterisering van de kanselier onjuist was.

Maar Northcliffe liet zich niet ontmoedigen en zorgde ervoor dat zijn media voortdurend naar Willem II verwezen als "de dolle hond van Europa".

Wellington House nam een cartoonist in dienst die Willem II regelmatig afbeeldde als een gekke, hebzuchtige hond, een aapachtig wezen. Deze smakeloze karikaturen werden omgezet in boekvorm en de pers gaf ze al snel de status van absolute absurditeit. De cartoons waren van slechte smaak en nog slechter uitgevoerd. Het boek was wat de Engelsen "a penny horrible" noemden.

Northcliffe toonde de macht van de pers en liet de media lovende kritieken schrijven over het boek. Lord Asquith, de premier, werd overgehaald een voorwoord te schrijven voor wat in wezen een absolute klucht was. President Wilson nodigde de "kunstenaar", een Nederlander genaamd Raemakers, uit in het Witte Huis terwijl hij op boekverkooptournee was in de Verenigde Staten. Zoals verwacht prees Wilson de cartoonist en gaf hij zijn zegen aan het boek.

Zelfs het legendarische tijdschrift *Punch sloot* zich aan bij de campagne om William in het meest ongunstige daglicht te stellen. Het lijkt erop dat geen enkele krant ontsnapte aan de verplichting om de stortvloed van laster die uit Wellington House stroomde af te drukken. Het was propaganda in zijn meest brute vorm.

Kort daarna sloeg het effect over op het volk, dat erop begon aan te dringen dat de keizer moest worden "opgehangen" en een minister van godsdienst ging zelfs zover dat hij Duitsland zou vergeven op voorwaarde dat alle Duitsers werden doodgeschoten. Hollywood deed al snel mee met de veroordeling van de keizer, over wie het niets wist. Eerst kwam de film "My Four Years in Germany", naar een boek van de Amerikaanse ambassadeur in Berlijn, James W. Gerard. De film wordt gepresenteerd als een feitelijk verslag van de voorbereidingen van de keizer op de oorlog. Wilhelm zou het IQ hebben van een paranoïde zesjarige en wordt geportretteerd als een man op een trekpaard. Schunnige beschrijvingen van zijn handicap worden honderden keren herhaald.

Het ergste zou komen met de Hollywood-versie van het verhaal, *The Beast of Berlin, waarin* de keizer zich vermaakte met afgeslachte Belgische burgers en giechelde om getorpedeerde schepen. Niets van dit alles was waar, maar het bereikte wel zijn doel: het wekte een felle haat tegen Duitsers en alles wat Duits was, die zich razendsnel naar de Verenigde Staten verspreidde.

Dit is de basis van de slechtste propaganda ooit en het wordt meedogenloos nagestreefd door de Britse regering, niet alleen thuis maar ook waar het het belangrijkst is, in de Verenigde Staten. Wellington House rekende erop dat de Verenigde Staten Duitsland zouden verslaan op het slagveld.

Eind jaren negentig was het slechts een kwestie van tijd voordat de massa van het Amerikaanse volk hetzelfde geloofde over de Taliban als over president Hoessein van Irak, met wie de Taliban geen band hadden. (In feite haatten ze elkaar).

De fundamentele vraag: "Waren de Taliban als geheel, en het Afghaanse volk afzonderlijk van de Taliban, verantwoordelijk voor de verachtelijke bomaanslag op het WTC?" Bestaan de Taliban echt? Of is Osama bin Laden gewoon een andere Kaiser Wilhelm II? Misschien kunnen we over vijftig jaar de waarheid ontdekken. In de tussentijd heeft het Tavistock Instituut de propagandakaart tot het uiterste uitgespeeld, en opnieuw is het daarin geslaagd.

Na het einde van de oorlog bleef de mythe van keizer Wilhelm II bestaan. Dezelfde propagandamachine die hem voor en tijdens de oorlog had gedemoniseerd, gaf niet op tot 13 juli 1959, de datum van de 100e verjaardag van keizer Wilhelm II, die door de BBC werd gevierd in de vorm van een documentaire over de veel verguisde voormalige Duitse leider.

Hij legt uit hoe de Britten werden geterroriseerd door bloedstollende verhalen over de keizer die met zijn zwaard de armen van Belgische kinderen afsneed en over colonnes Duitse soldaten die vrouwen verkrachtten in de Belgische dorpen waar ze doorheen trokken.

Zelfs de intelligente leden van het Britse parlement werden gegrepen door de niet aflatende storm van haat die Northcliffe en zijn team, waaronder de Amerikanen Lippmann en Bernays, hadden opgewekt. Maar hoe goed de BBC-documentaire ook was, hij deed geen moeite om uit te leggen hoe de mythe van een monsterlijke keizer Wilhelm plotseling uit het niets kon opduiken om de krantenkoppen te halen?

Evenzo heeft niemand naar mijn tevredenheid uitgelegd hoe Osama Bin Laden plotseling op het toneel verscheen, en hoe hij in een verrassend korte tijd de Kaiser-achtige schurk werd. Hoe is dit gebeurd?

Het is een historisch feit dat president Wilson het wetsvoorstel tot oprichting van de Federal Reserve Banks door het Huis van Afgevaardigden jaagde, net op tijd voor het uitbreken van de Eerste Wereldoorlog. Zonder papieren dollars, naar believen gedrukt, is het twijfelachtig of de oorlog had plaatsgevonden.

Hoe kwam de keizer plotseling tot leven als stripfiguur die uit duizenden kranten, tijdschriften en billboards staarde? We weten nu dat hij het product was van de enorme propagandamachine van het Britse War Office, die vandaag net zo geheim is gebleven als toen. Deze machine blijft vandaag even geheim als in 1913, ook al zijn sommigen van ons erin geslaagd een deel van zijn lijkwade af te scheuren.

Ons onderzoek heeft uitgewezen dat het Tavistock Instituut de bakermat is van enkele van de meest groteske leugens die ooit zijn verzonnen en als waarheid zijn gepresenteerd aan het verbijsterde en onwetende grote publiek, de slachtoffers van deze zeer bekwame mind controllers.

HOOFDSTUK 16

Wetenschappelijke propaganda kan kiezers misleiden

De overgrote meerderheid van de mensen in de wereld van vandaag heeft zeker gehoord van het "Beest van Berlijn" en hoe de "geallieerden" zijn rooftocht door Europa hebben gestopt. Recentelijk hebben de meeste mensen ook gehoord van het "Beest van Bagdad".

Maar hoevelen hebben gehoord van de naam Sir Harold Nicholson, een vooraanstaand geleerde wiens diepgaande onderzoek van honderdduizenden documenten tussen 1912 en 1925 Kaiser Wilhelm II absoluut vrijpleitte van het begin van de Eerste Wereldoorlog?

Hoeveel mensen weten dit? Stel ze op de proef. Probeer uw lokale talkshow, en zie wat er gebeurt. Meer dan vijfentwintig jaar lang heeft de mythe van de keizer de krantenkoppen gedomineerd en miljoenen mensen in Groot-Brittannië en Amerika tegen Duitsland opgezet, het oneerlijke en ongelukkige gevolg van de enorme propagandamachine die het Britse volk sinds de opening in 1913 bij de keel heeft gegrepen. We hebben het over Wellington House en zijn opvolger, het Tavistock Institute for Human Relations.

Het verbazingwekkende aan deze mythe is haar lange levensduur. Maar het doel van propaganda is nu juist om een mythe, een leugen of een stuk verkeerde informatie in stand te houden, die lang blijft bestaan nadat de waarheid is vergeten. Japan zal voor altijd de schuld krijgen van Pearl Harbor en de "verkrachting van Nanking", terwijl Churchill voor altijd zal worden geprezen als een groot man in plaats van een brute oorlogszuchtige.

Evenzo heeft Colin Powell onlangs Irak bezocht en een in het oog springende verklaring afgelegd over het feit dat Hoessein "de Koerden heeft vergast" tijdens de oorlog tussen Irak en Iran. De waarheid is dat de met gas gevulde raketten die op het Koerdische dorp vielen fosgeen waren, een soort product dat Irak niet bezit, maar dat in het Iraanse arsenaal zat. Wat er gebeurde was dat de Iraniërs tijdens een Iraaks offensief een groot aantal met gas gevulde raketten afvuurden op Iraakse stellingen, maar sommige vielen op de Koerden langs de grens. Dit werd bevestigd door het rapport van het Amerikaanse Military War College, dat Irak volledig vrijsprak.

Maar ondanks dat de beschuldiging zorgvuldig is weerlegd, herhaalde Karen Hughes, vertegenwoordiger van president George Bush, in 2005, bijna 30 jaar later, tijdens een goodwill-tournee door Maleisië, de leugen en verfraaide deze door te beweren dat "30.000 Koerden" waren vergast door "Saddam Hoessein". Een lid van het publiek betwistte haar verklaring, en de volgende dag werd Hughes gedwongen haar verklaring in te trekken, met het argument dat ze "verkeerd had gesproken". Uit een onderzoek naar het incident bleek dat Hughes de leugens die zij keer op keer had horen herhalen door president Bush, premier Blair, minister van Buitenlandse Zaken Colin Powell en minister van Defensie Donald Rumsfeld, daadwerkelijk geloofde, wat ons veel zou moeten vertellen over de kracht van propaganda.

Het War College rapport werd later bevestigd door het Amerikaanse leger en een tweede Amerikaanse bron. Weet de hele wereld het? We betwijfelen het. De waarheid wordt vergeten terwijl de leugen blijft bestaan. Dus Colin Powell's propaganda tegen Irak zal het pad volgen van de propaganda tegen Kaiser Wilhelm II, steeds weer opnieuw voor meer dan 100 jaar, terwijl de waarheid stierf op het moment dat de eerste propaganda-explosie in de kranten verscheen. Daarin ligt de waarde van propaganda. De sociale wetenschappers van Tavistock weten dit en kunnen tegenwoordig elk publiek profileren om de leugens te accepteren die het best bij hun perceptie passen, zonder de achterliggende kwesties te begrijpen.

Op deze manier werd een "moreel correct" standpunt en sterke steun voor de aanval op Afghanistan gecreëerd. Slechts weinigen van het Amerikaanse volk twijfelden eraan of wat hun regering in Afghanistan deed in overeenstemming was met de Amerikaanse grondwet. Er was geen referendum of mandaat om de aanvaarding van het beleid van de regering-Bush ten aanzien van Afghanistan door het volk te bevestigen of te ontkennen.

Voor propaganda en hersenspoeling is geen bevelschrift nodig. Het feit dat geen van de vermoedelijke kapers van de tegen de Twin Towers gebruikte vliegtuigen uit Afghanistan kwam is het Amerikaanse publiek volledig ontgaan, waarvan 74% nog steeds gelooft dat "Al Qaeda" het heeft gedaan en dat zij in Afghanistan wonen! Hetzelfde percentage Amerikanen is gehersenspoeld om te geloven dat de Taliban en president Hoessein samenwerkten om deze tragedie tot stand te brengen! Het Amerikaanse volk weet niet dat Saddam Hoessein niets te maken had met de Taliban-leiders.

Waarom laat het Amerikaanse volk zich zo behandelen? Waarom staan ze toe dat politici liegen, bedriegen, samenspannen, misleiden, dubbelzinnig doen en hen voortdurend bedriegen? Wat we goed moeten onthouden is de manier waarop Woodrow Wilson het Amerikaanse volk behandelde, als schapen.

Op de vraag waarom hij een kleine kudde schapen op de gazons van het Witte Huis liet grazen, antwoordde Wilson: "Ze doen me denken aan het Amerikaanse volk." Wilson had een brandende ambitie om Amerika in de Eerste Wereldoorlog te storten en hij gebruikte de leugens (propaganda) van Wellington House tegen de andersdenkenden (het gros van het volk) om hen over te halen van mening te veranderen.

Roosevelt herhaalde deze truc om de VS in de Tweede Wereldoorlog te krijgen door middel van leugens en propaganda (meestal hetzelfde) die culmineerde in het "succes" in Pearl Harbor. President Clinton heeft dezelfde truc gebruikt. Voor en tijdens de onrechtvaardige oorlog tegen Servië bestond alle overtuigingskracht van Clinton uit leugens en desinformatie.

Het is niet verrassend dat Rumsfelds verklaringen altijd met argwaan worden begroet. Gevraagd naar de rol van propaganda, antwoordde Rumsfeld botweg: "Regeringsfunctionarissen, het ministerie van Defensie, deze minister van Defensie en de mensen die met mij samenwerken, vertellen het Amerikaanse volk de waarheid."

HOOFDSTUK 17

Propaganda en psychologische oorlogsvoering

Een lijst van documenten van de Amerikaanse regering, waarvan sommige vrij beschikbaar zijn en andere niet, laat op levendige wijze zien hoe de naties van de wereld (inclusief de VS) onder controle zijn gekomen door de uitoefening van een breed scala aan propagandamethoden die op verschillende niveaus werkzaam zijn.

Vanwege de omvang van het materiaal kan ik hoogstens de titels noemen en de inhoud parafraseren. Ik hoop dat de door ons verzamelde informatie het Amerikaanse volk uit zijn apathie zal doen ontwaken en het zal doen beseffen hoe dicht zij er bij zijn slaven te worden van de socialistische Nieuwe Wereld Orde in een Eén Wereld Regering.

Officiële definities: Een nuttige verzameling van termen en definities gebruikt door het machts establishment in Washington. Alle hier genoemde programma's, zonder uitzondering, zijn geboren en ontworpen door Tavistock.

Sociale wetenschap en beleidsinterventie: wat doorgaat voor projectmatige "ontwikkelingshulp" kan in feite een gevaarlijke manipulatie zijn van de cultuur en de sociale verhoudingen in het Zuiden.

Vanwege het enorme geldelijke voordeel dat "hulp"-donoren genieten, kunnen zij vaak diepgaande psychosociale studies uitvoeren op doelgroepen en hen uitbuiten op manieren die de meeste mensen, zelfs in hun ergste nachtmerries, niet zouden voorkomen.

Het is een typisch voorbeeld van alles wat John Rawlings Reese in Tavistock onderwees, dat in elk aspect van het Amerikaanse leven is overgenomen.

Shock and Awe: Achieving Rapid Dominance - Dit is de tekst van de National Defense University uit 1996 die de theorie werd achter de Amerikaanse interventie in het Midden-Oosten en de oorlog tegen Irak in maart en april 2003. Volgens de tekst is "Shock and Awe" bedoeld als het "niet-nucleaire equivalent" van het bombardement op Hiroshima en Nagasaki in 1945.

Volgens de studiegids van deze verschrikkelijke tragedie, nu definitief vastgesteld,

> "De impact van deze wapens was voldoende om zowel de gemoedstoestand van de gemiddelde Japanse burger als de visie van de leiders te veranderen, en hen in een staat van shock en angst te brengen. De Japanners konden de vernietigende kracht van een enkel vliegtuig eenvoudigweg niet bevatten. Dit onbegrip creëerde een blijvende staat van angst."

Naast het gebruik van massale vuurkracht voor psychologische doeleinden bevat de publicatie ook een diepgaande bespreking van propaganda-operaties.

> "Het belangrijkste mechanisme om deze overheersing te bereiken is de tegenstander voldoende voorwaarden van 'shock and awe' op te leggen om hem te overtuigen of te dwingen onze strategische doelen en militaire doelstellingen te aanvaarden," stellen de auteurs. "Het is duidelijk dat misleiding, verwarring, desinformatie en verkeerde informatie moeten worden gebruikt, wellicht in massale hoeveelheden."

Psychologische oorlogsvoering in de strijd: Dit is de volledige tekst van de beruchte "Shock and Awe" doctrine, gepubliceerd in 1996 door de National Defense University in Washington. Het concept houdt in dat men de wil van de tegenstander en de perceptie en het begrip van de doelgroepen volledig onder controle krijgt, waardoor de vijand letterlijk machteloos wordt.

Vermeldenswaard is dat al deze woorden en beschrijvingen te vinden zijn in de handleidingen die worden gebruikt om studenten die de cursussen volgen van John Rawlings Reese van het British Army Psychological Warfare Bureau, waar Rawlings een meester-theoreticus was, te conditioneren.

De "Shock & Awe"-doctrine wordt beschreven als een strategie die erop gericht is militaire vermogens systematisch te vernietigen door uitputting, waar nodig, en door het gebruik van overweldigend geweld om de tegenstander te verlammen, te choqueren en uiteindelijk moreel te vernietigen.

De Internationale Conferentie over Bevolking en Ontwikkeling (ICPD): In een tijdens de conferentie gepresenteerd actieprogramma werd opgeroepen tot een massale propaganda-inspanning via de massamedia, niet-gouvernementele organisaties, commercieel amusement en academische instellingen om mensen in ontwikkelingslanden "over te halen" hun vruchtbaarheidsvoorkeuren te veranderen.

Een herziening van de oorspronkelijke tekst, toegevoegd om rekening te houden met de vertegenwoordigers van de ontwikkelingslanden, dringt erop aan dat communicatieactiviteiten van donoren "voor bewustmakingsdoeleinden of ter bevordering van bepaalde levensstijlen" van een etiket worden voorzien zodat het publiek op de hoogte is van het doel ervan en dat "de identiteit van de sponsors op passende wijze wordt vermeld".

Ondanks deze aanbeveling, die geen dwingende beperkingen oplegt aan hulpdonoren, blijft het onderdeel "communicatie" van het document een zeer gevaarlijk en politiek explosief onderdeel van de agenda van de Nieuwe Wereldorde.

Het Population Communications Project: Het Amerikaanse Agentschap voor Internationale Ontwikkeling (USAID) heeft tientallen miljoenen dollars gestoken in een "massamedia" beïnvloedingscampagne die gebruik maakt van tactieken geleend van militaire psychologische oorlogsvoering. USAID is slechts één van de honderden Amerikaanse overheidsinstellingen die Tavistock hebben ingehuurd om hun programma's te schrijven.

In feite was de contractant die in dit geval als agent van USAID werkte ook onder contract bij het Amerikaanse leger voor het opstellen van handleidingen voor psychologische operaties.

Enter-Educate: Het gebruik van amusement als propaganda: Een jong publiek is waarschijnlijk kwetsbaarder voor boodschappen die worden gepresenteerd in de context van "amusement" dan voor andere mededelingen die vragen kunnen oproepen over de legitimiteit van buitenlandse ideeën.

Zo werd de entertainment-propaganda aanpak een groot deel van USAID's internationale bevolkingscontrole. Opnieuw gingen miljoenen dollars naar Tavistock voor programma's die door Enter-Educate operators werden gegeven.

Wanneer propaganda zich tegen ons keert: Een onderzoek naar de houding en het gedrag inzake gezinsplanning in Noord-Nigeria in 1994. Volgens een gepubliceerd rapport is de negatieve reactie geïllustreerd

> "verzet tegen buitenlandse ongepastheid, gezinsplanning in het algemeen en door de VS gesponsorde programma's voor gezinsplanning in het bijzonder".

Nigeria Bilateral Population Program: (Document van het Ministerie van Buitenlandse Zaken van de VS). Het belangrijkste planningsdocument voor de bevolkingscontrolestrategie van de VS-regering voor Nigeria.

Het wordt ook gebruikt als een belangrijk element van propaganda in de psychologische oorlogsvoering die wordt gebruikt in programma's van de Amerikaanse regering om Latijns-Amerikaanse politieke bewegingen, de anti-oorlogsinspanning, de beweging en de politieke organisatie aan de basis te ondermijnen. Het contract om dit programma te schrijven werd gegund aan Tavistock.

Postmoderne oorlogsvoering: Een menu van bronnen over politieke/psychologische oorlogsvoering, geheime activiteiten en genocide.

Stedelijke deconcentratie en andere tactieken: De inhoud van dit document is zo duivels dat ik niet van plan ben het te publiceren, althans voorlopig niet.

Social Influence: Propaganda and Persuasion: - Nuttige achtergrondinformatie.

Psychological Operations in Guerrilla Warfare: The CIA Tactical Manual for Paramilitary Forces in Central America, opgesteld door Tavistock. De CIA heeft een contract met Tavistock en werkt nauw met hem samen.

Institute for Propaganda Analysis: Een verzameling documenten met basisfeiten over geheime beïnvloedingscampagnes. Nogmaals, het instituut is niets meer dan een clearing house voor Tavistock-gegevens en hersenspoelmethoden voor gebruik op de massa.

Amerikaanse inlichtingenbureaus: officiële beschrijvingen en functies van Amerikaanse overheidsbureaus die betrokken zijn bij het verzamelen of analyseren van inlichtingen.

Geheime instructies van de overheid: Een verzameling documenten die pleiten voor openheid van de overheid naar de particuliere sector.

Een bron van betrouwbaar onderzoeksmateriaal over internationale instellingen en hun rol als fronten voor de rijke en machtige naties die hun beleid bepalen. De sociale wetenschappers van Tavistock hebben veel van de leiders van deze instellingen onderwezen.

Propaganda, de verspreiding van ideeën en informatie met het doel specifieke houdingen en handelingen teweeg te brengen of te versterken: omdat propaganda vaak gepaard gaat met verdraaiingen van feiten en een beroep op emotie en vooroordelen, wordt vaak gedacht dat het steevast onjuist of misleidend is. Zoals de Tavistock handboeken aangeven, ligt het essentiële onderscheid in de intenties van de propagandist om een publiek over te halen tot de houding of actie die hij voorstaat. Wilson en Roosevelt zijn voorbeelden van deze gemeenplaats, die beiden geschoold zijn in de kunst van diplomatie door misleiding, zoals gedefinieerd door Boukanine in 1814.

HOOFDSTUK 18

Wilson gebruikt propaganda om de Verenigde Staten in de Eerste Wereldoorlog te brengen

De massale moderne propagandatechnieken die vooral de Amerikaanse en Britse regeringen bekend zijn geworden, begonnen met de Eerste Wereldoorlog (1914-1918). Vanaf het begin van de oorlog werkten Duitse en Britse propagandisten hard om Amerikaanse sympathie en steun te winnen. Duitse propagandisten deden een beroep op de vele in Amerika wonende Amerikanen van Duitse en Ierse afkomst, die traditioneel vijandig stonden tegenover Groot-Brittannië. De propaganda was naar hedendaagse maatstaven nogal grof, maar het gebrek aan finesse werd goedgemaakt door de enorme omvang van de productie van Wellington House.

Al snel was Duitsland echter vrijwel afgesneden van directe toegang tot de VS. Daarna had de Britse propaganda weinig concurrentie in de Verenigde Staten, en werd zij vaardiger gevoerd dan die van de Duitsers, die niet beschikten over het equivalent van Wellington House, Bernays of Lippmann.

Eenmaal toegewijd aan de oorlog organiseerde Woodrow Wilson het Committee on Public Information, een officieel propaganda-agentschap, om de Amerikaanse publieke opinie te mobiliseren. Dit comité was een groot succes, vooral met de verkoop van Liberty Bonds. En geen wonder. Het programma werd voor het Witte Huis geschreven door Tavistock en werd grotendeels vanuit Londen geregisseerd.

Het gebruik door de geallieerden van de veertien punten van

president Woodrow Wilson, die een rechtvaardige vrede leken te beloven voor zowel overwinnaars als overwonnenen, heeft het verzet van de centrale mogendheden tegen de voortzetting van de oorlog sterk doen toenemen.

Elders in dit boek hebben we de leugens en verdraaiingen van de Bryce Commissie gedetailleerd beschreven, die een van de meest verontrustende voorbeelden blijft van een schaamteloze leugen die zich voordoet als de waarheid. Ook de rol van de Amerikanen in Wellington House,'s werelds belangrijkste propagandacentrum in die tijd, wordt verderop in het boek toegelicht.

De propaganda-aspecten van de Tweede Wereldoorlog waren vergelijkbaar met die van de Eerste Wereldoorlog, behalve dat de Tweede Wereldoorlog, ook begonnen door Groot-Brittannië en gefinancierd door de internationale bankiers, veel grootschaliger was. Radio speelde een grote rol, waarbij "nieuwsprogramma's" altijd een mengeling waren van feit en fictie. De propaganda-activiteiten in het buitenland waren nog intensiever. Het Tavistock Instituut kon alle waardevolle lessen die het in 1914-1919 had geleerd toepassen, en het gebruikte zijn ervaring op vele nieuwe manieren in zowel oude als nieuwe landen.

Duitsland en het Verenigd Koninkrijk probeerden opnieuw de Amerikaanse opinie te beïnvloeden. Duitse propagandisten speelden in op anti-Britse sentimenten, stelden de oorlog voor als een strijd tegen het communisme en schilderden Duitsland af als de onoverwinnelijke kampioen van een nieuwe golf van anticommunisme. Duitse agenten steunden ook bewegingen in de Verenigde Staten die "isolationisme" steunden, een beschrijvend etiket voor alle Amerikanen die tegen de oorlog met Duitsland waren.

De Duitse propaganda-inspanningen waren geen partij voor de expertise van Wellington House en Tavistock of de middelen van Groot-Brittannië (in het geheim geholpen door enorme geldbedragen van de regering Roosevelt) en bleken opnieuw ondoeltreffend.

De zorgvuldig geplande aanval op Pearl Harbor was maanden voor de aanval bekend bij Roosevelt, Stimson en Knox.

Deze klap in december 1941 was een buitenkansje voor Roosevelt, die wanhopig probeerde de Verenigde Staten te dwingen aan de zijde van Groot-Brittannië aan de oorlog deel te nemen, want zodra de Japanners Pearl Harbor hadden aangevallen, werd het Amerikaanse volk door propaganda en regelrechte leugens ervan overtuigd dat Duitsland de agressor was.

De ernstige waarschuwingen van Lindbergh, de beroemde vliegenier, en een aantal andere anti-oorlog senatoren dat Roosevelt niet te vertrouwen was en dat, net als in de Eerste Wereldoorlog, de Verenigde Staten zich niet moesten mengen in de oorlog in Duitsland, werden door de propaganda de kop ingedrukt. Bovendien veranderde de "kunstmatige situatie" in Pearl Harbor de publieke opinie, zoals Roosevelt wist. Geallieerde propaganda vanuit Tavistock was erop gericht de bevolking van de As-landen te scheiden van hun regeringen, die als enige verantwoordelijk werden gehouden voor de oorlog. Radio-uitzendingen en talloze pamfletten vanuit de lucht brachten geallieerde propaganda naar de vijand.

De officiële propaganda-agentschappen van de Verenigde Staten tijdens de Tweede Wereldoorlog waren het Office of War Information (OWI), verantwoordelijk voor de verspreiding van Tavistocks "informatie" in binnen- en buitenland, en het Office of Strategic Service (OSS), voorloper van de CIA en een creatie van Tavistock, verantwoordelijk voor de psychologische oorlogsvoering tegen de vijand.

Op het Supreme Headquarters, in het Europese inzetgebied, werden de OWI en OSS gecoördineerd met de militaire activiteiten door de Psychological Warfare Division, onder leiding van sociale wetenschappers van het Tavistock Institute.

Tijdens de Koude Oorlog - een scherp belangenconflict tussen de Verenigde Staten en de Sovjet-Unie na de Tweede Wereldoorlog - bleef propaganda een belangrijk instrument van nationaal beleid.

De twee blokken van staten, democratische en communistische, gebruikten aanhoudende campagnes om de grote massa's van niet-gecommitteerde volkeren voor zich te winnen en zo hun doelstellingen te bereiken zonder hun toevlucht te nemen tot een gewapend conflict. Alle aspecten van het nationale leven en de politiek werden gebruikt voor propagandadoeleinden.

De Koude Oorlog werd ook gekenmerkt door het gebruik van overlopers, processen en bekentenissen voor propagandadoeleinden. In deze informatieoorlog leken de communistische landen aanvankelijk duidelijk in het voordeel. Omdat hun regeringen alle media controleerden, konden zij hun bevolking grotendeels isoleren van westerse propaganda.

Tegelijkertijd konden sterk gecentraliseerde regeringen uitgebreide propagandacampagnes plannen en middelen mobiliseren om hun plannen uit te voeren. Zij konden ook rekenen op de hulp van communistische partijen en sympathisanten in andere landen. Democratische staten daarentegen konden niet voorkomen dat hun bevolking werd blootgesteld aan communistische propaganda en konden evenmin al hun middelen inzetten om deze tegen te gaan. Dit schijnbare voordeel van communistische regeringen werd in de jaren tachtig uitgehold door de vooruitgang in de communicatietechnologie. Het onvermogen om de verspreiding van informatie te controleren was een belangrijke factor in het uiteenvallen van veel communistische regimes in Oost-Europa aan het eind van het decennium. De United States Information Agency (USIA), in 1953 opgericht om propaganda en culturele activiteiten in het buitenland te ontplooien, exploiteerde de "Voice of America", een radionetwerk dat nieuws en informatie over de Verenigde Staten in meer dan 40 talen naar alle delen van de wereld uitzond.

HOOFDSTUK 19

Herhaalt de geschiedenis zich? De zaak van Lord Bryce

In een tijd waarin historici sterk betrokken zijn bij het verdedigen of veroordelen van de oorlog in Irak, is het misschien tijd om na te denken over burggraaf James Bryce, de zeer gerespecteerde historicus die zichzelf verkocht en de geschiedenis inging als een bevestigde, verachtelijke en onbekeerlijke leugenaar. Vóór zijn ongelukkige betrokkenheid bij Wellington House genoot Bryce groot respect als eerlijk historicus.

Vanaf het begin van de Eerste Wereldoorlog vulden verhalen over Duitse wreedheden de Britse en Amerikaanse kranten. De overgrote meerderheid ervan werd voorbereid in Wellington House en verspreid door de media. Meestal zouden ze afkomstig zijn van de verslagen van "ooggetuigen", "verslaggevers en fotografen", die de opmars van het Duitse leger door België hadden begeleid om de Franse verdediging te omzeilen op weg naar Parijs.

Ooggetuigen beschreven hoe Duitse infanteristen Belgische baby's met bajonetten doorboorden terwijl ze oorlogsliederen zongen. Er zijn veel verhalen over Belgische jongens en meisjes bij wie de handen werden geamputeerd (zogenaamd om te voorkomen dat ze vuurwapens zouden gebruiken). Verhalen over vrouwen waarvan de borsten werden geamputeerd gingen nog sneller.

Verhalen over verkrachting staan bovenaan de gruwelranglijst. Eén getuige beweert dat de Duitsers in een veroverde Belgische stad twintig jonge vrouwen uit hun huizen haalden en ze op tafels legden op het dorpsplein, waar elk van hen werd verkracht door minstens twaalf'Hunnen', terwijl de rest van de divisie toekeek en applaudisseerde. Op Britse kosten toerde een groep Belgen door de Verenigde Staten om deze verhalen te vertellen. President Woodrow Wilson ontving hen plechtig in het Witte Huis. Hun verhaal verontrustte Amerika. Niemand dacht eraan om hun verhaal over de verkrachting waarvan ze getuige waren te verifiëren. Hun verhalen over de wreedheid waaraan ze waren blootgesteld werden nooit in twijfel getrokken.

De Duitsers ontkenden deze verhalen woedend. Dat deden Amerikaanse verslaggevers in het Duitse leger ook. In 1914 had Wilson nog geen slagveldverslaggevers "gemanaged", in tegenstelling tot George Bush tijdens de invasie van Irak in 2002. Er waren geen "embedded" reporters in het Britse leger. Tavistock had nog niet geleerd hoe de waarheid te censureren door geselecteerde journalisten "in te bedden" in de troepen.

Toen in Engeland berichten van Britse journalisten begonnen te verschijnen die twijfel zaaiden over de "wreedheden", kwam Northcliffe op het idee Lord Bryce te benoemen tot hoofd van een onderzoekscommissie die de verhalen over de Duitse wreedheden moest onderzoeken en aan hem verslag moest uitbrengen. De suggestie kwam van Edward Bernays en werd goedgekeurd door Walter Lippmann.

Toen, begin 1915, maakte de Britse regering het officieel door Burggraaf Bryce te vragen een Koninklijke Commissie te leiden om de berichten over wreedheden te onderzoeken. Bryce was een van de bekendste historici van die tijd. Hij had hoog aangeschreven boeken geschreven over de Amerikaanse regering en de Ierse geschiedenis, waarin hij het harde lot van het Ierse volk onder Brits bewind sympathiek beschreef. In 1907 werkte hij samen met een Engels-Ierse diplomaat, Roger Casement, om de gruwelijke uitbuiting van de Indiaanse volkeren van het Amazonegebied door een Brits rubberbedrijf bloot te leggen.

Van 1907 tot 1913 was hij Brits ambassadeur in Washington, waar hij een populaire, zelfs aanbeden figuur werd.

Het was moeilijk een meer bewonderde geleerde te vinden met een gevestigde reputatie van eerlijkheid en integriteit. Bryce en zijn zes medecommissarissen, een amalgaam van vooraanstaande juristen, historici en juristen, "analyseerden" 1200 verklaringen van "ooggetuigen" die beweerden allerlei gruwelijke Duitse gedragingen te hebben gezien.

Bijna alle getuigenissen waren afkomstig van Belgische vluchtelingen in Engeland; er waren ook enkele verklaringen van Belgische en Britse soldaten, verzameld in Frankrijk. Maar de commissarissen ondervroegen geen van deze directe getuigen; die taak werd toevertrouwd aan "heren met juridische kennis en ervaring" - advocaten. Aangezien de vermeende misdaden hadden plaatsgevonden in wat nog een oorlogsgebied was, was er geen onderzoek ter plaatse van bestaande rapporten.

Geen enkele getuige werd bij naam genoemd; de commissarissen verklaarden dat dit in het geval van de Belgen gerechtvaardigd werd door de vrees voor Duitse represailles tegen hun familieleden. Maar de getuigen van de Britse soldaten bleven even anoniem, zonder duidelijke reden. Niettemin zei Bryce in zijn inleiding dat hij en zijn collega-commissarissen het bewijsmateriaal "streng" hadden getoetst. Niemand vermoedde dat militaire getuigen helemaal niet "getest" zouden worden, laat staan streng. Er werd nooit een reden gegeven voor zo'n ernstige fout, en wat Tavistock sindsdien geen leugen, maar een "valse verklaring" heeft genoemd.

Het Bryce Report werd gepubliceerd op 13 mei 1915. Het Britse propaganda hoofdkwartier in Wellington House, vlakbij Buckingham Palace, zorgde ervoor dat het naar vrijwel elke krant in Amerika werd gestuurd. De impact was verbijsterend, zoals de kop en subkoppen in de *New York Times* duidelijk maakten.

DUITSE WREEDHEDEN BEWEZEN DOOR COMMISSIE BRYCE

Niet alleen individuele misdaden, maar ook een moordpartij met voorbedachten rade in België...

JONG EN OUD VERMINKT

Vrouwen aangevallen, kinderen bruut vermoord, systematische brandstichting en plunderingen.

GOEDGEKEURD DOOR DE AMBTENAREN

Onterechte schietpartij bij het Rode Kruis en de Witte Vlag: gevangenen en gewonden doodgeschoten

BURGERS GEBRUIKT ALS SCHILD.

Op 27 mei 1915 brachten agenten van Wellington House in Amerika verslag uit aan Londen over de resultaten van hun massale propaganda-initiatief:

"Zelfs in kranten die de geallieerden vijandig gezind zijn, wordt niet de minste poging ondernomen om de juistheid van de beweerde feiten in twijfel te trekken. Lord Bryce's prestige in Amerika maakt scepsis onmogelijk."

Charles Masterman, hoofd van Wellington House, vertelde Bryce:

"Uw verslag heeft Amerika overspoeld."

Onder het kleine aantal critici van het Bryce Report bevindt zich Sir Roger Casement. "Men hoeft zich slechts te wenden tot James Bryce, de historicus, om Lord Bryce, de partizaan, te veroordelen," schrijft Casement in een woedend essay, *The Far Extended Baleful Power of the Lie.*

Tegen die tijd was Casement een fervent voorstander van Ierse onafhankelijkheid geworden, zodat weinigen aandacht besteedden aan zijn afwijkende standpunt, dat werd afgedaan als partijdig.

Clarence Darrow, de beroemde iconoclastische Amerikaanse advocaat die gespecialiseerd was in het vrijspreken van schijnbaar schuldige cliënten, was een andere scepticus. Hij reisde eind 1915 naar Frankrijk en België en zocht tevergeefs naar één enkele ooggetuige die ook maar één van Bryce's verhalen kon bevestigen. Darrow, die steeds sceptischer werd, kondigde aan dat hij 1000 dollar zou betalen - een zeer groot bedrag in 1915 - meer dan 17.000 dollar vandaag de dag - aan iedereen die een Belgische of Franse jongen kon leveren wiens handen waren geamputeerd door een Duitse soldaat of een enig kind van beide geslachten dat door Duitse troepen was gebajoneerd.

Er waren nooit gegadigden, geen enkel "slachtoffer" meldde zich om de beloning op te eisen, ondanks dat Darrow een aanzienlijk bedrag van zijn eigen geld uitgaf om er op grote schaal reclame voor te maken.

Na de oorlog kregen historici die de documenten met betrekking tot Bryce's verhalen wilden onderzoeken te horen dat de dossiers op mysterieuze wijze waren verdwenen. Geen enkele regeringsfunctionaris of dienst bood aan een zoektocht naar de "vermiste" documenten te starten.

Deze schaamteloze weigering om de "streng geteste" documenten aan een nieuwe, totaal onpartijdige test te onderwerpen heeft ertoe geleid dat de meeste historici 99% van Bryce's wreedheden als verzinsels hebben afgedaan. Eén historicus noemde het rapport "op zichzelf één van de ergste wreedheden van de oorlog". Recentere studies hebben het percentage verzinsels in het Bryce-rapport verlaagd, aangezien is gebleken dat enkele duizenden Belgische burgers, waaronder vrouwen en kinderen, in de zomer van 1914 kennelijk door de Duitsers zijn doodgeschoten en dat Bryce enkele van de ergste excessen, zoals de executies in de stad Dinant, min of meer nauwkeurig heeft samengevat.

Maar zelfs deze specialisten uit die tijd geven toe dat Bryce's rapport "ernstig besmet" was door de verkrachtingen, amputaties en doorboorde baby's. Zij schrijven deze ernstige fout toe aan de hysterie en woede van de oorlog.

Dit komt erop neer dat Bryce een vrijbrief krijgt. Het aantal correcties die moesten worden aangebracht door critici van Darrow's rapporten was minder dan één procent en zuiverde Bryce niet. Zoals destijds werd opgemerkt, was 99% van het rapport van de Bryce Commissie een leugen. Correspondentie tussen leden van de Bryce Commissie overleefde de "verdwijning" van de documenten en onthulde ernstige twijfels over de verslagen van verminking en verkrachting. Deze ernstige twijfels werden in Groot-Brittannië en Amerika nooit op dezelfde manier verspreid als de Wellington House brutaliteitsrapporten. Een van de secretarissen van de commissie gaf toe dat hij veel Engelse adressen had ontvangen van Belgische vrouwen die zwanger zouden zijn geworden als gevolg van Duitse verkrachting, maar dat hij ondanks intensief onderzoek geen enkele op de lijst had kunnen vinden.

Zelfs het geruchtmakende verhaal over een parlementslid dat twee zwangere vrouwen herbergt, bleek frauduleus te zijn. Bryce veegde dit negatieve bewijs blijkbaar zonder meer van tafel, zoals Bush en Blair keer op keer hebben gedaan toen, bij zeldzame gelegenheden, een paar journalisten hun werk deden en beschamende vragen stelden.

Lord Bryce de geleerde had moeten weten - en wist vrijwel zeker - dat verhalen over het spietsen van baby's, verkrachten en afsnijden van de borsten van vermoorde vrouwen klassieke'haat tegen de vijand'-fabels waren van honderden jaren oud, evenals groepsverkrachtingen in velden en op openbare pleinen.

Zelfs een vluchtig onderzoek van Napoleons campagnes in Europa onthult honderden van dit soort "wreedheden", waarvan een miniem deel waar bleek te zijn.

Bryce, de erudiete historicus, alom vertrouwd en bekend om zijn eerlijkheid, had dergelijke verzinsels zonder meer moeten verwerpen. Hij wist zeker dat de overgrote meerderheid van de "gruwel"-verslagen afkomstig waren van Wellington House (de voorloper van het Tavistock Instituut). In plaats van hun herkomst te onderzoeken en ze af te doen als propaganda, gooide Bryce ze allemaal op één hoop in een "rapport" dat als feitelijk werd omschreven en vervolgens een algemene veroordeling van het Duitse leger en volk uitsprak. Dit doet denken aan G.W. Bush en zijn algemene classificatie dat de gehele bevolking van verschillende moslimstaten tot een "As van het Kwaad" behoorde.

Waarom verwierp Bryce deze verzinsels niet en concentreerde

hij zich niet op de Duitse executies van burgers? Zoals gezegd wist hij dat de meeste "incidenten" producten waren van Wellington House; en als hij dat had gedaan, zou dat een zeer gevoelig onderwerp hebben geopend, namelijk het massale gebruik van propaganda door de Britse regering.

Er was een belangrijke reden waarom Bryce er de voorkeur aan gaf een eervol pad te verlaten in plaats van zijn reputatie te bezoedelen: een hoog percentage van het Belgische leger in 1914/1915 bestond uit'Home Guards' (partizanen) die geen uniform droegen behalve een insigne op hun hemd of hoed. De Duitsers, die wanhopig probeerden de oorlog in het westen te winnen voordat het Russische leger de linies die ze in het oosten ternauwernood vasthielden, overrompelde deze schijnbaar burgerlijke strijders en toonde hen geen genade.

Het feit dat het Duitse leger het recht had om terug te vuren op burgers, of zelfs het initiatief daartoe te nemen, krachtens de oorlogsregels van de toen geldende Verdragen van Genève, werd nooit vermeld in de pers.

Feit is dat de'partizanen' in 1915, tot 1945, een gemakkelijke prooi waren. Burgers, zelfs met badges op hun hoed gespeld, mochten niet schieten op soldaten in uniform, en hadden ook geen recht op bescherming. Ja, dat staat in de oorlogsregels van de Conventies van Genève, en Lord Bryce en zijn commissarissen weten dat. Dit belangrijke feit werd ook niet rondgebazuind in Engeland en Amerika op de manier waarop de propaganda erin geslaagd was de harten en geesten van het Britse en Amerikaanse volk te veroveren.

Sommige Duitse veldcommandanten verloren duidelijk hun verstand en voerden buitensporige represailles uit tegen hele steden, zoals Dinant.

Maar een soort verdediging kon worden georganiseerd, zelfs voor deze mannen. Het daaropvolgende debat over wat de Conventie van Genève toestond, zou de krantenlezers hebben doen geeuwen. Ze wilden wat Bryce hen gaf - bloed en lust, verkrachting en gruwelen gepleegd door Duitse'beesten' ('boche') tegen vrouwen en jonge kinderen en'ongewapende burgers'. Ze wilden bewijs dat de Duitse'Hun' een barbaar was, een wild beest. En als het publiek niet was misleid, zouden Wellington House en de oorlogsinspanningen van de Britse regering diep in de problemen zijn gekomen.

Het Bryce Report heeft Groot-Brittannië ongetwijfeld geholpen de oorlog te winnen. Het beïnvloedde ongetwijfeld de Amerikaanse publieke opinie en overtuigde miljoenen Amerikanen en andere neutralen - het werd vertaald in 27 talen - dat de Duitsers afschuwelijke beesten in menselijke vorm waren. Niemand, behalve een paar'bevooroordeelde' buitenstaanders zoals Sir Roger Casement en Clarence Darrow, heeft Lord Bryce ooit de schuld gegeven van de gemene leugens die hij over de wereld verspreidde. Geen weldenkend mens zou Bryce ooit kunnen vergeven dat hij zichzelf op deze manier compromitteerde.

Al die tijd bleef Wellington House op de achtergrond - weinig mensen wisten van zijn bestaan, laat staan van zijn vitale rol, maar het had belangrijk werk verricht en de techniek van het hersenspoelen geperfectioneerd. Wat Bryce betreft, hij ging naar zijn graf beladen met koninklijke en academische onderscheidingen, een leugenaar van de eerste orde, een zelfbevlekkende man met het bloed van miljoenen aan zijn handen, een briljante schurk, een dief die de waarheid stal van een publiek dat er recht op had die te kennen, en die erin slaagde te ontsnappen aan opsporing en ontmaskering en aan de totale veroordeling die algemeen werd uitgesproken over Judas Iskariot.

Met het voordeel van honderd jaar terugblikken zouden we deze man veel harder moeten aanpakken. Het Bryce-rapport hield duidelijk verband met het Britse besluit om de blokkade van Duitsland gedurende zeven maanden na de wapenstilstand van 1918 te handhaven, waardoor ongeveer 600.000 oude en zeer jonge Duitsers de hongerdood stierven, als onderdeel van het plan om Duitsland zodanig te verzwakken dat het nooit meer een "bedreiging" zou vormen voor de "geallieerden".

De propagandaleugens van Wellington House over het Duitse leger waren veruit de grootste gruweldaad van de Eerste Wereldoorlog en deden elke Duitser uit zijn dak gaan. Door een blinde haat tegen Duitsland te creëren, zaaide Bryce de drakentanden van de Tweede Wereldoorlog.

HOOFDSTUK 20

De kunst van de succesvolle leugen: De Golfoorlog van 1991

In deze context was wat we zagen tijdens de Golfoorlog, rond 1991, voldoende beangstigend om ons er krachtig aan te herinneren wat de oorsprong was van de duistere kunst van het liegen die Lord Bryce beoefende en wat een aangeboren en bewuste leugenaar hij was geworden. Het herinnerde ons er ook aan hoe Wellington House en vervolgens Tavistock het gebruik van hersenspoeling als oorlogsinstrument definitief bezegelden. Dit was een van de doorslaggevende factoren die mij ertoe brachten dit boek te schrijven en Tavistock en zijn schadelijke en uiterst kwaadaardige invloed aan te klagen.

Tijdens de Golfoorlog sloot het Amerikaanse Ministerie van Defensie alle media buiten en stelde zijn eigen woordvoerder aan, die via televisie-uitzendingen zijn schromelijk misleidende versie van de gebeurtenissen gaf. Ik gaf deze man de bijnaam "Pentagon Pete" en hij sprak onbeschaamd over "collateral damage", een nieuwe uitdrukking van Tavistock die voor het eerst werd gebruikt. Het duurde lang voordat het publiek begreep wat dat betekende: verlies van levens, dood en vernietiging van eigendommen.

Toen hadden we een pauze waarin CNN mocht komen om verslag te doen van het succes van de "Patriot" raketafweer die Iraakse SCUDS neerschoot, wat weer een elementaire propaganda-oefening bleek te zijn. Volgens CNN werd elke nacht minstens één SCUD die Israël aanviel neergeschoten. Alleen *World In Review*, midden in de oorlog, meldde dat geen enkele SCUD-raket was neergeschoten. Niemand durfde te melden dat in totaal 15 SCUD's Tel Aviv en andere delen van Israël hadden getroffen. Desinformatie en verkeerde informatie hadden de overhand. Alleen WIR meldde de waarheid, maar met een klein lezerspubliek was dat voor de propagandisten niet van belang.

Dan was er de gigantische fraude die het Amerikaanse volk werd aangedaan door een van de grootste PR-bedrijven van Washington, Hilton en Knowles.

Nogmaals, alleen WIR onthulde dat de episode van Iraakse soldaten die Koeweitse pasgeborenen uit couveuses rukten en op de grond gooiden, een grove leugen was. Interessant is dat Hilton en Knowles, net als Benton en Bowles, langdurige banden hadden met het Tavistock Instituut. Beide bedrijven waren toonaangevende "reclame" bureaus.

De affabulatie van Hilton en Knowles, met tranen verteld door een "ooggetuige" (die toevallig de tienerdochter was van de Koeweitse ambassadeur van de familie Al Sabah in Washington), is wat de Senaat beïnvloedde om de Amerikaanse grondwet te schenden en Bush Sr. "toestemming" te geven om Irak aan te vallen, ondanks het feit dat een dergelijke bepaling niet bestaat in de Amerikaanse grondwet. Bush Sr. mag dan zeggen "Ik wist dat niet, ik heb Hilton en Knowles niet ingehuurd", hij wist duidelijk alles over de belangrijke propagandacoup die tegen het Amerikaanse volk werd gepleegd. Niemand zal ooit geloven dat hij de zestienjarige dochter van de Koeweitse ambassadeur, die hij eerder had ontmoet, niet herkende.

De Koeweitse ambassadeur betaalde Hilton en Knowles 600.000 dollar om deze uitgebreide fraude voor de Senaat in scène te zetten, waarvoor hij gearresteerd had moeten worden wegens liegen tegen een Senaatscommissie. Wat zo woedend was, was dat het meisje ook ongestraft bleef voor de rol die zij speelde bij het in tranen vertellen van haar ervaring: "Ik zag Iraakse soldaten pasgeboren baby's uit couveuses rukken en op de grond gooien," riep ze.

Feit is dat Narita Al Sabah al jaren geen voet meer in Koeweit had gezet, en zeker niet tijdens de oorlog! Ze was in Washington D.C. met haar vader, in de residentie van de ambassadeur in Washington. Toch werden dit kind en haar vader niet vervolgd. Dit is wat de propaganda experts van Tavistock noemen "een geslaagde remake van de gebeurtenissen". Narita Al Sabah's getuigenis werd het middelpunt van een enorme mediacampagne in Amerika, en zou niet alleen de Senaat hebben beïnvloed, maar ook het Amerikaanse volk aan de kant van de oorlog tegen Irak hebben gezet.

Bush senior gaf zich over aan een oud stukje propaganda door de wereld te vertellen dat "Saddam" uit Irak moest worden verwijderd "om het Midden-Oosten veiliger te maken". (Vergeet niet dat Wilson Amerikaanse troepen de dood in stuurde in Frankrijk om "de wereld veilig te maken voor democratie"). Bush Sr begon plotseling de Iraakse president te belasteren en te demoniseren om de belangen van zijn vrienden in het oliekartel te dienen, en net als bij de keizer in 1913 werkte het.

Weinig mensen herinneren zich de truc van Wilson, anders hadden ze misschien de opvallende gelijkenis opgemerkt tussen wat president Bush zei, wat Bryce tegen Wilson zei en wat Wilson tegen het Amerikaanse volk zei om hen achter de Eerste Wereldoorlog te krijgen. Nu Hoessein zo goed als vergeten is en alle bedreigingen die hij zou hebben gevormd zijn afgedaan als een hoop leugens, is het plotseling "Al Qaeda" waar we ons zorgen over moeten maken.

Woodrow Wilson gebruikte regelrechte propaganda toen hij een onwillig Amerikaans volk vertelde dat een oorlog "de wereld veilig zou maken voor de democratie". Bush heeft hetzelfde bedrog gebruikt. De prijs om de wereld "veilig te maken voor democratie" was verschrikkelijk. Volgens professor William Langer bedroegen de bekende doden van de Eerste Wereldoorlog 10 miljoen soldaten, mannen en vrouwen, en 20 miljoen gewonden. Rusland alleen al verloor 9 miljoen mannen, oftewel 75% van zijn leger. De totale kosten van de oorlog in dollars zijn geschat op 180 miljoen dollar, waarbij nog de indirecte kosten van 151.612.500.000 dollar moeten worden opgeteld.

HOOFDSTUK 21

Het soldatenmonument en de begraafplaatsen van de Eerste Wereldoorlog

De kosten van de oorlog van Bush tegen Irak bedroegen medio 2005 ongeveer 420 miljard dollar, en de familie Bush wil meer geld voor hun slecht bekend staande onderneming. En het Amerikaanse volk en hun onmachtige, maar nutteloze vertegenwoordigers in de wetgevende macht kennende, zal Bush krijgen wat hij wil.

De bedragen in dollars van de Eerste Wereldoorlog zeggen niets over de pijn en het lijden dat Amerika werd aangedaan door Wilson, de overtreder. Wij voegen hier een recent artikel in, dat een persoonlijke en aangrijpende toets geeft aan het verschrikkelijke verlies van mensenlevens in die nachtmerrie-oorlog.

"Enkele weken geleden bezocht ik met mijn gezin het Soldier's Memorial Museum in het centrum van St. Louis. Het is een enorm en zeer indrukwekkend gebouw, in 1936 opgedragen door president Roosevelt als gedenkteken voor de 1.075 mannen uit St. Louis die in de Eerste Wereldoorlog zijn omgekomen. Het monument is pijnlijk mooi, een en al mozaïek en marmer, met terrazzovloeren en beelden in Bedfordsteen. Het wordt gedomineerd door de enorme zwart granieten cenotaaf in het midden, bedekt met de namen van de honderden doden, gerangschikt in keurige rijen."

"De dag dat we deze opmerkelijke maar spookachtige plek bezochten, leek ze helemaal leeg. Ook al waren er geen bezoekers, het was niettemin vol van de geesten, stemmen en gezichten van de bleke jongens, met verfomfaaid haar en keurig geperste uniformen, die 86 jaar geleden St Louis hadden verlaten om te vechten in een glorieuze oorlog zo ver weg in een ver land, jongens die nooit naar huis waren teruggekeerd.

Deze gebeurtenis was des te aangrijpender omdat wij elke dag leven met de gevolgen van het huidige conflict, de bloedige en wrede oorlog in Irak. Elke dag lezen we de verhalen van de jongens die nooit meer thuis zullen komen."

"Wat mij het meest trof, toen ik rondliep in het monument en het museum, met mijn pasgeboren dochtertje in mijn armen, was dat het leek op zoveel gedenktekens die ik in mijn eigen land, Schotland, had bezocht. Het leek ook op de gedenktekens die ik had bezocht in Frankrijk, Engeland, Canada en Nieuw-Zeeland, en het leek op de gedenktekens in bijna elk ander land dat door het bloedbad van de Eerste Wereldoorlog was getroffen."

"In bijna elk land dat getroffen werd door het bloedbad van de Eerste Wereldoorlog, de zogenaamde'oorlog om alle oorlogen te beëindigen', haastten mannen zich om in het leger te gaan en trokken met groot enthousiasme ten strijde. Ze geloofden dat het een korte, scherpe en succesvolle oorlog zou worden, gevochten om de juiste redenen en glorieus voor de overwinnaars. Ze geloofden dat ze een betere wereld opbouwden."

"Ze hadden het mis. Gemiddeld 5.500 mannen stierven elke dag gedurende vier en een half jaar in de Eerste Wereldoorlog; dat is ongeveer vier mannen per minuut, elke minuut, gedurende vier en een half jaar, totdat er 10 miljoen mannen dood waren. De Eerste Wereldoorlog vernietigde niet alleen levens; hij vernietigde het vertrouwen in vooruitgang, in welvaart en in de redelijkheid van beschaafde mensen dat zo kenmerkend was geworden voor de negentiende eeuw. De oorlog vernietigde veel van de volgende generatie die Europa had kunnen leiden...".

"En vanmorgen, terwijl ik mijn kleine meid vasthoud en dagelijks berichten lees over het escalerende geweld in Irak, waarbij nog steeds Britten, Irakezen en Amerikanen sterven, achtervolgt de Soldaat van St Louis - een gedenkteken voor een oorlog die nooit gevoerd had mogen worden - mij en hun geesten achtervolgen het Memorial. De ergste ramp van allemaal, de oorlog die nooit gevoerd had mogen worden - achtervolgt me."

"De neoconservatieve breinen in de Amerikaanse regering

zouden er goed aan hebben gedaan plaatsen als deze te bezoeken en lang en diep na te denken over de lessen van dergelijke gedenktekens alvorens een oorlog in het Midden-Oosten te beginnen die al een ongelooflijk aantal mensen heeft gedood en zeker nog veel meer zal doden, direct en indirect.

(Geschreven door Professor Dr. James Lachlan MacLeod, Associate Professor of History, Universiteit van Evansville, Indiana).

Mijn ervaringen komen overeen met die van professor MacLeod. Ik heb de slagvelden van Verdun en Passendale bezocht, waar veel van de slachting die hij zo welsprekend beschrijft plaatsvond. Ik heb geprobeerd me voor te stellen hoe 10 miljoen soldaten zo jong stierven, welke terreur, verschrikking en verdriet zij ervoeren, en het ontroostbare verdriet van degenen die zij achterlieten. Toen ik in het vervagende middaglicht op een van Frankrijks vele militaire begraafplaatsen stond, kijkend naar de duizenden en duizenden keurige witte kruisen die de militaire begraafplaatsen doorkruisten, werd ik overmand door woede, toen overmand door verdriet, zozeer zelfs dat ik zweer dat ik de kreten en het angstige geschreeuw hoorde van de doden die gerechtigheid eisten, zo wreed afgeslacht in de bloei van hun leven, en ik leek hun gezichten te zien weerspiegeld in de wolken.

Het was een mystieke ervaring die ik nooit zal vergeten, net als de ervaring van een Britse officier die in 1919 deze slagvelden bezocht:

Gisteren bezocht ik de slagvelden van de afgelopen jaren. De plaats was nauwelijks herkenbaar. In plaats van een door granaten verscheurde wildernis was de grond een tuin van wilde bloemen en hoog gras. Het meest opmerkelijke was de verschijning van enkele duizenden witte vlinders die rondom fladderden. Het was alsof de zielen van dode soldaten waren komen spoken op de plek waar zovelen waren gesneuveld. Het was griezelig om ze te zien. En de stilte! Het was zo stil dat ik het fladderen van de vleugels van de vlinders bijna kon horen. (Uit de archieven van het British War Museum in Londen)

Mijn intense gevoel van verontwaardiging maakte me

vastbesloten om alles te weten te komen over een verschrikkelijke oorlog die begon met massale propaganda, de gesel van de moderne wereld. Dit was een andere doorslaggevende reden om dit boek te schrijven en het kwaad van Tavistock bloot te leggen. Sir Roger Casement vond dat Lord Bryce had moeten worden opgehangen wegens verraad en ik denk dat Wilson een soortgelijk lot had moeten ondergaan, wat Roosevelt en Churchill ervan zou hebben weerhouden de wereld in een tweede ronde van bloedvergieten te storten. Propaganda zegevierde en de westerse beschaafde wereld was verloren.

De wereld die wij kenden, de wereld die door de westerse beschaving tot stand werd gebracht, is verdwenen. De sombere voorspellingen van Spengler zijn uitgekomen. In plaats van onze westerse beschaafde wereld, zullen we binnenkort het vreselijke bouwwerk van de nieuwe één-wereld socialistische communistische regering zien opdoemen in de duisternis van de lange nacht die voor ons ligt.

Het lijdt geen twijfel dat de Eerste Wereldoorlog werd uitgelokt door Groot-Brittannië en zijn bondgenoot, de Verenigde Staten van Amerika, met de hulp van Wellington House. De oorlog had niet kunnen plaatsvinden zonder de actieve propaganda van deze duistere krachten. De naam van Lord Grey, de belangrijkste architect, zal de geschiedenis ingaan als die van een oneerlijk politicus en verrader van zijn volk.

Er is geen consensus over waarom Groot-Brittannië de Eerste Wereldoorlog uitlokte. Maar in 1916 had het Duitse leger de Franse en Britse legers op de meest beslissende manier verslagen. Wilson stond onder grote druk om Amerikaanse troepen naar Europa te sturen. Wellington House lanceerde daarom een totale propagandaoorlog tegen het Amerikaanse volk, die niettemin ineffectief bleef tot de publicatie van het Bryce Report.

Het is onmogelijk om te begrijpen wat er in Irak gebeurt als we de verschrikkelijke propaganda die in 1913 en 1940 tegen het Britse en Amerikaanse volk werd gevoerd, niet goed begrijpen. Het was een van de donkerste en meest verachtelijke hoofdstukken uit de geschiedenis, waarbij Wilson leugens verkondigde als een "rechtvaardige oorlog" en "een oorlog om alle oorlogen te beëindigen", een oorlog "om de wereld veilig te maken voor de democratie". Het doel van de oorlog was om de handel veilig te stellen, vooral voor Groot-Brittannië en Frankrijk, die nu bedreigd werden door de Duitse industrie.

Maar het waren slechts woorden die zijn ware bedoeling verhulden en die in deze context nergens op sloegen, precies wat je van een politicus zou verwachten. Het soort onzin dat je op een reclamebord zou vinden.

Wilson's toespraak over "de wereld veilig maken voor democratie" was niets meer dan gekleurde gasbellen. Hij stelde voor om samen met de Britten oorlog te voeren, die er op dat moment voor zorgden dat er geen volksdemocratie in het Rijk was.

De Britten hadden net de Boeren in Zuid-Afrika op brute wijze afgemaakt in een wrede oorlog die drie jaar duurde. Als Wilson de wereld "veilig voor democratie" wilde maken, had hij aan de zijde van Duitsland de oorlog moeten beginnen tegen Engeland, de agressor en aanstichter van de oorlog.

In plaats van "de wereld veilig te maken voor democratie", bleek het de grootste ramp te zijn die beschaafde naties ooit was overkomen, die in de klauwen waren gevallen van corrupte, immorele en leugenachtige mannen, in een oorlog die toepasselijk "De Grote Oorlog" werd genoemd. Het was natuurlijk alleen 'groot' in zijn omvang en reikwijdte.

We zullen nooit begrijpen hoe de Verenigde Staten de "ene grote macht" zijn geworden, tenzij we de zonden van Wilson en het Britse establishment van 100 jaar geleden opbiechten. De Verenigde Staten hebben zich voortdurend verstrikt in de zaken van andere soevereine naties, ondanks de waarschuwing van George Washington, en het eerste voorbeeld hiervan was onze deelname aan de Eerste Wereldoorlog en de mislukking van de Volkenbond. Wilson maakte volledig gebruik van de propagandistische meesters van Wellington House, en gebruikte de slogan als dwangmiddel en vertelde de onwillige Senaat dat als deze de Volkenbond niet zou ratificeren, "het hart van de wereld zou breken".

Dankzij senator Cabot Lodge, en een aantal Amerikaanse senatoren die na ernstig beraad en overweging van de zaak onder de vlag van de Amerikaanse grondwet, weigerden het verdrag van de Volkenbond te ratificeren omdat ze ontdekten dat het de soevereiniteit van de Verenigde Staten wilde om zeep helpen. Wilson gebruikte en misbruikte zijn voorliefde voor propaganda en probeerde te winnen door te verklaren dat zijn herverkiezingscampagne "een groot en plechtig referendum voor de aanvaarding van het verdrag" was, maar omdat Lord Bryce hem niet steunde, verloor hij en werd hij aan de kant gezet.

Helaas duurde het niet lang voordat de propagandastoomwals een comeback maakte met de vernieuwde versie van de Volkenbond door de Verenigde Naties. Truman (niet alleen de hoedenverkoper uit Missouri, maar ook de meester-metselaar) verraadde het Amerikaanse volk door toestemming te geven voor de oprichting van dit unieke wereldbouwwerk in de Verenigde Staten en Truman gebruikte de door Wilson achtergelaten propaganda om senatoren over te halen voor zijn leugens te stemmen.

Wat Truman deed was de Amerikaanse natie dwingen tot een pact met de duivel - de duivel van de macht over rechtvaardigheid en waarheid, rechtvaardigheid door de loop van een geweer. Wij pasten deze "rechtvaardigheid" toe in de Tweede Wereldoorlog door massaal burgercentra te bombarderen zonder rekening te houden met het verlies van mensenlevens en wij gebruikten atoombommen op Japan, ook al was de oorlog voorbij, als onderdeel van de "shock and awe"-propaganda die Rumsfeld herhaalde in de ongrondwettelijke oorlog tegen Irak.

HOOFDSTUK 22

Vrede is niet populair

De Tweede Wereldoorlog volgde een vrijwel identiek patroon als de Eerste. Voor het sluiten van een vredesakkoord met Hitler werd Neville Chamberlain onmiddellijk onderworpen aan een krachtige propagandabarrage onder leiding van het Tavistock Instituut. Chamberlain had het Comité van 300 getrotseerd en steun verleend aan een nieuwkomer, een buitenstaander die werd gezien als een bedreiging voor het wereldsocialisme.

De wereld leerde niet de waarheid over Chamberlain, dat hij een bekwaam politicus was die vastbesloten was een nieuwe oorlog te vermijden, dat hij ervaring had en dat hij een eerlijk vredesplan had opgesteld - wat natuurlijk niet in de smaak viel bij de munitiegieren die op het hek zaten te wachten om zich tegoed te doen aan de rijkdom van de naties en over de lijken van hun zonen te zweven.

De enorme propagandamachine van het Londense Tavistock Instituut kwam onmiddellijk in actie tegen Chamberlain nadat hij zijn succesvolle vredesplan had aangekondigd. Shakespeare zei dat "het kwaad dat mensen doen, leeft na hen; het goede wordt vaak begraven met hun botten". Het goede dat Chamberlain deed kwam de oorlogsstokers niet goed uit en zij begroeven het onder een catalogus van propaganda en regelrechte leugens.

Deze leugens waren het werk van propagandaspecialisten van het Tavistock Instituut, waaronder Peter Howard, Michael Foot en Frank Owen. Een van deze mannen, onder de naam "Cato", heeft Chamberlain zo belasterd dat de schande die zij aan zijn naam toevoegden tot op de dag van vandaag, juli 2005, voortleeft. Dat is de macht van de machtige Tavistock propaganda machine.

Later, lang nadat de propagandamakers hun werk hadden gedaan, schreef de Britse historicus en academicus David Dutton een boek, *Neville Chamberlain*, waarin hij een evenwichtige beoordeling gaf van de voormalige premier.

Chamberlain was allesbehalve een "Hitler-dupe" en een "dwaas", maar toonde grote onderhandelingsvaardigheden en was een zeer bekwaam leider, die dapper vocht om een nieuwe oorlog te voorkomen. Maar dit was tegen de wens van het Comité van 300. Churchill kreeg zijn "heerlijke oorlog", maar tegen 1941 waren de "geallieerden" zo goed als verdreven van het Europese continent met enorme verliezen aan mankracht. Frankrijk, België, Nederland en Denemarken waren bezet.

Duitsland bood Groot-Brittannië genereuze voorwaarden aan, maar de oorlogszuchtige Churchill wees de vredesvoorstellen af en wendde zich tot zijn oude bondgenoot, de Verenigde Staten, om mannen, geld en materiaal te leveren om "de heerlijke oorlog" voort te zetten.

Tegen het Amerikaanse volk zeggen we met diepe droefheid:

> "Wanneer zullen jullie het ooit leren? Wanneer maakt u onderscheid tussen propaganda en authentieke informatie? Wanneer gaan jullie oorlogsvoorstellen aan de grondwettelijke toets onderwerpen?"

Wilson was een verstokte leugenaar en schender van de Amerikaanse grondwet, maar dankzij een enorme, door Wellington House georganiseerde, geregisseerde en in stand gehouden propagandacampagne kon hij zijn missie volbrengen door te opereren onder de vlag van het patriottisme, dat de krachtige oppositie tegen de oorlog overwon. Tussen Wilson, Churchill en Roosevelt werd enorme schade toegebracht aan de westerse christelijke beschaving. Ondanks dit feit blijft er een golf van propaganda over hun namen spoelen, alsof ze het bloed van miljoenen mensen aan hun handen kwijt willen.

In plaats van verguisd te worden, zijn er overal in Europa talrijke monumenten voor hen en in Amerika zal een miljardenmonument worden opgericht voor Franklin D.

Roosevelt, wiens verraad de Japanners ertoe bracht "het eerste schot af te vuren", zoals de zuivelfabrikanten het uitdrukten. Pearl Harbor maakte de weg vrij voor de communistische controle over China en uiteindelijk voor een nieuwe communistisch-socialistische wereldorde binnen één enkele wereldregering. Onze enige hoop in dit dal van wanhoop is dat dit werk kan helpen de ogen van het Amerikaanse volk te openen, zodat het zich nooit meer door propaganda laat misleiden, hoewel dit nu, na de tragedie van 11 september, een ijdele hoop lijkt.

We hebben onlangs de verontrustende ervaring gehad dat we ons in Servië, Afghanistan en Irak in een onnodige oorlog hebben gestort dankzij de uitgebreide propaganda-instrumenten in handen van de Tavistock-pundits, hetzelfde instrument dat werd gebruikt om de Kaiser en Chamberlain te belasteren. President Milosevic werd gedemoniseerd, belasterd, gekleineerd en uiteindelijk van de macht verdreven. President Milosevic werd illegaal gearresteerd en illegaal naar Nederland vervoerd om te worden "berecht" door een marionettenrechtbank die al bijna vier jaar probeert hem te veroordelen voor "oorlogsmisdaden".

George Bush Jr weigerde de bemiddelaars in Irak tijd te geven om te werken omdat hij wist dat dit een oorlog zou voorkomen. Hij weigerde de VN-wapeninspecteurs tijd te geven om hun werk te voltooien en verklaarde in plaats daarvan, met de kwade opzet van alle propagandisten, dat de wereld niet nog eens tien dagen kon wachten vanwege het "dreigende gevaar" van de "massavernietigingswapens" in handen van de "Iraakse dictator". (De "Slager van Bagdad".)

De bevolking van de Verenigde Staten is dus weer eens meegesleurd in een stroom van leugens die door de propagandisten van het Tavistock Instituut zijn verspreid en door de Amerikaanse media zijn overgenomen, met name door het belangrijkste propaganda-orgaan van de Verenigde Staten, *Fox News*.

Maar de Amerikanen hebben deze keer meer geluk: We hoefden geen eeuw te wachten op de waarheid: er waren geen "massavernietigingswapens", geen "chemische en bacteriologische fabrieken", geen langeafstandsraketten die een "paddestoelwolk boven Boston" veroorzaakten (met dank aan de apologeet van de Tavistock-propaganda en de massahersenspoeling, mevrouw Rice), en de heer Bush en zijn handlanger, de Britse premier Blair. Maar ondanks het feit dat zij in een web van leugens verstrikt zijn geraakt, blijven zij allen in functie. Ze zijn niet ontslagen voor de ontelbare leugens waarvan ze zwoeren dat ze waar waren en waarvan ze vandaag niet eens de moeite nemen om zich te bevrijden, door kritiek te negeren met de hulp van spinnenmeesters als Karl Rove en Alaister Campbell. Laten we hopen dat de zaak van het recht zal worden gediend, en dat degenen die verantwoordelijk zijn voor de tragedie van de bombardementen op Servië en Afghanistan, en de ongerechtvaardigde invasies in Irak, voor de balie van de internationale justitie zullen worden gebracht om zich te verantwoorden voor hun misdaden.

De stemmen van de doden stijgen op van de slagvelden van Europa, de Stille Oceaan, Servië en Afghanistan, en Irak, klagend dat zij zijn gestorven omdat "hersenspoeling" heeft gezegevierd en propaganda heeft gezegevierd, de gesel van de moderne wereld, die uit het Tavistock Instituut ontsnapt als de misselijkmakende miasma van een nat, lawaaierig moeras, dat de wereld omhult om haar voor de waarheid te verblinden.

Lord Northcliffe

Walter Lippman

Edward Bernays
en Eleanor Roosevelt

Edward Bernays

Sociale wetenschappers bij Tavistock

W.R. Bion

Gregory Bateson

R.D. LaingEric

L. Trist. Sociaal wetenschapper aan
het Tavistock Instituut

Leon Trotsky. Marxistisch
leider (echte naam Lev.
Bronstein.)

Willy Munzenberg. De
briljante Russische spion en
leidende propagandist

Lord Northcliffe en Adolph Hitler.

H.G. Wells. Britse auteur.
Vooraanstaand Fabianist en
geheim agent. Schreef *The
War of the Worlds*.

George Bernard Shaw. Ierse
toneelschrijver en Fabianist

Walter Rathenau.
Vooraanstaand Duits
industrieel. Financieel
adviseur van keizer
Wilhelm II.

Lord Bertrand Russell.
Britse socialist, auteur
en ouderling van de
"300".

Kaiser Wilhelm II
Wellington House
beschreef de Duitse
leider ten onrechte als
een "bloedige slager".

Koningin Victoria was een
neef van Willem II.

Koning George V.

Woodrow Wilson, president
van de Verenigde Staten.
Een uitgesproken socialist

De beruchte propagandatekening van keizer Wilhelm II staande over Belgische vrouwen en kinderen die hij had doodgeschoten. Deze tekening, samen met een soortgelijke tekening van Wellington House, waarop Willem II over Belgische kinderen staat, een zwaard druipend van het bloed van hun afgehakte handen, werd gepubliceerd in kranten in Groot-Brittannië en de Verenigde Staten.

(boven) Trotski "beoordeelt" zijn "troepen" in Moskou. Dit is één van de honderden propagandafoto's die westerse kranten overspoelden.

(onder) Een afbeelding van een van de vele verschrikkelijke gevechten van man tot man tijdens de Eerste Wereldoorlog. De wreedheid en slachting liet overlevenden aan beide zijden geestelijk gehandicapt achter en achtervolgd door wat ze hadden meegemaakt.

(1) Sean Hannity 2) Rush Limbaugh.

(3) Tucker Carlson 4) Matt Drudge.

(5) G. Gordon Liddy (6) Peggy Noonan.

(7) Brian Williams 8) Bill O'Reilly.

(9) Lawrence Kudlow 10) Dick Morris.

(11) John Stossel 12) William Bennet.

(13) Oliver North 14) Michael Savage.

(15. Michael Reagan. 16. Joe Scarborough.

HOOFDSTUK 23

Het Tavistock Instituut: Britse controle over de Verenigde Staten

Het Tavistock Institute of Human Relations is gevestigd in Londen en op het terrein van de Universiteit van Sussex in Sussex, Engeland, waar zich de meeste van zijn onderzoeksfaciliteiten bevinden. Tavistock is vandaag de dag nog net zo belangrijk als toen ik begin 1969 het bestaan ervan onthulde. Ik werd ervan beschuldigd deel uit te maken van Tavistock omdat ik vlakbij de faciliteiten in Sussex werkte en de geschiedenis ervan goed kende.

Veel van de meer recente activiteiten van Tavistock hadden en hebben nog steeds een diepgaande invloed op onze manier van leven in Amerika en op onze politieke instellingen. Tavistock wordt verondersteld achter de reclame voor abortus, de proliferatie van drugs, sodomie en lesbianisme, familietradities en de woeste aanval op de grondwet, ons wangedrag in de buitenlandse politiek en ons economisch systeem, geprogrammeerd om te falen.

Behalve John Rawlings Reese heeft geen enkele andere man de politiek en het wereldgebeuren zo beïnvloed als Edward Bernays (de neef van Sigmund Freud) en Kurt Lewin. Een "derde man" moet hier worden opgenomen, hoewel hij nooit lid was van de Tavistock-faculteit. Dat was Willi Munzenberg, wiens propagandamethoden en -toepassingen, die zo cruciaal zijn voor het moderne tijdperk van de massacommunicatie, hem de titel "de grootste propagandist ter wereld" hebben opgeleverd. Ongetwijfeld de meest briljante man van zijn tijd (hij begon zijn werk vóór de Eerste Wereldoorlog), Munzenberg kreeg de opdracht het imago van de Bolsjewieken op te poetsen nadat zij de Romanov-dynastie omver hadden geworpen.

Munzenberg gaf definitief vorm aan de ideeën en methoden die Bernays en Lewin in praktijk brachten. Zijn legendarische heldendaden bij het manipuleren van Leon Tepper, de Kappelmeister van Rot Kappell (dirigent van het "Rode Orkest" spionagenetwerk), maakten van Munzenberg de meesterspion van elke bestaande inlichtingendienst. Tepper werd getraind door Munzenberg en werd nooit gepakt. Tepper kon tijdens de Tweede Wereldoorlog alle geheimen van Groot-Brittannië en de Verenigde Staten bemachtigen. Er was nauwelijks een geheim plan van de "geallieerden" dat niet al bekend was bij Tepper, die de informatie doorgaf aan de KGB en de GRU in Moskou.

Op zijn eigen gebied was Bernays even briljant, maar ik vermoed dat de meeste van zijn ideeën afkomstig waren van zijn beroemde oom Sigmund. Wat zijn ideeën over propaganda betreft, lijdt het weinig twijfel dat hij "leende" van Munzenberg, en dit wordt weerspiegeld in Bernays' klassieker *Propaganda*, gepubliceerd in 1928. De stelling van dit boek is dat het volkomen gepast en een natuurlijk recht is voor de overheid om de publieke opinie zo te organiseren dat zij zich conformeert aan het officiële beleid. We komen later op dit onderwerp terug.

Munzenberg had het lef om zijn fundamentele propagandaprincipes in praktijk te brengen, lang vóór Bernays of Joseph Goebbels, de Duitse minister van Volksverlichting (zoals het ministerie van Propaganda werd genoemd).

De propagandaspecialist van de nazi-partij had grote bewondering voor het werk van Munzenberg en modelleerde zijn eigen propagandaprogramma naar Munzenbergs methoden. Goebbels heeft Munzenberg altijd genoemd als de "vader" van de propaganda, ook al kenden weinig mensen hem.

Goebbels had vooral de manier bestudeerd waarop Munzenberg zijn beheersing van de wetenschap van de propaganda had gebruikt toen Lenin hem had aangeworven om de verschrikkelijke publiciteit in 1921, toen 25 miljoen boeren in de

Wolga aan de verwoestingen van de hongersnood stierven, te verzachten. Zo werd Munzenberg, geboren in Duitsland, de lieveling van de bolsjewieken. Om een recent historisch verslag te citeren:

> "Munzenberg, die inmiddels was teruggekeerd naar Berlijn waar hij later als communistisch parlementslid in de Reichstag werd gekozen, kreeg de opdracht een valse "liefdadigheidsinstelling" op te zetten, het Buitenlands Comité voor de Organisatie van Hulp aan hongerende arbeiders in de Sovjet-Unie, met als doel de wereld te doen geloven dat de humanitaire hulp uit een andere bron kwam dan de Amerikaanse Hulporganisatie van Herbert Hoover. Hierin was Munzenberg volledig geslaagd.

Munzenberg trok de aandacht van het management van het voormalige Wellington House, dat in 1921 zijn naam had veranderd in het Tavistock Institute of Human Relations onder leiding van generaal-majoor John Rawlings Reese, voorheen van de Psychological Warfare Bureau School van het Britse leger.

Lezers die mijn werk hebben gevolgd, zullen niet verbaasd zijn dat de meeste door Munzenberg aangenomen en geperfectioneerde technieken werden overgenomen door Bernays en zijn collega's, Kurt Lewin, Eric Trist, Dorwin Cartwright en H. V. Dicks, W. R. Bion in Tavistock, die deze methoden vervolgens gingen onderwijzen bij de Central Intelligence Agency.

Munzenberg was niet de enige communist die een grote invloed had op de gebeurtenissen in de Verenigde Staten. Ik geloof dat Tavistock een rol heeft gespeeld bij de voorbereiding van de "abortusbrief", die vervolgens in 1973 als een origineel werk aan het Hooggerechtshof werd voorgelegd, terwijl het in feite gewoon een herhaling was van wat was geschreven door Madame Kollontei, stichter van de "vrouwenbevrijdingsbeweging" en voorvechtster van de "vrije liefde" in de USSR.

commissaris en leider van de bolsjewieken, is zijn boek een tirade tegen de heiligheid van het huwelijk en het gezin als belangrijkste sociale eenheid in christelijke landen. Kollontei haalde zijn "feminisme" natuurlijk rechtstreeks van de bladzijden van het Communistisch Manifest van 1848.

George Orwell, de MI6-agent die het beroemde *1984* schreef, bestudeerde Munzenbergs werk in detail. In feite was zijn beroemdste uitspraak gebaseerd op wat volgens Munzenberg de basis was van propaganda:

> "Politieke taal is ontworpen om leugens waarheidsgetrouw en moord respectabel te laten lijken en om pure wind de schijn van degelijkheid te geven."

Zoals zijn Duitse collega Munzenberg zei:

> "Al het nieuws is een leugen en alle propaganda is vermomd als nieuws."

Het is nuttig om Munzenberg te kennen omdat het ons helpt te begrijpen hoe politici te werk gaan en hoe geheime krachten de toegang tot informatie controleren, en hoe de publieke opinie wordt gevormd en gekneed. Bernays volgde zeker de meester en week nooit af van zijn methodologie. Zonder deze dingen te weten, zullen we nooit kunnen begrijpen hoe president George Bush de dingen kan doen die hij doet en de gevolgen daarvan niet onder ogen hoeft te zien. Het heeft me in ieder geval in staat gesteld om de oorsprong van de zogenaamde "neo-conservatieven" die zijn beleid vormgeven, terug te voeren tot de oprichter ervan, Irving Kristol, die toegeeft een uitgesproken discipel van Leon Trotski te zijn geweest.

Tavistock blijft de moeder van alle onderzoeksfaciliteiten met betrekking tot gedragsverandering, opinievorming en de vormgeving van politieke gebeurtenissen. Wat Tavistock heeft gedaan is het creëren van een "zwart gat van misleiding in de 20e eeuw". Zijn taak zou nog veel moeilijker zijn geweest als de media niet waren geprostitueerd en hun rol in het verspreiden van het "evangelie volgens George Orwell".

Lord Northcliffe, het hoofd van Tavistock's voorganger, Wellington House, was een mediamagnaat en ging op een gegeven moment zo ver dat hij elke week duizenden exemplaren van zijn *Daily Mail* naar Frankrijk stuurde, om ze vervolgens door een vloot vrachtwagens bij de Britse troepen aan het front te laten bezorgen, "om hun harten en geesten voor de oorlog te winnen" (Eerste Wereldoorlog).

Met name hier in de Verenigde Staten heeft het vrijwel de controle overgenomen over het Massachusetts Institute of Technology (MIT), Stanford Research, het Esalen Institute, de Wharton School of Economics, het Hudson Institute, Kissinger Associates, Duke University en vele andere instellingen die wij als volledig Amerikaans zijn gaan beschouwen.

De Rand Research and Development Corporation, onder de paraplu van Tavistock, heeft een diepgaande invloed gehad op vele instellingen en segmenten van onze samenleving. Als een van de belangrijkste onderzoeksinstellingen die rechtstreeks door Tavistock worden gecontroleerd, beheert Rand ons ICBM-programma, voert zij eersteklas analyses uit voor Amerikaanse beleidsmakers op het gebied van buitenlandse zaken en adviseert hen over nucleair beleid, en voert zij honderden projecten uit voor de CIA op het gebied van mind control.

Tot de klanten van Rand behoren AT&T, Chase Manhattan Bank, de US Air Force, het US Department of Energy en het US Department of Health.

B.M. Rand is een van de belangrijkste door Tavistock gecontroleerde instellingen in de wereld, die werkt aan hersenspoeling op alle niveaus, met inbegrip van de overheid, het leger, religieuze organisaties. Desmond Tutu van de Anglicaanse Kerk was een van Rand's projecten.

Laten we een ander voorbeeld nemen: Georgetown University, misschien wel een van Amerika's beste instellingen voor hoger onderwijs. Vanaf 1938 werd de hele structuur van Georgetown herzien door Tavistock - alle leervormen en programma's werden aangepast aan een plan dat was opgesteld door de hersentrust van Tavistock.

Dit is van groot belang geweest voor het beleid van de VS, met name op het gebied van de buitenlandse betrekkingen. Zonder uitzondering worden de veldofficieren van het US State

Department opgeleid in Georgetown.

Tot de bekendste afgestudeerden van Georgetown (Tavistock) behoren Richard Armitage en Henry Kissinger. De omvang van de schade die deze twee leden van het onzichtbare leger van John Rawlings Reese hebben aangericht aan het welzijn van ons land zal een andere keer verteld moeten worden.

Er zijn steeds meer aanwijzingen dat er meer Tavistock in onze inlichtingendiensten zit. Bij inlichtingen in de VS denken we meestal aan de CJA of Divisie Vijf van de FBI.

Maar er zijn vele andere inlichtingendiensten die instructies krijgen van Tavistock. Daartoe behoren het Department of Defense Intelligence (DIA), het National Reconnaissance Office (NRO) en het Office of Naval Intelligence (ONI), de Treasury Intelligence Service (TIS), de State Department Intelligence Service, het Drug Enforcement Agency (DEA) en ten minste tien andere.

Hoe en wanneer begon Tavistock zijn carrière? Zoals ik al zei in mijn boeken van 1969 en 1983, denk je bij Tavistock automatisch aan de oprichter, de Britse legermajoor John Rawlings Reese. Tot 1969 wisten maar heel weinig mensen in Groot-Brittannië buiten inlichtingenkringen van het bestaan van Tavistock, laat staan van wat er in de faciliteiten in Londen en Sussex werd gedaan.

Tavistock verleende diensten van sinistere aard aan die mensen die in elke stad in dit land te vinden zijn; mensen die lokale en staatsoverheden en de politie in de hand hebben.

Hetzelfde geldt voor elke grote Amerikaanse stad, waar Illuminati-leden van de Vrijmetselarij hun geheime macht gebruiken om de Bill of Rights met voeten te treden en onschuldige burgers naar believen te intimideren en te brutaliseren. Waar zijn de staatslieden die dit land groot hebben gemaakt? Wat we in plaats daarvan hebben zijn wetgevers die de wetten die ze maken niet handhaven, en die doodsbang zijn om de duidelijke fouten die er aan alle kanten zijn te corrigeren, bang dat als ze hun eed zouden nakomen, ze zonder werk zouden komen te zitten.

Het zijn ook wetgevers die niet eens een vaag idee hebben van wat grondwettelijk recht is, en het lijkt ze niet te kunnen schelen. Ze nemen "wetten" aan die nooit getoetst zijn op grondwettigheid. De meeste wetgevers weten trouwens niet hoe dat moet. Daardoor heerst er anarchie in Washington. De meeste kandidaten voor het Huis van Afgevaardigden en de Senaat zullen wellicht geschokt zijn door het feit dat ieder van hen zorgvuldig is doorgelicht en geprofileerd door de gedragswetenschappers van Tavistock, of één of meer van haar dochterondernemingen in de VS.

Het volstaat te zeggen dat er een geest van ongrondwettelijke wetteloosheid heerst in het Congres, en daarom worden we beledigd door maatregelen als de "Brady Bill" en de "Assault Weapons" Act van Feinstein en, in 2003, de Homeland Security Bill en de Patriot Act, die allemaal nergens in de Grondwet voorkomen en dus een verbod zijn. Feinstein's "wet" vertoont een opvallende gelijkenis met het werk van het Tavistock Instituut. Aangezien de grondwet de hoogste wet van het land is, zijn "wapenbeheersingswetten" nietig.

Vuurwapens zijn privé-eigendom. Vuurwapens zijn niet onderworpen aan interstatelijke handel. Elke verstandige, volwassen, niet-criminele Amerikaanse burger heeft het recht wapens te houden en te dragen in elke hoeveelheid en op elke plaats.

De grote St George Tucker zei:

> "Het Congres van de Verenigde Staten heeft geen macht om de binnenlandse aangelegenheden van een van de Staten te regelen of zich daarin te mengen, het is aan hen (de Staten) om regels te maken met betrekking tot het eigendomsrecht, en de Grondwet zal geen verbod toestaan op wapens voor het volk of op vreedzame vergadering door hen, voor welk doel en in welk aantal dan ook, bij welke gelegenheid dan ook." (Blackstone's opvattingen over de grondwet, pagina 315)

Elke kandidaat die niet gemakkelijk te controleren is of niet in de profielen van Tavistock past, wordt afgewezen. In deze context spelen de gedrukte en internetmedia - onder leiding van

Tavistock of een van haar filialen - een sleutelrol. Laat de kiezer oppassen, laat het grote publiek op de hoogte zijn.

Ons verkiezingsproces is een farce geworden, dankzij het werk van Tavistock om de gedachten en ideeën van de mensen van deze natie te controleren door middel van "interne gerichte conditionering" en "penetratie op lange afstand", waarvan de mind control wetenschap van het stemmen een integraal onderdeel is. Tavistock dient de Zwarte Adel in al zijn elementen, en probeert ons te beroven van de overwinning van de Amerikaanse Revolutie van 1776. Als de lezer niet bekend is met de Zwarte Adel, moet worden opgemerkt dat de term niet verwijst naar zwarte mensen. Het verwijst naar een groep extreem rijke mensen, dynastieën, waarvan de geschiedenis meer dan vijfhonderd jaar teruggaat en die de ruggengraat vormen van het Comité van 300.

Op het internationale front, evenals in de gebieden van de Amerikaanse instellingen die het buitenlands beleid bepalen, oefent Tavistock op alle niveaus van de overheid psychologische profilering uit, evenals inmenging in het privéleven, op een werkelijk enorme schaal.

Tavistock heeft profielen en programma's opgesteld voor de Club van Rome, de Cini Foundation, het German Marshall Fund, de Rockefeller Foundation, de Bilderbergers, de CFR en de Trilaterale Commissie, de Ditchley Foundation, de Bank voor Internationale Betalingen, het IMF, de Verenigde Naties en de Wereldbank, Microsoft, Citibank, de New York Stock Exchange, enzovoort. Deze lijst van instellingen in handen van de Tavistock planners is verre van volledig.

Het propagandaspook dat voorafging aan de Golfoorlog van 1991 was gebaseerd op psychologische profilering van grote bevolkingsgroepen in de Verenigde Staten, uitgevoerd door Tavistock. De resultaten werden doorgegeven aan opiniemakers, ook bekend als "reclamebureaus" op Madison Avenue.

Deze propaganda was zo effectief dat, binnen twee weken, mensen die niet eens wisten waar Irak lag op de kaart, laat staan wie de leiders waren, begonnen te schreeuwen en op te roepen tot oorlog tegen "een dictator die de belangen van Amerika bedreigt". Eng? Ja, maar helaas 100% waar! De woorden "Golfcrisis" werden bedacht door het Tavistock Instituut om maximale steun te verwerven voor de oorlog van Bush, namens een 300 leden tellend comité waarvan het vlaggenschip British Petroleum (BP) is.

We weten nu - althans sommigen van ons - welke belangrijke rol Tavistock speelt bij het creëren van een publieke opinie die gebaseerd is op verdoezeling, leugens, verzwijging, onjuiste voorstelling van zaken en regelrechte fraude. Geen enkele andere instelling in de wereld kan tippen aan het Tavistock Instituut voor Menselijke Relaties. Citaat uit mijn rapport uit 1984:

> "Er zijn een paar instellingen en uitgeverijen die zich bewust zijn van de veranderingen die plaatsvinden. Het laatste nummer van *Esquire Magazine* heeft een artikel genaamd 'Discovering America'. *Esquire* noemt Tavistock niet bij naam, maar dit is wat er staat: Tijdens de sociale revolutie (een veelzeggende uitdrukking) van de jaren zeventig zijn de meeste persoonlijke rituelen en interacties en het institutionele leven radicaal veranderd. Natuurlijk hebben deze veranderingen invloed gehad op de manier waarop wij de toekomst zien... De economische basis van Amerika verandert en er worden nieuwe diensten en producten aangeboden."

Het artikel gaat verder met de opmerking dat ons beroepsleven, onze vrijetijdsbesteding en ons onderwijssysteem worden veranderd, en vooral dat het denken van onze kinderen wordt veranderd. De auteur van het *Esquire* artikel concludeert:

> "Amerika verandert, evenals de richting die het in de toekomst zal inslaan... Af en toe zal onze nieuwe Amerikaanse rubriek (beloofd voor toekomstige edities van *Esquire*) niet zo nieuw lijken, omdat het meeste nieuwe denken in de hoofdstroom van het Amerikaanse leven is geslopen, maar tot nu toe onopgemerkt is gebleven."

Ik had geen betere beschrijving kunnen geven van de "tijd verandert dingen" drogreden. **Niets verandert uit zichzelf, alle veranderingen zijn ontworpen, in het geheim of in het**

openbaar. Hoewel *Esquire* niet zei wie verantwoordelijk is voor de veranderingen - meestal ongewenste veranderingen - die wij, het volk, hebben geprobeerd te weerstaan.

Esquire is niet de enige die dit zegt. Miljoenen Amerikanen leven in totale onwetendheid over de krachten die hun toekomst vormgeven. Zij weten niet dat Amerika volledig "geconditioneerd" is door Tavistocks "lange-afstandsgerichte naar binnen gerichte penetratiemethode". Wat erger is, is dat deze miljoenen mensen, vanwege Tavistocks conditionering (waardoor Amerikanen denken zoals Tavistock wil dat ze denken), er niet meer om lijken te geven. Zij zijn "intern geconditioneerd" door "penetratie op lange termijn" - het meesterlijke controleplan dat door Tavistock is opgezet om de natie zo lang te hersenspoelen dat zij nu lijden aan een constante staat van "shell shock".

Zoals we zullen zien, zijn er goede redenen voor deze apathie en onwetendheid. De gedwongen en ongewenste veranderingen waaraan wij als natie zijn onderworpen, zijn het werk van verschillende meestertheoretici en technici die zich bij John Rawlings Reese aan het Tavistock Instituut hebben aangesloten.

HOOFDSTUK 24

Hersenspoeling redt een Amerikaanse president

Ik durf te zeggen dat zelfs na al mijn jaren van ontmaskering van Reese en zijn werk, 95% van de Amerikanen niet weet wie hij is of welke schade hij Amerika heeft berokkend.

Dit grote aantal van onze burgers is zich er nog steeds totaal niet van bewust hoe zij zijn gemanipuleerd en gedwongen om "nieuwe ideeën", "nieuwe culturen" en "nieuwe religies" te aanvaarden. Ze zijn grof geschonden en weten het niet. Ze worden nog steeds verkracht en ze weten nog steeds niet wat er aan de hand is, vooral als het gaat om het vormen van een mening via peilingen.

Om mijn punt te illustreren: voormalig president Clinton kon het ene na het andere schandaal overleven dankzij peilingen waaruit bleek dat het Amerikaanse volk niet genoeg om zijn buitensporige gedrag gaf om een afzettingsprocedure te eisen. Kan dat waar zijn? Kan het waar zijn dat mensen zich niet meer druk maken om de publieke moraal? Natuurlijk niet!

Dit is een kunstmatige situatie die door het Tavistock Instituut wordt onderwezen, en elke verteller is getraind in de Tavistock-methoden van opinievorming en manipulatie van de publieke opinie, zodat de antwoorden "klinken".

We kunnen president G. W. Bush toevoegen aan de "overlevenden". Hij werd niet uit zijn ambt gezet ondanks de flagrante leugens die werden gebruikt om een illegale (ongrondwettelijke) oorlog in Irak te beginnen. Ongrondwettig omdat de oorlog nooit volgens de grondwet is verklaard.

Bovendien is er geen bepaling in de Amerikaanse grondwet die de Verenigde Staten toestaat een andere natie aan te vallen die geen oorlogshandelingen tegen hen heeft verricht. Hoe is president Bush hiermee weggekomen zonder in staat van beschuldiging te worden gesteld? Het antwoord ligt in het Tavistock Instituut en zijn vermogen tot massale hersenspoeling.

Een van de eerste taken van Tavistock na de totale oorlog tegen de Verenigde Staten in 1946 was het Amerikaanse volk te dwingen "alternatieve levensstijlen" te accepteren. De documenten van Tavistock lieten zien hoe de leiders van een campagne de wettelijke publieke aanvaarding afdwongen van groepen waarvan het gedrag, totdat veranderingen door het Congres werden geforceerd, in bijna elke staat van de Unie als een misdaad werd erkend, en in sommige staten nog steeds een misdaad is. Ik heb het over de "homo levensstijl" zoals die vandaag de dag bekend is.

De zorgvuldige profilering die werd uitgevoerd vóór de lancering van dit "veranderingsprogramma" werd niet geloofd door de niet-ingewijden, die het afdeden als "vreselijke sciencefiction", ook al werd het in de eenvoudigste bewoordingen uitgelegd. De overgrote meerderheid van de Amerikanen heeft nooit gehoord (en weet in 2005 nog steeds niet) dat het Tavistock Instituut in 1946 tegen hen ten strijde trok of dat het volk die oorlog sindsdien heeft verloren.

Tavistock richtte zijn aandacht op de Verenigde Staten aan het einde van de Tweede Wereldoorlog. Dezelfde methoden die Duitsland ten val brachten, werden gebruikt tegen de Verenigde Staten. De massale hersenspoeling van onze natie werd "Long Range Penetration" en "Inner Directional Conditioning" genoemd.

Het belangrijkste doel van deze onderneming was het installeren van socialistische programma's op alle overheidsniveaus, om zo de weg te bereiden voor een nieuw duister tijdperk, een nieuwe wereldorde onder één regering, een communistische dictatuur.

Het was vooral bedoeld om de heiligheid van het huwelijk en het gezinsleven af te breken. En het was ook gericht op de grondwet, om deze "van nul en generlei waarde" te maken. Homoseksualiteit, lesbianisme en abortus zijn programma's ontworpen door Tavistock, net als het doel om de Amerikaanse grondwet te "veranderen".

De meeste programma's van Tavistock zijn gebaseerd op het kiezen van de "juiste" kandidaten, met de hulp van zijn bekwame opiniepeilers en hun slimme vragen. Tavistocks "gay lifestyle"-project omvatte de oprichting van verschillende "task force"-eenheden om de media te helpen de aanval op homoseksuelen te verdoezelen en de kruisvaarders van de "nieuwe levensstijl" er "net zo uit te laten zien als alle anderen".

Talkshows zijn nu een integraal onderdeel van deze plannen, maar in die tijd werden ze nog niet zo veel gebruikt om sociale verandering te bewerkstelligen als tegenwoordig. De leiders die door Tavistock waren uitgekozen om via talkshows belangrijke sociale en politieke veranderingen te bevorderen, waren Phil Donahue en Geraldo Riviera, Bill O'Reilly, Barbara Walters en vele anderen wier namen in Amerika bekend zijn geworden. Zij waren de mensen die de mensen promootten die zich kandidaat gingen stellen; mensen die tot nu toe van het podium zouden zijn gelachen. Maar nu, dankzij het kundig gebruik van peilingen, worden deze mensen serieus genomen.

De planning die nodig was om het publiek via TV-presentatoren voor te bereiden, heeft miljoenen gekost om dit door Tavistock afgedwongen langetermijnplan voor sociale verandering uit te voeren, en zoals uit de resultaten blijkt, heeft Tavistock zijn huiswerk gedaan. Met al mijn ervaring ben ik nog steeds verbaasd over hoe deze grote coup is uitgevoerd.

Hele gemeenschappen in het hele land werden geprofileerd; talkshowgasten en hun publiek werden geselecteerd op basis van hun profiel, zonder zich ooit te realiseren wat er zonder hun medeweten of toestemming werd gedaan. Het Amerikaanse volk werd op grote schaal bedrogen en dat wisten ze toen niet en nu nog steeds niet! Evenmin wisten ze dat het Tavistock Institute for Human Relations hen zweepslagen gaf.

Eindelijk, na drie jaar voorbereiding, kan de sodomiet/lesbische aanval van Tavistock op een totaal nietsvermoedend Amerikaans volk worden vergeleken met de storm die over de nietsvermoedende Franse natie brak ten tijde van de Franse Revolutie.

De goed geplande en uitgevoerde campagne begon in Florida, zoals gepland, en precies zoals gepland kwam Anita Bryant naar voren om de wapens op te nemen tegen de indringers van de "homogemeenschap" - door Tavistock zorgvuldig uitgekozen woorden die nu volledig aanvaardbaar zijn geworden. Vóór deze episode werd het woord "homo" nooit gebruikt om homoseksuelen of hun gedrag te beschrijven.

Tavistock werd in 1921 opgericht als opvolger van Wellington House, dat in 1914 en 1917 een grote coup had gepleegd en, zoals gezegd, Groot-Brittannië en Amerika in een wrede oorlog met Duitsland had gebracht.

Tavistock moest dienen als het belangrijkste onderzoeksinstrument voor de Britse inlichtingendiensten, die nog steeds de beste ter wereld zijn. Majoor en vervolgens brigadegeneraal John Rawlings Reese, benoemd door de vorst, werden gekozen om het project te leiden. De Britse koninklijke familie financierde het project met de hulp van de Rockefellers en Rothschilds.

Midden in de Tweede Wereldoorlog kreeg Tavistock extra financiering van David Rockefeller in ruil voor zijn hulp bij de overname van de Duitse geheime dienst van de voormalige Reynard Heydrich. Het hele apparaat en personeel van de briljante nazi-veiligheidsdienst werd naar Washington D.C. getransporteerd, in strijd met de hoogste wet van het land. Het begon "Interpol" te heten.

Tijdens de Tweede Wereldoorlog diende de Tavistock-vestiging in Londen en Sussex als hoofdkwartier van het Psychological Warfare Bureau van het Britse leger.

Dankzij de "beste vriend"-overeenkomst tussen Churchill en Roosevelt kon Tavistock via de Special Operations Executive

(SOE) volledige controle krijgen over de Amerikaanse militaire inlichtingendienst en het beleid, en behield deze controle gedurende de hele Tweede Wereldoorlog. Eisenhower werd door het Comité van 300 geselecteerd om bevelhebber van de Geallieerde Strijdkrachten Europa te worden, maar pas na een uitgebreide profilering door Tavistock. Vervolgens werd hij benoemd in het Witte Huis. Eisenhower mocht zijn zetel in het Witte Huis behouden totdat hij, toen zijn nut was uitgeput en de herinneringen aan de oorlog vervaagden, werd verwijderd. Eisenhower's bitterheid over de behandeling die hij kreeg van het Comité van 300 en het Tavistock Instituut blijkt uit zijn uitspraken over de gevaren van het militair-industrieel complex - een verkapte verwijzing naar zijn vroegere bazen, de "Olympianen".

[9]Het boek *Committee of 300 vertelt* het volledige verhaal van dit ultrageheime, ultra-elitaire orgaan van mannen die de wereld besturen. Het Comité van 300 beschikt over een uitgebreid netwerk van banken, financiële bedrijven, gedrukte en online media, grote "denktanks", nieuwe wetenschappers die in werkelijkheid de moderne scheppers zijn van wat doorgaat voor de publieke opinie, gevormd door zijn nationale opiniepeilers, enzovoort. Vandaag zijn meer dan 450 van de grootste Fortune 500 bedrijven in handen van het Comité van 300.

Hiertoe behoren Petro-Canada, de Hong Kong en Shanghai Bank, Halliburton, Root, Kellogg en Brown, British Petroleum, Shell, Xerox, Rank, Raytheon, ITT, Eagle Insurance, alle grote verzekeringsmaatschappijen, alle toonaangevende bedrijven en organisaties in de VS, Groot-Brittannië en Canada. De zogenaamde milieubeweging wordt volledig gecontroleerd door het Comité, via het Tavistock Instituut.

De meeste mensen denken dat "hersenspoelen" een Koreaans/Chinese techniek is. Dat is het niet. Hersenspoelen gaat terug tot Tavistock, de grondlegger van de kunst. De wetenschap van gedragsmodificatie ontstond bij Tavistock, die een leger

---

[9] Uitgegeven door Omnia Veritas Limited, www.omnia-veritas.com.

inlichtingenofficieren trainde om hetzelfde te doen.

De Verenigde Staten hebben, misschien meer dan enig ander land, de greep van de vuist van Tavistock in ons nationale leven op bijna elk niveau gevoeld, en de greep ervan op dit land is niet minder geworden: integendeel, met de komst van William Jefferson Clinton en Bush, vader en zoon, is hij aanzienlijk aangescherpt. We zijn echt gehersenspoeld in 1992 en 1996. We zijn echt een gehersenspoelde natie in 2005. De Verenigde Staten zijn het belangrijkste slachtoffer van penetratie oorlogsvoering op lange afstand met behulp van Reese's technieken.

Andere getroffen landen waren Rhodesië (nu Zimbabwe), Angola, Zuid-Afrika, de Filippijnen, Zuid-Korea, Midden-Amerika, Iran, Irak, Servië, Joegoslavië en Venezuela.

De techniek werkt niet in Irak en Iran, en over het algemeen lijken moslimlanden minder ontvankelijk voor Tavistocks methoden voor massale bevolkingscontrole dan westerse landen.

Het lijdt geen twijfel dat hun strikte naleving van de wetten van de Koran en hun islamitisch geloof de plannen van Tavistock voor het Midden-Oosten heeft verijdeld, althans tijdelijk. Bijgevolg werd een gezamenlijke campagne opgezet om oorlog te voeren tegen de moslimwereld.

Het feit dat Reese erin slaagde zoveel landen tot verandering te dwingen, wordt weerspiegeld in wat er sindsdien is gebeurd. Hier thuis heeft Tavistock een hele reeks belangrijke Amerikaanse instellingen hervormd, zowel privé als van de overheid, waaronder onze inlichtingendiensten, eenheden van het Pentagon, commissies van het Congres, grote bedrijven, de amusementswereld, enz.

HOOFDSTUK 25

Tavistocks aanval op de Verenigde Staten...

Een van de hoofdrolspelers in het Tavistock team was Dr Kurt Lewin. Geboren in Duitsland, moest hij vluchten toen zijn experimenten met bevolkingscontrole door de Duitse regering werden ontdekt. Lewin was al goed bekend met Reese - de twee mannen hadden uitgebreid samengewerkt bij peilingen en soortgelijke opinievormende experimenten. Dr. Goebbels zou de methoden van Tavistock enthousiast hebben overgenomen.

Lewin vluchtte naar Engeland, waar hij bij Reese in Tavistock ging werken en zijn eerste grote taak kreeg: hij voerde op bewonderenswaardige wijze de grootste propagandacampagne in de geschiedenis uit, die het Amerikaanse volk in een roes van haat tegen Duitsland en later Japan bracht. De Blitz kostte uiteindelijk het leven aan honderdduizenden Amerikaanse soldaten en stortte miljarden dollars in de kas van Wall Street, internationale banken en wapenhandelaren.

Onze verliezen in mensenlevens en nationale schatten kunnen niet worden teruggewonnen.

Vlak voor de aanval op Irak werden de Verenigde Staten onderworpen aan een explosie van propaganda die nauwelijks onderdoet voor die welke was ontwikkeld om de Verenigde Staten de Tweede Wereldoorlog in te drijven. Zorgvuldige analyses van de sleutelwoorden en -zinnen die Lewin voor de Tweede Wereldoorlog had ontwikkeld, toonden aan dat deze sleutelwoorden en -zinnen in 93,6% van de onderzochte gevallen overeenkwamen met die welke tijdens de Koreaanse Oorlog, de

Vietnamoorlog en de Golfoorlog werden gebruikt.

Ten tijde van de oorlog in Vietnam werden peilingen met de Tavistock-methodologie vernietigend gebruikt tegen het Amerikaanse volk.

Tijdens de Golfoorlog was een voorbeeld van de methoden van Tavistock de manier waarop het State Department bleef verwijzen naar haar ambassadepersoneel in Koeweit als "gijzelaars", hoewel niemand van hen ooit gevangen was genomen. In feite was ieder van hen vrij om op elk moment te vertrekken, maar ze werden bevolen in Koeweit te blijven zodat ze propaganda konden verspreiden over hun situatie.

In feite waren de "gijzelaars" gijzelaars van het ministerie van Buitenlandse Zaken! Omdat president Hoessein niet in staat was de eerste schoten af te vuren, moest een andere "kunstmatige situatie" zoals Pearl Harbor gecreëerd worden. April Glaspie's naam zal voor altijd geassocieerd worden met verraad en schande. Een uitgebreide diefstal van miljoenen vaten Iraakse olie door Koeweit volgde. Hoessein kreeg van de Amerikaanse ambassadeur in Bagdad, April Gillespie, het "groene licht" om Irak aan te vallen en een einde te maken aan een situatie die het Iraakse volk miljarden dollars kostte. Maar toen de aanval werd ingezet, verspilde Bush de Oude geen tijd om het Amerikaanse leger te sturen om Koeweit te helpen.

President Bush wakkerde de steun tegen Irak aan door de valse bewering van "gijzelaars" te gebruiken. Dit is waar het Tavistock Instituut zal falen: Terwijl het erin geslaagd is de meerderheid van de Amerikanen ervan te overtuigen dat ons beleid voor het Midden-Oosten juist is, is het Tavistock er niet in geslaagd Syrië, Iran, Irak, Algerije en Saoedi-Arabië onder controle te krijgen.

Het was op dit punt dat Tavistock's slinkse plan om de Arabische naties van hun olie te beroven ineenstortte. De dagen dat MI6 "Arabisten" zoals de Philbys en Captain Hill kon sturen om Moslim staten te ondermijnen zijn al lang voorbij.

De Arabische landen hebben van hun fouten geleerd en hebben vandaag veel minder vertrouwen in de Britse regering dan aan het begin van de Eerste Wereldoorlog. De dictatuur van Mubarak in Egypte zit in de problemen. Moslimfundamentalisten proberen het toerisme onveilig te maken, en Egypte is afhankelijk van harde valuta uit het buitenland om het land draaiende te houden, naast de jaarlijkse donatie van 3 miljard dollar van de Amerikaanse belastingbetaler. Ook Syrië zal zich niet lang neerleggen bij het Amerikaanse beleid dat Israël bevoordeelt ten koste van de Palestijnen.

Hier thuis zijn door de Amerikaanse regering miljarden dollars in de kas van Tavistock gestort: tot de begunstigden van deze miljarden dollars behoren de National Training Laboratories, de Harvard Psychological Clinic, de Wharton School, Stanford's Hoover Institute, de Rand, MIT, het National Institute of Mental Health, Georgetown University, het Esalen Institute, het Center for Advanced Study in Behavioral Sciences, het Institute for Social Research in Michigan en talrijke andere denktanks en instellingen voor hoger onderwijs.

De taak om deze Amerikaanse afdelingen van 's werelds inlichtingendiensten op te zetten kwam toe aan Kurt Lewin, die we al eerder hebben ontmoet, maar wiens naam waarschijnlijk bij niet meer dan 100 mensen bekend was voordat mijn Tavistock-verhaal uitkwam. Toch hebben deze man en John Rawlings Reese meer schade toegebracht aan de instellingen waarop de Amerikaanse Republiek berust dan wat Hitler of Stalin hadden kunnen bereiken. Hoe Tavistock de schering en inslag ontrafelde van ons sociale weefsel, dat de natie bijeenhoudt, is een huiveringwekkend en angstaanjagend verhaal waarvan de "normalisering" van homoseksuele en lesbische levensstijlen slechts een kleine maar belangrijke verwezenlijking is; een veel grotere en angstaanjagender verwezenlijking is het succes van de massale hersenspoeling door middel van opiniepeilingen.

Waarom werken Reese's Tavistock technieken in de praktijk zo goed? Reese perfectioneerde zijn massale hersenspoelingsexperimenten met behulp van stresstests, of psychologische schokken, ook bekend als stressvolle gebeurtenissen. Reese's theorie, nu ruimschoots bewezen, was dat als hele bevolkingsgroepen konden worden onderworpen aan stresstests, het dan mogelijk zou zijn van tevoren te bepalen hoe de bevolking zou reageren op bepaalde stressvolle gebeurtenissen.

Deze techniek staat heel expliciet centraal bij het creëren van de gewenste publieke opinie door middel van opiniepeilingen, die met verwoestend effect werden gebruikt om de regering-Clinton te beschermen tegen de schandalen die rond het Witte Huis uitbraken, en die nu Bush jr. beschermen tegen verwijdering uit het Witte Huis.

HOOFDSTUK 26

Hoe middelmatige politici, acteurs en zangers "gepromoot" worden

Deze techniek, bekend als "profilering", kan worden toegepast op individuen, kleine of grote groepen mensen, massagroepen en organisaties van elke omvang. Zij worden dan "opgepompt" om "sterren" te worden. Toen hij nog maar een twintiger was in Arkansas, werd William Clinton geprofileerd voor toelating tot het Rhodes Scholarship-programma. Zijn vorderingen werden gedurende zijn hele carrière geprofileerd, en vooral tijdens de Vietnamoorlog. Vervolgens werd Clinton, nadat hij zich had bewezen, "klaargestoomd" voor het Witte Huis en vervolgens voortdurend "opgepompt".

De hele operatie stond onder controle van de hersenspoelers van het Tavistock Instituut. Dat is hoe deze dingen werken. Dat is hoe de instrumenten worden gesmeed om letterlijk kandidaten te fabriceren, vooral diegenen die geschikt worden geacht voor openbare ambten; kandidaten waarop altijd kan worden gerekend om het "juiste" te doen. Het Congres zit er vol mee. Gingrich was een typisch, succesvol "Tavistock product" totdat zijn gedrag werd ontdekt. Trent Lott, Dick Cheney, Charles Schumer, Barney Frank, Tom DeLay, Dennis Hastert, Dr. Frist, etc. zijn andere voorbeelden van "afgestudeerden" van Tavistock. Dezelfde techniek wordt toegepast op acteurs, zangers, muzikanten en artiesten.

Er werd met harde hand propaganda gevoerd om het publiek ervan te overtuigen dat de onwelkome "sociale milieuturbulentie" het resultaat was van de epochale verandering waarin wij leven, terwijl, zoals wij nu weten, wetenschappers die gespecialiseerd zijn in de nieuwe wetenschappen programma's (stressprogramma's) ontwierpen om kunstmatig "sociale milieuturbulentie" te creëren en deze vervolgens af te doen als het resultaat van een natuurlijke toestand, beter bekend als "epochale verandering".

De nieuwe wetenschappers in Tavistock waren ervan overtuigd dat we het principe "voor elk gevolg moet er een oorzaak zijn" niet zouden toepassen - en ze hadden gelijk. We accepteerden bijvoorbeeld gedwee de'Beatles', hun'nieuwe muziek' en hun teksten - als je het muziek en teksten durft te noemen, omdat ons werd verteld dat de band het allemaal zelf had geschreven.

In feite werd de muziek geschreven door Theo Adorno, afgestudeerd aan Tavistock, wiens 12-toonsakkoorden wetenschappelijk waren afgestemd om massale "sociale milieu-onrust" in heel Amerika te veroorzaken. Geen van de Beatles kon muziek lezen. Niettemin werden ze dag en nacht zonder ophouden "opgepompt" totdat alles over hen, leugens en al, als waarheid werd aanvaard.

Tavistock bewees keer op keer dat wanneer een grote groep met succes wordt geprofileerd, zij kan worden onderworpen aan "interne richtinggevende conditionering" in vrijwel elk aspect van het sociale en politieke leven. Een integraal onderdeel van Tavistocks massale mind control experimenten in de VS sinds 1946, zijn peilingen en positiebepaling verreweg zijn meest succesvolle ondernemingen geweest. Amerika werd voor de gek gehouden en wist het niet.

Om het succes van zijn technieken te bewijzen, vroeg Reese aan Tavistock om een grote groep mensen te testen op een samenzweringsgerelateerd onderwerp. Het bleek dat 97,6% van de ondervraagden het idee dat er een wereldwijde samenzwering bestond, categorisch verwierp. In hoeverre zouden onze mensen niet geloven dat zij de afgelopen 56 jaar rechtstreeks door Tavistock zijn aangevallen? We hebben radio talkshow hosts zoals Rush Limbaugh, die hun publiek herhaaldelijk vertellen dat er geen samenzwering is.

Hoeveel mensen zullen geloven dat Tavistock al 56 jaar een onzichtbaar leger van stoottroepen naar elk gehucht, dorp, stad en dorp in ons land stuurt? De taak van dit onzichtbare leger is het infiltreren, veranderen en wijzigen van collectief sociaal gedrag door middel van "interne gerichte conditionering".

Het "onzichtbare leger" van Reese bestaat uit echte professionals die hun vak verstaan en zich toeleggen op hun taak. Tegenwoordig zijn ze te vinden in gerechtsgebouwen, bij de politie, kerken, schoolbesturen, sportorganen, kranten, televisiestudio's, adviesraden van de overheid, gemeenteraden, staatswetgevers, en ze zijn legio in Washington. Ze stellen zich kandidaat voor elk ambt, van gemeenteraadslid tot sheriff tot rechter, van schoolbestuurslid tot gemeenteraadslid, en zelfs voor het presidentschap van de Verenigde Staten van Amerika. Hoe dit systeem werkt werd uitgelegd door John Rawlings Reese in 1954:

> "Hun taak is om de geavanceerde technieken van psychologische oorlogsvoering zoals wij die kennen, toe te passen op hele bevolkingsgroepen die zullen blijven groeien, zodat zij gemakkelijker hele bevolkingsgroepen kunnen controleren. In een wereld die volledig gek is geworden, moeten gekoppelde groepen Tavistock-psychologen die in staat zijn om het politieke en regeringsveld te beïnvloeden, de scheidsrechters zijn, de cabal van de macht."

Zal deze openhartige bekentenis de sceptici van de samenzwering overtuigen? Waarschijnlijk niet, want het is twijfelachtig of zulke gesloten geesten enige echte kennis van zulke dingen kunnen hebben. Dergelijke informatie wordt verspild aan de "talking heads" van de radio.

Een van de directeuren van Reese's onzichtbare leger was Ronald Lippert, wiens specialiteit het manipuleren van de geest van kinderen was.

Dr. Fred Emery, nog een van de "verbonden psychologen" van Tavistock, zat in het bestuur van President Johnson's Kerner Commissie.

Emery was wat Tavistock noemde een specialist in "sociale

milieuturbulentie", waarvan de premisse is dat wanneer een hele bevolkingsgroep wordt blootgesteld aan sociale crises, zij uiteenvalt in synoptisch idealisme en uiteindelijk fragmenteert, d.w.z. opgeeft te proberen het probleem of de problemen het hoofd te bieden.

Het woord "milieu" heeft niets te maken met ecologische kwesties, maar betreft de specifieke omgeving waarin de specialist zich heeft gevestigd met de specifieke bedoeling problemen te creëren - "turbulentie" of "stresspatronen".

Dit is al het geval met rock and roll, drugs, vrije liefde (abortus), sodomie, lesbianisme, pornografie, straatbendes, een constante aanval op het gezinsleven, het instituut huwelijk, de sociale orde, de Grondwet en vooral de 2 en 10 amendementen.

Waar dit is gebeurd, vinden we gemeenschappen machteloos tegenover een gebroken rechtssysteem, schoolbesturen die evolutie onderwijzen, minderjarigen die worden aangemoedigd om condooms te kopen en zelfs "kinderrechten". Kinderrechten' betekent meestal dat kinderen ongehoorzaam mogen zijn aan hun ouders, een belangrijk element van het socialistische'kinderprogramma'. Leden van Reese's onzichtbare leger hebben zich verschanst in het Huis en de Senaat, het leger, de politie en vrijwel elk overheidsbureau in het land.

Na bestudering van de staat Californië, ben ik tot de conclusie gekomen dat het het grootste contingent "Onzichtbare Leger" stoottroepen van het land heeft, die van Californië iets heel dicht bij een socialistische politiestaat hebben gemaakt. Ik denk dat Californië het "model" zal zijn voor de rest van het land.

Er is momenteel geen wet die dit soort grooming illegaal maakt. Reese en Lewin onderzochten de wetten in Engeland en de Verenigde Staten en concludeerden dat het legaal is iemand te "conditioneren" zonder zijn toestemming of medeweten.

We moeten dat veranderen. Peilingen zijn een integraal onderdeel van "conditionering". Het "onzichtbare leger" van Tavistock-shocktroepen heeft de manier veranderd waarop

Amerika denkt over rockmuziek, seks voor het huwelijk, drugsgebruik, buitenechtelijke kinderen, promiscuïteit, huwelijk, scheiding, gezinsleven, abortus, homoseksualiteit en lesbianisme, de grondwet en ja, zelfs moord, om nog maar te zwijgen over het feit dat een gebrek aan moraal aanvaardbaar is zolang je maar goed werk levert.

In de beginjaren van Tavistock werd het "leiderloze groepsconcept" gebruikt om het Amerika zoals wij dat kennen tot stof te vermalen. De man die de leiding had over het project was W.R. Bion, jarenlang hoofd van de Wharton School of Economics, waar onzin als vrijhandel en Keynesiaanse economie wordt onderwezen. Japan is trouw gebleven aan het Amerikaanse model dat door generaal McArthur werd onderwezen - niet aan het bedrog van de Wharton School - en kijk naar het Japan van vandaag. Geef de Japanners niet de schuld van hun succes - geef Tavistock de schuld van de vernietiging van ons economisch systeem. Maar Japan is aan de beurt. Geen natie zal gespaard worden in de laatste aanval om een één-wereld regering te vestigen in een nieuwe wereldorde.

De Brain Trust die verantwoordelijk was voor de Tavistock Oorlog tegen Amerika (1946) bestond uit Bernays, Lewin, Byron, Margaret Meade, Gregory Bateson, H. V. Dicks, Lippert, Nesbit en Eric Trist. Waar werden de stoottroepen van het "Onzichtbare Leger" getraind? Bij Reese's, in Tavistock, van waaruit ze zich over heel Amerika verspreidden om hun zaden te zaaien van "sociale milieu-turbulentie stresspatronen".

Ze verspreidden zich naar alle lagen van de Amerikaanse samenleving en kregen posities op plaatsen waar ze de invloed konden uitoefenen die Reese hen geleerd had te gebruiken. De beslissingen van het onzichtbare leger van stoottroepen hebben Amerika op elk niveau diepgaand beïnvloed, en het ergste moet nog komen.

Om maar een paar van de grote stoottroepen te noemen: George Schultz, Alexander Haig, Larry King, Phil Donahue, admiraal Burkley (nauw betrokken bij de doofpot van de Kennedy-moordenaars), Richard Armitage, Billy Graham, William Paley,

William Buckley, Pamela Harriman (inmiddels overleden), Henry Kissinger, George Bush en wijlen Katherine Meyer Graham, om nog maar te zwijgen van de karavaan die in 1992 vanuit Arkansas in Washington aankwam, onder leiding van de heer en mevrouw Clinton, wier natie spoedig uiteen zou vallen. en Mrs Clinton, waarvan de natie spoedig uiteen zou vallen. Nieuwkomers zijn Rush Limbaugh, Bill O'Reilly, Larry King en Karl Rove.

De bedrijfsleiders die deel uitmaken van de stoottroepen zijn legio, veel te veel om hier op te noemen. Duizenden van deze stoottroepen van het onzichtbare leger van de Business Brigade verschenen op de Tavistock conferentie.

De Amerikaanse faciliteit, het National Training Laboratory (NTL), begon zijn leven in het uitgestrekte New Yorkse landgoed van Averill en Pamela Harriman. Zoals we nu weten, was het Harriman die Clinton selecteerde voor een speciale training en uiteindelijk voor de Oval Office.

In het National Training Laboratory zijn managers van bedrijven getraind in stressvolle situaties en hoe daarmee om te gaan. Bedrijven die hun leidinggevenden naar het NTC hebben gestuurd voor Tavistock-training zijn onder meer Westinghouse, B.F. Goodrich, Alcoa, Halliburton, BP, Shell, Mobil-Exxon Eli Lily, DuPont, de New York Stock Exchange, Archer Daniels Midland, Shell Oil. Mobil Oil, Conoco, Nestlé, AT&T, IBM en Microsoft. Erger nog, de regering van de VS stuurde zijn hoge medewerkers van de US Navy, het US State Department, de Civil Service Commission en de Air Force. Uw belastinggeld, in miljoenen, betaalde voor de "opleiding" die Tavistock deze overheidsmedewerkers gaf in Arden House op het Harriman Estate.

HOOFDSTUK 27

De Tavistock formule die de Verenigde Staten in de Tweede Wereldoorlog leidde...

Misschien wel het belangrijkste aspect van hun opleiding is het gebruik van opiniepeilingen om ervoor te zorgen dat het overheidsbeleid in overeenstemming is met wat de doelstellingen van Tavistock wenselijk achten. Deze geestverruimende techniek staat bekend als opiniepeiling.

en waarin de inadequate reacties van Tavistocks "onzichtbare leger" tijdens de Golfoorlog perfect werkten.

In plaats van in opstand te komen tegen het meeslepen van deze natie in een oorlog tegen een bevriend land waarmee we geen ruzie hadden, een oorlog die begon zonder een behoorlijke oorlogsverklaring van het Congres, werden we "omgedraaid" in het voordeel ervan. Kortom, we zijn ernstig misleid zonder het te weten, als gevolg van de "lange-termijn interne conditionering" die het Amerikaanse volk sinds 1946 heeft ondergaan.

Tavistock adviseerde president Bush de oudere om de volgende eenvoudige formule te gebruiken, die Reese en Lewin in 1941 aan Allen Dulles vroegen, toen Roosevelt zich voorbereidde om Amerika in de Tweede Wereldoorlog te slepen:

(1) Wat is de toestand van het moreel en hoe zal het zich waarschijnlijk ontwikkelen in het doelland (dit geldt ook voor het moreel in de Verenigde Staten).

(2) Hoe gevoelig zijn de Verenigde Staten voor het idee dat een oorlog in de Perzische Golf noodzakelijk is?

(3) Welke technieken zouden kunnen worden gebruikt om het verzet van de VS tegen de oorlog in de Perzische Golf te verzwakken?

(4) Wat voor soort psychologische oorlogstechnieken zouden effectief zijn om het moreel van het Iraakse volk te ondermijnen? (Dit is waar Tavistock een zeer slechte stap zette).

Toen Bush in 1991 instemde met de Golfoorlog van premier Thatcher namens koningin Elizabeth en haar oliemaatschappij BP, stelde Tavistock een team samen bestaande uit psychologen, publieke opiniemakers, geleid door de schaamteloze leugenaars van Hill and Knowlton, en een groot aantal Tavistock profilers. Elke toespraak van president Bush ter bevordering van de oorlog tegen Irak werd geschreven door multidisciplinaire teams van door Tavistock opgeleide schrijvers.

Topgeheime informatie over hoe de Golfoorlog werd gepropageerd en hoe president George Bush het Amerikaanse volk achter deze op corruptie gebaseerde gemene oorlog kreeg, werd onlangs vrijgegeven aan een commissie van het Congres. Het rapport zegt dat in een vroeg stadium van het plan om Irak uit te schakelen de regering Bush werd verteld dat de steun van het publiek van het grootste belang was en dat hij het Amerikaanse volk niet achter zich had.

De eerste regel was om in de hoofden van het Amerikaanse volk de "grote noodzaak om de Saudische olievelden te beschermen die bedreigd werden door een Iraakse invasie onder leiding van een gek". Dus hoewel men vanaf het begin wist dat Irak niet van plan was de Saudische olievelden aan te vallen, verspreidde het National Security Agency (NSA) valse en misleidende informatie dat de Saudische olievelden het uiteindelijke doelwit van Irak waren. Het was een totaal verzinsel, maar het was de sleutel tot succes. De National Security Agency werd nooit bestraft voor zijn misleidende gedrag.

Het rapport stelde dat een ongekende televisiedekking nodig zou zijn om publieke steun voor de oorlog op te bouwen. De regering

Bush verzekerde zich al vroeg van de volledige medewerking van de drie grote netwerken, ABC, CBS en NBC, en vervolgens van CNN. Later werd een virtuele propagandastation, Fox News (ook bekend als Faux News) toegevoegd. Tegen 1990 was de verslaggeving over de Golfoorlog en aanverwante kwesties door deze netwerken drie keer groter dan die over enig onderwerp in 1989, en toen de oorlog eenmaal was begonnen, was de verslaggeving vijf keer groter dan over enig ander onderwerp, met inbegrip van het Tiananmenplein.

In 2003 volgde Bush Jr. nauwgezet de formule die voor zijn vader had gewerkt, maar met nog enkele aanpassingen. Nieuws vermengd met fictie (zie de paragraaf over H.G. Wells' "War of the Worlds") werd meer fictie vermengd met nieuws, en er werden flagrante leugens gebruikt, zodat het onmogelijk werd om zuivere berichtgeving te onderscheiden van nieuws vermengd met fictie.

Een van de hoofdrolspelers in de berichtgeving over de oorlog was CNN, dat een contract sloot met de regering-Bush om de Golfoorlog 24 uur per dag in de Amerikaanse huiskamers te presenteren. Dankzij de massa's gunstig en bevooroordeeld nieuws werd de inzet van troepen in de Golf door ongeveer 90% van de Amerikanen verwelkomd. Het was gewoon een andere manier om het Amerikaanse volk te peilen, een andere manier om hen te hersenspoelen.

Adviseurs van het National Security Agency (NSA) vertelden de regering Bush dat het publiek vanaf het begin moest worden overgehaald om mee te gaan met de plannen voor de Golfoorlog. Er werd besloten een parallel te trekken tussen Hitler en Saddam Hoessein, met de woorden "Saddam Hoessein moet worden gestopt" die steeds werden herhaald, gevolgd door de leugen dat de Iraakse president "zich gedroeg als Hitler".

Later werd er een verschrikkelijke dreiging aan toegevoegd, namelijk dat Irak het vermogen had om de Verenigde Staten te treffen met massavernietigingswapens op lange afstand. Dit was een aanpassing van Stalins edict dat om het eigen volk te vangen en te onderwerpen, men het eerst moet terroriseren.

De Britse premier Blair ging nog verder. In zijn toespraak in het parlement vertelde hij het Britse volk dat "Saddam Hoessein" in staat was Groot-Brittannië binnen 45 minuten aan te vallen. Hij ging zelfs zover dat hij Britse toeristen op vakantie in Cyprus waarschuwde zo snel mogelijk naar Groot-Brittannië terug te keren, omdat de Britse inlichtingendienst had vernomen dat Irak voorbereidingen trof voor een nucleaire aanval op het eiland. Blair deed zijn aankondiging in de volle wetenschap dat het kernwapenprogramma van Irak in 1991 volledig was vernietigd.

De "vaardigheid" van de eerste regering Bush in het communiceren van de noodzaak van oorlog in de Golf culmineerde in het door Hill en Knowlton verzonnen "incubator" verhaal, dat met tranen werd verteld door de dochter van de Koeweitse ambassadeur in Washington. De Senaat - en het hele land - slikte deze enorme fraude.

Kaiser Wilhelm II ging terug naar het "afhakken van de armen van jonge Belgische kinderen", met nog meer succes. Na de "grote leugen" van Hill en Knowlton zei 77% van de ondervraagde Amerikanen dat zij het gebruik van Amerikaanse troepen tegen Irak goedkeurden, hoewel 65% van de ondervraagden niet eens wist waar Irak zich op de kaart bevond.

Uit alle grote peilingen bleek dat Bush' schending van de grondwet werd goedgekeurd, omdat de respondenten geen idee hadden wat een grondwettelijke oorlogsverklaring was of dat deze bindend was. De rol van de Verenigde Naties versterkte de "communicatievaardigheden" van de regering-Bush, aldus het rapport.

De tweede regering Bush gebruikte dezelfde Tavistock-methoden en opnieuw accepteerde het Amerikaanse volk de leugens en verdraaiingen die hun als feit werden gepresenteerd. De oorlog werd krachtig gepromoot door vice-president Cheney, die een massale campagne leidde om de publieke opinie aan de kant van George Bush te krijgen. Geen enkele andere vice-president in de geschiedenis van de Verenigde Staten had zo'n actieve rol gespeeld bij het dwingen van het Amerikaanse volk om oorlog te voeren tegen Irak.

Cheney verscheen in één maand 15 keer op televisie en verklaarde onomwonden dat de Taliban achter de aanslag op de torens van het World Trade Center in New York zaten en dat de Taliban onder controle stonden van president Hoessein. "De strijd tegen het terrorisme moest worden gevoerd tegen de'terroristen' in Irak", zei Cheney, "voordat zij de Verenigde Staten opnieuw zouden kunnen aanvallen".

Cheney ging op dezelfde voet verder, lang nadat zijn bewering absoluut onjuist was gebleken. Hoewel's werelds belangrijkste autoriteiten verklaarden dat Irak niets te maken had met 11 september en dat er geen Talibanstrijders in Irak waren, bleef Cheney liegen, totdat Hans Blix, de voormalige VN-hoofdwapeninspecteur, hem de pas afsneed en de Central Intelligence Agency aan de Amerikaanse Senaat rapporteerde dat er geen verband was ontdekt tussen Irak, de Taliban en 11 september.

Volgens het CIA-rapport haatte Hoessein de Taliban en had hij hen vele jaren eerder uit Irak verdreven. Wij publiceren deze informatie in de hoop dat het Amerikaanse volk niet zo goedgelovig zal zijn de volgende keer dat hun president hen in een oorlog wil betrekken. Wij willen ook dat het Amerikaanse volk weet dat het op grove wijze wordt misleid door een buitenlandse "denktank" die het voortdurend misleidt over een groot aantal zaken.

Laten we enkele van deze kwesties bekijken en hopen dat het Amerikaanse volk zich nooit meer laat misleiden door slimme "communicatoren".

Het Amerikaanse volk is in vijf grote oorlogen op grove wijze misleid, en dat zou voor elke natie genoeg moeten zijn. Maar helaas hebben de non-stop bombardementen op Irak en Servië door Amerikaanse en Britse vliegtuigen aangetoond dat het Amerikaanse volk niets heeft geleerd van de Golfoorlog en de manier waarop deze is begonnen, en dat het op een uiterst verwerpelijke manier is voorgelogen en gemanipuleerd.

De tweede Golfoorlog bewees ruimschoots dat de Tavistock-methoden nog steeds werken, zozeer zelfs dat de regering Bush haar toevlucht nam tot flagrante leugens, wetende dat zelfs als ze ontdekt zouden worden, hun mystificaties eenvoudigweg genegeerd zouden worden, omdat het Amerikaanse volk nu geconditioneerd was in een permanente staat van "shock", om zich niets aan te trekken van wat voor een natie een zeer ernstige situatie was.

Wat kunnen we doen aan de wurggreep die Tavistock en zijn vele gelieerde instellingen hebben over het land, christelijk rechts, het Congres, onze inlichtingendiensten en het ministerie van Buitenlandse Zaken, een wurggreep die zich uitstrekt tot aan de president en onze hoogste militaire functionarissen? Zoals ik al eerder heb gezegd, is het grootste probleem de grote massa van de Amerikanen ervan te overtuigen dat wat hen en het land overkomt geen geval is van "veranderende tijden" door omstandigheden buiten hun macht, maar een zorgvuldig opgezet complot, een echte bedreiging voor onze toekomst, en niet slechts een "samenzweringstheorie".

We kunnen de natie wakker schudden, maar alleen als een gezamenlijke inspanning aan de basis wordt geleverd. De oplossing voor het probleem ligt in het opleiden van Amerikanen en het nemen van gezamenlijke actie.

Het is absoluut noodzakelijk miljoenen mensen voor te lichten over wat geheime handlangers doen en, nog belangrijker, hoe en waarom zij dat doen. Er is dringend constitutionele actie nodig om dit te bereiken. Er zijn veel vooraanstaande burgers die de macht en de financiële middelen hebben om een volkscampagne op te zetten. Wat we niet willen is een derde politieke partij.

Een volksbeweging, goed opgeleid en samenwerkend, is de enige manier (althans volgens mij) om ons land terug te winnen van de duistere en kwade krachten die het bij de keel hebben. Samen, in een volksbeweging, kunnen we Amerika bevrijden uit de greep van buitenlandse machten, de machten die het Tavistock Instituut zo goed dient, buitenlandse machten die erop uit zijn Amerika te vernietigen zoals het door onze Founding Fathers is opgericht.

Dit werk over het Tavistock Instituut is weer een "primeur" in mijn serie over grote organisaties waarvan de namen voor de meeste lezers nieuw zullen zijn. Tavistock is het belangrijkste zenuwcentrum in de Verenigde Staten, en het heeft elk facet van ons leven vergiftigd en geleidelijk ten kwade veranderd sinds 1946, toen het zijn activiteiten in Noord-Amerika begon.

Tavistock speelde en speelt een hoofdrol in de vormgeving van het Amerikaanse beleid en de wereldgebeurtenissen. Het is ongetwijfeld de moeder van alle centra voor hersenspoeling en conditionering in de wereld. In de Verenigde Staten oefent zij aanzienlijke controle uit over actuele zaken en beïnvloedt zij rechtstreeks de koers en de richting van Amerikaanse denktanks zoals Stanford Research, Esalen Institute, Wharton School, MIT, Hudson Institute, Heritage Foundation, Georgetown University en, het meest rechtstreeks, breidt zij haar invloed uit tot het Witte Huis en het State Department. Tavistock oefent een diepgaande invloed uit op de ontwikkeling van het binnenlands en buitenlands beleid van de VS.

Tavistock is een studiecentrum voor de Zwarte Adel en degenen die de Nieuwe Wereld Orde willen bevorderen binnen een Eén Wereld Regering.

Tavistock werkt voor de Club van Rome, de CFR, de Trilaterale Commissie, het German Marshall Fund, de Mont Pelerin Society, de Ditchley Group, de vrijmetselaarsloge Quator Coronati en de Bank voor Internationale Betalingen.

HOOFDSTUK 28

Hoe Tavistock gezonde mensen ziek maakt

De geschiedenis van Tavistock begint met de oprichter, brigadegeneraal John Rawlings Reese, in 1921. Het was Reese die de massale hersenspoelmethoden van Tavistock ontwikkelde. Tavistock werd opgericht als onderzoekscentrum voor de Britse Geheime Dienst (SIS).

Het was Reese die pionierde met de methode om politieke campagnes te controleren, evenals met de mind control technieken, die tot op de dag van vandaag doorgaan, en het waren Reese en Tavistock die de USSR, Noord-Vietnam, China en Vietnam leerden hoe ze zijn technieken konden toepassen - alles wat ze ooit wilden weten over hoe ze individuen of massa's mensen konden hersenspoelen.

Reese was een hechte vertrouweling van wijlen Margaret Meade en haar man Gregory Bateson, die beiden een belangrijke rol speelden bij het vormgeven van Amerika's openbare beleidsinstellingen. Hij was ook bevriend met Kurt Lewin, die Duitsland werd uitgezet nadat hij ervan was beschuldigd een actieve zionist te zijn. Lewin ontvluchtte Duitsland toen het duidelijk werd dat de NSDAP Duitsland zou beheersen. Lewin werd directeur van Tavistock in 1932. Hij speelde een belangrijke rol bij de voorbereiding van het Amerikaanse volk op deelname aan de Tweede Wereldoorlog. Lewin was verantwoordelijk voor het organiseren van de grootste propagandamachine die de mensheid kent, die hij tegen de hele natie Duitsland opzette. Lewins machine was verantwoordelijk voor het opzwepen van de Amerikaanse publieke opinie ten gunste van de oorlog door het creëren van een klimaat van haat tegen Duitsland. Wat maakte de Reese-methode zo succesvol? In principe was het dit: Dezelfde psychotherapie technieken die werden gebruikt om geesteszieken te behandelen, konden omgekeerd worden toegepast.

Het kon ook worden gebruikt om gezonde mensen geestelijk ziek te maken. Reese begon zijn lange reeks experimenten in de jaren dertig, waarbij hij Britse legerkruten als proefkonijnen gebruikte. Van daaruit perfectioneerde Reese de technieken van massahersenspoeling, die hij vervolgens toepaste op landen die zich inzetten voor verandering. Eén zo'n land was de Verenigde Staten, waar Tavistock zich op blijft richten. Reese begon zijn gedragsveranderingstechnieken toe te passen op het Amerikaanse volk in 1946. Weinig of niemand besefte de extreme bedreiging die Reese vormde voor Amerika.

Het Office of Psychological Warfare van het Britse leger werd opgericht in Tavistock door middel van geheime overeenkomsten met Churchill, lang voordat hij premier werd. Deze overeenkomsten gaven de Britse Special Operations Executive, beter bekend als SOE, volledige controle over het beleid van de Amerikaanse strijdkrachten, die via civiele kanalen handelden, wat steevast het officiële beleid van de Amerikaanse regering werd.

Deze overeenkomst is nog steeds stevig verankerd, even onaanvaardbaar voor patriottische Amerikanen vandaag, als het was toen het voor het eerst werd opgericht. Het was de ontdekking van deze overeenkomst die generaal Eisenhower ertoe bracht zijn historische waarschuwing uit te brengen over de opgebouwde macht in de handen van het "militair-industrieel complex".

Om de invloed van Tavistock op het dagelijkse politieke, sociale, religieuze en economische leven van de Verenigde Staten volledig te begrijpen, wil ik uitleggen dat het Kurt Lewin was, de tweede in rang, die verantwoordelijk was voor de oprichting van de volgende Amerikaanse instellingen, waarvan vele verantwoordelijk zijn geweest voor diepgaande veranderingen in het Amerikaanse buitenlandse en lokale beleid:

- ➢ De Harvard Psychologische Kliniek
- ➢ Massachusetts Institute of Technology (MIT).
- ➢ Het Nationaal Moreel Comité
- ➢ De Rand Corporation
- ➢ Nationale Raad voor Defensiemiddelen
- ➢ Het Nationaal Instituut voor Geestelijke Gezondheid
- ➢ Nationale opleidingslaboratoria
- ➢ Het Stanford onderzoekscentrum
- ➢ De Wharton School of Economics.
- ➢ Het New York Police Department
- ➢ De FBI
- ➢ De CIA
- ➢ Het Rand Instituut

Lewin was verantwoordelijk voor de selectie van sleutelpersoneel voor deze en andere zeer prestigieuze onderzoeksinstellingen, waaronder Esalen, de Rand Corporation, de US Air Force, de Navy, de Joint Chiefs of Staff en het State Department. Later verzorgde Tavistock de selectie voor de exploitatie van ELF-weermodificatiefaciliteiten in Wisconsin en Michigan ter verdediging tegen die van het schiereiland Kola in Rusland.

[10]Via instellingen als Stanford en Rand kwam het beruchte "MK Ultra" project tot stand. "MK Ultra" was een 20 jaar durend experiment met LSD en andere "geestverruimende" drugs, uitgevoerd onder leiding van Aldous Huxley en de goeroe van de "Ban de Bom" beweging, Bertrand Russell (de meest prominente

---

[10] Zie *MK - Abus rituels et contrôle mentale*, Alexandre Lebreton, Omnia Veritas Limited. www.omnia-veritas.com, NDÉ.

staatsman in het Comité van 300), allemaal voor en namens de CIA.

Tijdens de tweede Golfoorlog lieten door Tavistock getrainde agenten aan de Amerikaanse generaal Miller zien hoe systematische marteling kon worden toegepast om "informatie" te onttrekken aan moslimgevangenen in de Abu Graibgevangenis in Irak en Guantanamo Bay op Cuba. Lewin, Huxley en Russell waren in staat om met deze en soortgelijke bewustzijnsveranderende drugs onbeschrijfelijke schade toe te brengen aan de Amerikaanse jeugd, schade waarvan wij als natie waarschijnlijk nooit volledig zullen herstellen. Hun gruwelijke drugsexperimenten werden uitgevoerd in het Stanford Research Center, McGill University, Bethesda Naval Hospital en locaties van het Amerikaanse leger in het hele land.

Het is goed te herhalen dat de beweging die in de jaren vijftig en zestig onder onze jongeren ontstond, bekend als de "New Age" of "Age of Aquarius", een programma was onder toezicht van Tavistock. Er was niets spontaan aan. Naaktheid werd ingevoerd in lijn met maatregelen om vrouwen te vernederen.

In 2005 heette de "nieuwe" mode "Hip-Hop", een soort dansspel dat vooral door kinderen uit de armste buitenwijken van Amerikaanse steden werd gespeeld. Het werd overgenomen door Tavistock en omgezet in een industrie op zich, waarvan de specialisten de "muziek en teksten" schreven tot het een van de beste winstbronnen voor de platenindustrie werd.

De methoden van Reese werden op de voet gevolgd door Aldous Huxley, Bertrand Russell, Arnold Toynbee en Alistair Crowley. Russell was bijzonder bedreven in het gebruik van de methoden van Tavistock voor zijn "CND" campagne: de "Ban de Bom" campagne tegen Amerikaanse nucleaire experimenten De "denktanks" van Tavistock ontvingen massale financiering van de Amerikaanse regering. Deze instellingen voeren onderzoeksexperimenten uit op de massale conditionering van de bevolking. De CND beweging was een dekmantel waarachter Huxley drugs verstrekte aan de Britse jeugd.

Bij deze experimenten is het Amerikaanse volk het doelwit geweest, meer dan enige andere nationale groep ter wereld. Zoals ik in 1969 en 2004 heb onthuld, heeft de Amerikaanse regering sinds 1946 miljarden dollars gestoken in projecten die het best kunnen worden omschreven als "geheime operaties", wat betekent dat de experimentele programma's worden gepresenteerd onder andere namen en titels, zodat het nietsvermoedende Amerikaanse volk geen protest aantekent tegen deze uitbundige overheidsuitgaven.

In deze Tavistock-ervaringen wordt elk aspect van de Amerikaanse manier van leven, haar gewoonten, tradities en geschiedenis, onderzocht om te zien of het veranderd kan worden. Elk aspect van ons psychologisch en fysiologisch leven wordt voortdurend onderzocht in de Amerikaanse instellingen van Tavistock.

De "agenten van de verandering" werken onvermoeibaar om onze manier van leven te veranderen en doen ons geloven dat deze veranderingen slechts "baanbrekende veranderingen" zijn waaraan we ons moeten aanpassen. Deze gedwongen veranderingen zijn te vinden in politiek, religie, muziek, de manier waarop nieuws wordt gemaakt en gerapporteerd, de stijl van spreken van nieuwslezers met het overwicht van Amerikaanse vrouwelijke lezers bij wie elk spoor van vrouwelijkheid is geëlimineerd; de stijl en voorstelling van de toespraken van de heer Bush (korte, staccato zinnen) vergezeld van het gebruik van het woord "vrouwelijk". De stijl en voordracht van de toespraken van de heer Bush (korte, staccato zinnen) vergezeld van gezichtsverdraaiingen en lichaamsbewegingen onderwezen door agenten van verandering, de manier waarop hij loopt (US Navy stijl), de opkomst van zogenaamde christelijke fundamentalisten in de politiek, de massale steun voor "ismen", de lijst is eindeloos.

De uitkomst, het netto resultaat van deze experimentele programma's bepaalt hoe en waar we in het heden en de toekomst zullen leven, hoe we zullen reageren op stressvolle situaties in ons nationale en persoonlijke leven, en hoe ons nationale denken over onderwijs, religie, moraal, economie en politiek in de "goede richting" kan worden gekanaliseerd.

Wij, de mensen, werden en worden eindeloos bestudeerd in de instellingen van Tavistock. We worden ontleed, geprofileerd, onze geest wordt gelezen en gegevens worden ingevoerd in computerdatabases met het doel ons te vormen en te plannen hoe we zullen reageren op verwachte toekomstige schokken en stresssituaties. Dit alles gebeurt zonder onze toestemming en in flagrante schending van ons grondwettelijk recht op privacy.

Deze profileringsresultaten en prognoses worden ingevoerd in databanken op de computers van de National Security Agency, de FBI, de Defense Department Intelligence Agency en de Joint Chiefs of Staff, de Central Intelligence Agency, de National Security Agency, om maar een paar plaatsen te noemen waar deze gegevens worden opgeslagen.

De grens tussen interne en externe spionage vervaagt nu het Amerikaanse volk zich voorbereidt op de komst van een éénwereldregering waarin de bewaking van personen ongekende hoogten zal bereiken.

Het was dit soort informatie dat de FBI in staat stelde David Koresh en zijn Davidiërs uit de weg te ruimen, terwijl de natie toekeek op de nationale televisie, zonder de minste reactie van het volk en een verbazingwekkend gebrek aan protest van het Congres. In één klap werden de statenrechten van Texas vernietigd. Waco was bedoeld als een test om te zien hoe de mensen zouden reageren op de vernietiging van het 10e Amendement voor hun ogen, en volgens het profiel handelden de mensen van Texas en de Verenigde Staten precies zoals beschreven in het Tavistock profiel; ze gedroegen zich als schapen die vredig op het gras graasden terwijl de Judasgeit die hen naar de slachtbank zou leiden de kudde omcirkelde.

Wat is gebeurd, en nog steeds gebeurt, werd voorspeld door Carter's nationale veiligheidsadviseur, Zbigniew Brzezinski, in zijn *New Age* boek *"The Technocratic Era"*, gepubliceerd in 1970. Wat hij voorspelde gebeurt voor onze ogen, maar het sinistere en dodelijke karakter van deze gebeurtenissen gaat aan de mensen voorbij. De realiteit van wat Brzezinski in 1970 voorspelde is uitgekomen. Ik stel voor dat u het boek leest - als het beschikbaar is - en dan, zoals ik heb gedaan, de gebeurtenissen die sinds 1970 hebben plaatsgevonden vergelijkt met wat er in *"The Technotronic Age" staat*. De nauwkeurigheid van Brzezinski's voorspellingen is niet alleen verbazingwekkend, maar zelfs beangstigend.

Als je nog steeds sceptisch bent, lees dan *1984* van George Orwell, een voormalig MI6 agent. Orwell moest zijn schokkende onthulling als fictie schrijven om vervolging op grond van de Britse Official Secrets Act te voorkomen. Orwells'noveltaal' is nu overal en, zoals hij voorspelde, onbetwist.

Lezers dachten dat Orwell Rusland beschreef, maar hij voorspelde de komst van een regime dat veel erger was dan het bolsjewistische regime, de Britse regering van de Nieuwe Wereldorde.

Je hoeft alleen maar te kijken naar de wetten die door het Blair-regime zijn aangenomen om te zien dat vrijheden zijn verpletterd, politieke dissidenten zijn verpletterd, de Magna Carta is afgebrand en vervangen door een reeks draconische wetten die onheilspellend zijn. Zoals het oude gezegde luidt, "waar Engeland vandaag gaat, gaan de Verenigde Staten morgen".

Of je het nu leuk vindt of niet, Brzezinski voorspelde dat wij, het volk, geen recht meer zouden hebben op privacy; elk klein detail van ons leven zou bekend zijn bij de regering en onmiddellijk kunnen worden opgeroepen uit databanken. Tegen het jaar 2000, zei hij, zouden de burgers in de greep zijn van overheidscontrole zoals geen andere natie ooit eerder had gekend.

Vandaag, in 2005, staan we onder constante bewaking zoals we ons een paar jaar geleden niet konden voorstellen, het Vierde Amendement is met voeten getreden, onze beste bescherming tegen een gigantische staat, het Tiende Amendement bestaat niet meer, en dit alles is mogelijk gemaakt door het werk van Reese en de sociale wetenschappers die het Tavistock Instituut besturen.

In 1969 richtte Tavistock in opdracht van het Comité van 300 de Club van Rome op. De Club van Rome richtte vervolgens de Noord-Atlantische Verdragsorganisatie (NAVO) op als politiek bondgenootschap.

In 1999 ontdekten we de waarheid over de NAVO: het is een politieke entiteit die militair ondersteund wordt door haar lidstaten. Tavistock heeft sleutelpersoneel geleverd aan de NAVO sinds het begin en blijft dat doen. Zij schrijven al het belangrijke beleid van de NAVO. Met andere woorden, Tavistock controleert de NAVO.

Het bewijs is dat de NAVO Servië 72 dagen en nachten lang kon bombarderen en ermee weg kon komen, ondanks de schending van de vier Verdragen van Genève, de Conventie van Den Haag, de Protocollen van Neurenberg en het Handvest van de Verenigde Naties. Er was geen protest van het Amerikaanse of Britse volk tegen deze barbaarse actie.

Natuurlijk was dit alles vooraf bepaald door de databanken van Tavistock: zij wisten precies hoe het publiek al dan niet zou reageren op de bombardementen. Als de reactie van het publiek van tevoren ongunstig was ingeschat, was er geen bombardement op Servië geweest.

Precies dezelfde Tavistock-studies werden gebruikt om de publieke reactie te peilen op de regen van kruisraketten en bommen op de open stad Bagdad in 2002, de beruchte "shock and awe"-tactiek van Rumsfeld. Barbaars gedrag op deze schaal werd toegestaan omdat de president en zijn mannen van tevoren wisten dat het Amerikaanse publiek niet zou reageren.

Zowel de Club van Rome als de NAVO oefenen aanzienlijke invloed uit op de besluiten van de regering van de VS op het gebied van het buitenlands beleid, en dat doen ze nog steeds, zoals we hebben gezien in het geval van de niet-uitgelokte aanvallen op Servië en Irak door respectievelijk de regeringen Clinton en Bush. De geschiedenis geeft nog andere voorbeelden van de binnenlandse controle van de Verenigde Staten door

Tavistock.

Toen de Tweede Wereldoorlog uitbrak, werden de Verenigde Staten onderworpen aan een vooraf geplande hersenspoelingscampagne van de grootste omvang, voorbereid en uitgevoerd door het Tavistock Instituut.

Dit zou de weg vrijmaken voor een soepele Amerikaanse deelname aan een oorlog die ons niet aangaat en de tegenstanders de mond snoeren. Alle grote toespraken van Roosevelt werden gecomponeerd door mind control technici in Tavistock, velen van hen van de Fabian Society.

De Amerikanen werd verteld dat de oorlog was begonnen door Duitsland; dat het gevaar van Duitsland voor de wereldvrede veel groter was dan de dreiging van het bolsjewisme ooit zou zijn. Een groot aantal sociale wetenschappers, werkzaam in de Amerikaanse instellingen van Tavistock, werd uitgekozen om de leiding te nemen om het Amerikaanse volk ervan te overtuigen dat Amerika's deelname aan de oorlog de juiste weg was. Zij slaagden er echter niet in totdat Japan "gedwongen werd het eerste schot af te vuren" in Pearl Harbor.

HOOFDSTUK 29

Topologische psychologie leidt de Verenigde Staten naar de oorlog in Irak

De topologische psychologie van Kurt Lewin, standaard in Tavistock instellingen, werd onderwezen aan geselecteerde Amerikaanse wetenschappers die daarheen werden gestuurd om de methodologie ervan te leren, en de groep keerde terug naar de VS om het voortouw te nemen in de campagne om Amerikanen te laten geloven dat steun aan Groot-Brittannië - de aanstichter van de oorlog - in ons eigen belang was. Topologische psychologie blijft de meest geavanceerde methode om gedragsverandering teweeg te brengen, zowel bij individuen als bij grote bevolkingsgroepen.

Helaas werd topologische psychologie te succesvol gebruikt door de media om Amerika in een door de Britten gecreëerde situatie in Irak te jagen, nog een oorlog waarin we niets te zoeken hadden. De professionele leugenaars die dit land besturen, de media-hoeren, de verraderlijke "woordvoerders" van de Eenheidsregering van de Nieuwe Wereldorde gebruikten nauwkeurige topologische psychologie tegen degenen die zeiden dat we Irak niet moesten aanvallen.

Bush, Baker, Haig, Rumsfeld, Rice, Powell, generaal Myers, Cheney en de leden van het Congres die voor hen buigden in een slaafs vertoon van vleierij, hersenspoelden het Amerikaanse volk om te geloven dat president Saddam Hoessein van Irak een monster was, een slechte man, een dictator, een bedreiging voor de wereldvrede, die uit de macht moest worden gezet, ook al had Irak nooit iets gedaan om de Verenigde Staten te schaden. Als er enige waarheid zat in de beschuldigingen dat Hoessein verschrikkelijke daden had begaan, dan kon hetzelfde gezegd worden van Wilson en Roosevelt, een miljoen keer uitvergroot.

De oorlog van Tavistock tegen de Amerikaanse grondwet heeft het Amerikaanse volk zo dom gemaakt dat het geloofde dat de VS het recht had Irak aan te vallen en zijn leider af te zetten, hoewel de grondwet een dergelijke actie uitdrukkelijk verbiedt, om nog maar te zwijgen van het feit dat dit in strijd is met het internationale recht en de Protocollen van Neurenberg. Zoals we al zeiden, is er een "verzonnen situatie" voor nodig om het Amerikaanse volk op te winden.

In de Eerste Wereldoorlog waren het de "wreedheden" begaan door de keizer. In de Tweede Wereldoorlog was het Pearl Harbor; in Korea waren het de "fantoomtorpedoboten" van de aanval van Noord-Korea op de Amerikaanse marine, die nooit heeft plaatsgevonden.

In Irak waren het de misleiding en leugens van April Glaspie; in Servië was het de "bezorgdheid" van mevrouw Albright over de vermeende "vervolging" van illegale Albanese buitenlanders die naar Servië stromen om de economische ellende van hun land te ontvluchten, die als voorwendsel diende voor haar zelfingenomen kruistocht tegen Servië.

Tavistock bedacht een nieuwe naam voor de illegale Albanezen; voortaan zouden ze "Kosovaren" heten. Natuurlijk maakte het geprofileerde en geprogrammeerde Amerikaanse publiek geen bezwaar toen Servië, zonder enige reden en zonder de Verenigde Staten ooit schade te hebben berokkend, zesenzeventig dagen en nachten lang genadeloos werd gebombardeerd!

Het echte gevaar voor de vrede komt van ons unilateraal beleid ten opzichte van de landen in het Midden-Oosten en onze houding ten opzichte van socialistische regeringen. De oproepen om aan het begin van de Tweede Wereldoorlog rond de vlag te verzamelen waren pure topologische psychologie van Reese - en het werd herhaald in de Golfoorlog, de Koreaanse Oorlog, Irak (twee keer) en Servië.

Binnenkort is het weer Noord-Korea. De VS vervolgen dit land al meer dan 25 jaar - alleen zal het excuus deze keer zijn dat Noord-Korea op het punt staat een kernbom op een Amerikaanse stad te laten vallen! In al deze oorlogen is het Amerikaanse volk gezwicht voor de hersenspoelingsdrum van Tavistock onder het mom van "patriottisme" met een zware dosis angst, die dag en nacht wordt ingehamerd. Amerikanen geloofden de mythe dat Duitsland de'slechterik' was die de wereld wilde overheersen; wij verwierpen de dreiging van het bolsjewisme.

Twee keer werden we tot razernij gebracht tegen Duitsland. We geloofden onze hersenspinsels omdat we niet wisten dat we gehersenspoeld, gemanipuleerd en gecontroleerd waren. En zo werden onze zonen naar de slagvelden van Europa gestuurd om te sterven voor een zaak die niet van Amerika was.

Onmiddellijk nadat Winston Churchill premier van Groot-Brittannië was geworden nadat hij Neville Chamberlain had afgezet omdat deze erin was geslaagd een vredesakkoord met Duitsland te sluiten, begon Churchill, het grote toonbeeld van het geloof in de eerbiediging van het internationale recht, de internationale wetten te schenden die het beschaafde gedrag tijdens oorlogen regelen.

Op advies van Tavistock-theoreticus Richard Crossman-Winston nam Churchill het Tavistock-plan aan voor de terreurbombardementen op de burgerbevolking. (We stonden op het punt om hetzelfde beleid toe te passen in Irak en Servië).

Churchill gaf de Royal Air Force (RAF) opdracht het Duitse stadje Freiberg te bombarderen, een onverdedigde stad op de lijst van dergelijke steden in Duitsland en Groot-Brittannië, waarvan beide partijen in een schriftelijk pact waren overeengekomen dat het een "open en onverdedigde stad" was die niet mocht worden gebombardeerd.

Op de middag van dinsdag 27 februari 1940 vielen RAF Mosquito bommenwerpers Freiberg binnen, waarbij 300 burgers werden gedood, waaronder 27 kinderen die op een duidelijk aangegeven schoolplein speelden.

Dit was het begin van de terreurbombardementen van de RAF

tegen Duitse burgerdoelen; het beruchte, door Tavistock geïnspireerde Prudential-bombardement, dat uitsluitend gericht was tegen Duitse arbeiderswoningen en civiele infrastructuur. Tavistock verzekerde Churchill dat deze massale terreurbombardementen Duitsland op de knieën zouden dwingen zodra het doel van 65% vernietiging van de Duitse arbeiderswoningen was bereikt.

Churchills besluit om terreurbombardementen op Duitsland te lanceren was een oorlogsmisdaad en blijft een oorlogsmisdaad. Churchill was een oorlogsmisdadiger en had berecht moeten worden voor zijn afschuwelijke misdaden tegen de mensheid.

Het bombarderen van Freiberg, Duitsland, zonder overleg met Frankrijk, was de eerste afwijking van het beschaafde gedrag in de Tweede Wereldoorlog en de Britse regering had als enige schuld aan de Duitse luchtaanvallen die daarop volgden. De terreurtactieken van Churchill werden door de Verenigde Staten naar de letter gevolgd in de niet-aangekondigde oorlog tegen Irak, Servië, Irak opnieuw en Afghanistan, die in maart 1999 begon, in dezelfde geest van Churchills gebrek aan genade.

Kurt Lewin, wiens haat tegen Duitsland geen grenzen kende, ontwikkelde het beleid van terreurbombardementen op burgerwoningen. Lewin was de "vader" van de strategische bombardementen, met als doel 65% van de Duitse arbeiderswoningen te vernietigen en lukraak zoveel mogelijk Duitse burgers te doden.

De Duitse militaire slachtoffers waren veel groter dan de burgerslachtoffers van de oorlog, als gevolg van "Bombardier" Harris en zijn nachtelijke raids door RAF zware bommenwerpers op Duitse arbeiderswoningen. Dit was een grote oorlogsmisdaad die altijd onbestraft is gebleven.

Dit logenstraft de propaganda van Tavistock dat Duitsland deze terreuraanvallen begon. In werkelijkheid was het pas na acht weken van terreuraanvallen op Berlijn, die zware schade veroorzaakten aan burgerwoningen en niet-militaire doelen, en duizenden burgerlevens kostten, dat de Luftwaffe vergeldde met aanvallen op Londen. De Duitse vergelding kwam pas na ontelbare oproepen van Hitler rechtstreeks aan Churchill om hun overeenkomst niet te schenden, die de "grote man" negeerde.

Churchill, de meesterleugenaar, de volmaakte leugenaar, wist met behulp en onder leiding van Lewin de wereld ervan te overtuigen dat Duitsland was begonnen met het bewust bombarderen van burgers, terwijl, zoals we hebben gezien, het Churchill was die het initiatief nam. Britse War Office en RAF documenten weerspiegelen dit standpunt. De schade aan Londen door de Luftwaffe was relatief licht vergeleken met wat de RAF deed aan Duitse steden, maar de wereld hoorde er nooit over.

De wereld zag slechts kleine delen van Londen beschadigd door Duitse luchtaanvallen, met Churchill lopend over het puin, kaak vooruit en sigaar tussen zijn tanden geklemd, het toppunt van trots! Hoe goed had Tavistock hem geleerd zulke gebeurtenissen in scène te zetten! (We zien echo's van Churchills geaffecteerde manier van doen bij George Bush, die van hem enige 'training' schijnt te hebben gehad).

Churchill's bulldog karakter werd gecreëerd door Tavistock. Zijn ware karakter werd nooit onthuld. Het genadeloze bombardement op Freiberg was slechts een schaduw vergeleken met het wrede, barbaarse, onchristelijke en onmenselijke bombardement op de open en onverdedigde stad Dresden, waarbij meer mensen omkwamen dan bij de atoombomaanval op Hiroshima.

Het bombarderen van Dresden en de timing ervan was een koelbloedig besluit, genomen in overleg met Tavistock, door de "grote man" om een "schok" teweeg te brengen en indruk te maken op zijn vriend, Jozef Stalin. Het was ook een directe aanval op het christendom, getimed tijdens de vastentijd.

Er was geen militaire of strategische reden om Dresden, het doelwit van Lewin, in brand te steken. Naar mijn mening is het brandbombardement op Dresden, vol met Duitse burgervluchtelingen op de vlucht voor de Russische aanval vanuit het oosten, terwijl de vastentijd werd gevierd, de gruwelijkste oorlogsmisdaad die ooit is begaan. Maar omdat de Britten en Amerikanen zorgvuldig waren geprogrammeerd, geconditioneerd en gehersenspoeld, werd geen enkel geluid van protest gehoord. Oorlogsmisdadigers'Bombardier' Harris, Churchill, Lewin en Roosevelt kwamen weg met deze verschrikkelijke misdaad tegen de mensheid.

Op 5 mei 2005 hield de Russische president Vladimir Poetin tijdens een staatsbezoek aan Berlijn een gezamenlijke conferentie met de Duitse bondskanselier Gerhard Schröder. Hij vertelde de Duitse krant *Beeld* dat de geallieerden niet vrijgesproken kunnen worden van de verschrikkingen van de Tweede Wereldoorlog, en in het bijzonder van het bombardement op Dresden:

> "De westerse geallieerden waren niet bijzonder humaan," zei hij. "Ik begrijp nog steeds niet waarom Dresden werd vernietigd. Er was geen militaire reden voor."

Misschien was de Russische leider niet op de hoogte van Tavistock en zijn onderzoek naar de Prudential-bomaanslag, die opdracht gaf tot de verschrikkelijke bomaanslag, maar de lezers van dit boek zullen nu zeker weten waarom deze barbaarse en gruwelijke gruweldaad werd gepleegd.

Laten we teruggaan naar Reese en zijn vroege werk in Tavistock met hersenspoelproeven op 80.000 soldaten van het Britse leger. Na vijf jaar "herprogrammeren" van deze mannen was Reese ervan overtuigd dat zijn systeem om geestelijk stabiele mensen ziek te maken zou werken op elke massagroep. Reese was ervan overtuigd dat hij een "behandeling" kon toedienen aan massagroepen, of ze het nu wilden of niet, en zonder dat de slachtoffers zelfs maar beseften wat er met hun geest werd gedaan. Toen hem werd gevraagd naar de wijsheid van zijn handelen, antwoordde Reese dat het niet nodig was toestemming van de "proefpersonen" te krijgen voordat hij met zijn experimenten begon.

De door Reese en zijn goeroes ontwikkelde modus operandi bleek effectief. De Reese-Lewin methode van mind control is zeer effectief gebleken en wordt vandaag de dag, in 2005, nog steeds op grote schaal toegepast in Amerika. We worden gemanipuleerd, onze meningen worden voor ons verzonnen, allemaal zonder onze toestemming. Wat was het doel van deze gedragsmodificatie? Het was om gedwongen veranderingen in onze manier van leven te bewerkstelligen, zonder onze toestemming en zonder dat we zelfs maar wisten wat er gebeurde.

Uit zijn knapste studenten koos Reese wat hij noemde "mijn eerste team" om de eerste lichting van zijn "onzichtbare universitairen" te worden, de "stoottroepen" die op sleutelposities zouden worden geplaatst binnen de Britse inlichtingendienst, het leger, het parlement en later SHAEF (Supreme Headquarters Allied Expeditionary Forces).

De "afgestudeerden van het eerste team" controleerden vervolgens generaal Eisenhower volledig, die niets meer dan een marionet in hun handen werd. De "afgestudeerden van het eerste team" werden opgenomen in alle besluitvormingsorganen van de Verenigde Staten.

Het "eerste team van afgestudeerden" nam de politieke beslissingen van de Verenigde Staten. Het "geheime team", zoals ze zichzelf noemden, waren verantwoordelijk voor de publieke executie van President. John F. Kennedy, voor de ogen van Amerika en de hele wereld, om toekomstige presidenten te laten zien dat ze alle richtlijnen van de "Olympiërs" moesten gehoorzamen. Kissinger was één van de vele "eerste team afgestudeerden" die in gezaghebbende posities werden geplaatst binnen de Amerikaanse regering, de O.S.S. en de FBI.

Majoor Louis Mortimer Bloomfield, een Canadees staatsburger, stond aan het hoofd van de FBI counter-intelligence divisie vijf tijdens de Tweede Wereldoorlog. In Engeland was H.V. Dicks verantwoordelijk voor het plaatsen van "eerste team afgestudeerden" op sleutelposities bij de inlichtingendienst, de Kerk van Engeland, het Ministerie van Buitenlandse Zaken en het Ministerie van Oorlog, om nog maar te zwijgen van het Parlement.

Tavistock was in staat om in vredestijd oorlogsexperimenten uit te voeren, gezien alle faciliteiten waarover het beschikte, en dankzij deze ervaring kon het zijn greep op Amerikaanse en Britse militaire instellingen en inlichtingendiensten versterken.

In Amerika hebben de sinistere ervaringen van Tavistock de Amerikaanse levenswijze volledig en voorgoed veranderd. Wanneer deze waarheid wordt erkend door de meerderheid van onze medeburgers, wanneer zij de omvang van de controle die Tavistock over ons dagelijks leven uitoefent begrijpen, alleen dan zullen wij in staat zijn ons te verdedigen, als wij geen automaten zijn geworden in een permanente staat van shock.

Tegen 1942 was de bevelstructuur van de Britse en Amerikaanse militaire en inlichtingendiensten zo verweven geraakt dat het niet langer mogelijk was ze van elkaar te scheiden of te onderscheiden.

Dit resulteerde in vele vreemde en bizarre beleidsmaatregelen van onze regering, waarvan de meeste rechtstreeks in strijd waren met de Amerikaanse grondwet en de Bill of Rights en ingingen tegen de wensen van Wij het Volk zoals uitgedrukt door onze gekozen vertegenwoordigers in het Congres. Kortom, onze gekozen vertegenwoordigers hadden de controle over onze regering verloren. Winston Churchill noemde het "een speciale relatie".

Aan het einde van de Tweede Wereldoorlog werd een aantal zorgvuldig geselecteerde en geprofileerde hoge politieke en militaire figuren uit Groot-Brittannië en de Verenigde Staten uitgenodigd voor een conferentie onder voorzitterschap van Reese. Wat Reese de groep vertelde is ontleend aan vertrouwelijke notities, opgesteld door een van degenen die de bijeenkomst bijwoonden maar anoniem wilden blijven:

> "Als we de nationale en sociale problemen van onze tijd openlijk willen aanpakken, hebben we stoottroepen nodig, en die kunnen niet geleverd worden door een psychiatrie die volledig gebaseerd is op instellingen.
>
> We moeten mobiele teams van psychiaters hebben die zich vrij kunnen verplaatsen en contact kunnen maken met de plaatselijke situatie in bepaalde regio's. In een wereld die compleet gek is

geworden, moeten groepen verbonden psychiaters, elk in staat om het hele gebied van politiek en regering te beïnvloeden, de scheidsrechters zijn, de cabal van de macht."

Is er iets duidelijker? Reese pleitte voor anarchistisch gedrag van een groep psychiaters die met elkaar verbonden waren tot de eerste teams van zijn onzichtbare colleges, vrij van sociale, ethische en wettelijke beperkingen, die verplaatst konden worden naar gebieden waar mentaal gezonde groepen mensen waren die, naar de mening van Reese en zijn team, ziek gemaakt moesten worden door een "behandeling" van omgekeerde psychologie. Elke gemeenschap die erin geslaagd was weerstand te bieden aan de massale hersenspoeling, zoals bleek uit de resultaten van "peilingen", werd gedefinieerd als "gezond".

"Eerste teams" zouden worden gevolgd door "stoottroepen" zoals we die zien bij milieugroeperingen. En geen wonder, want het Environmental Protection Agency (EPA) is een monster dat is gecreëerd door de "milieuzorgen" van Tavistock, die door Tavistock zelf zijn gegenereerd en via de stoottroepen aan het Environmental Protection Agency zijn doorgegeven.

De EPA is niet het enige wezen dat door Tavistock is voortgebracht. Abortus en homoseksualiteit zijn dwalingen die door Tavistock zijn gecreëerd en ondersteund.

Door de door Tavistock gecreëerde en ondersteunde programma's hebben wij in de Verenigde Staten geleden onder een verschrikkelijke degradatie van ons morele leven, ons religieuze leven; een ontluistering van de muziek door de aberratie van rock en roll, die na een relatief tamme introductie door de Beatles steeds erger werd, gevolgd door Rap en Hip-Hop; een vernietiging van de kunst, zoals we die door PBS gepusht zien in Mapplethorpe's ontaarde objecten van spot. We hebben een toename gezien van de drugscultuur en een intensivering van de verering van het Gouden Kalf. De dorst naar geld is in geen enkele beschaving ooit zo sterk geweest als nu.

Dit zijn de bittere vruchten van het Tavistock-beleid dat in onze samenleving is geïmplanteerd door "onzichtbare afgestudeerden", die lid werden van schoolbesturen en zich insinueerden in leidinggevende functies in onze kerken. Zij drongen ook door tot belangrijke politieke posities, op stads- en staatsniveau, overal waar hun invloed voelbaar was.

De "afgestudeerden" zijn lid geworden van arbeidsbemiddelingsraden, schoolbesturen, universiteitsbesturen, vakbonden, het leger, de kerk, de communicatiemedia, de amusementsmedia en de ambtenarij, alsmede van het Congres, in die mate dat het voor de oplettende waarnemer duidelijk wordt dat Tavistock de teugels van de regering heeft overgenomen.

Reese en zijn collega's van Tavistock zijn meer dan hun stoutste dromen geslaagd, door de controle te nemen over de belangrijkste instellingen waar de regering op steunt. De ouders - het Comité van 300 - moeten blij zijn met de vooruitgang van de Club van Rome.

4 juli is zinloos geworden. Er valt geen Amerikaanse "onafhankelijkheid" meer te vieren. De overwinningen van 1776 zijn ontkend, grotendeels teruggedraaid, en het is slechts een kwestie van tijd voordat de Amerikaanse grondwet wordt verworpen ten gunste van een Nieuwe Wereldorde. Onder G.W. Bush zien we dit proces versnellen.

HOOFDSTUK 30

Het niet kiezen van kandidaten voor de verkiezingen

Laten we eens kijken hoe een verkiezing verloopt. Het Amerikaanse volk stemt niet voor een president. Zij stemmen op een partijkandidaat die gekozen wordt door gekozen partijfunctionarissen, meestal onder de totale controle van het Comité van 300. Dit is geen stemming voor een kandidaat uit vrije keuze, zoals ons zo vaak wordt voorgehouden. In werkelijkheid hebben de kiezers geen andere keuze dan te kiezen uit vooraf geselecteerde kandidaten.

De kandidaten waarop het publiek denkt te stemmen uit vrije keuze (onze keuze) zijn zorgvuldig doorgelicht door het Tavistock Instituut, en wij zijn vervolgens gehersenspoeld om te geloven dat zij deugdzaam zijn.

Dergelijke indrukken of soundbites worden gecreëerd in de studio's van denktanks als Yankelovich, Skalley en White, geleid door Daniel Yankelovich, afgestudeerd aan Tavistock. Door Tavistock gecontroleerde "denktanks" vertellen ons hoe we moeten stemmen op de manier die zij kiezen. Sinds de komst van Yankelovich is het aantal "profileringsindustrieën" uitgebreid tot meer dan honderdvijftig van dergelijke instellingen. Neem het voorbeeld van James Earl Carter en George Bush. Carter kwam uit relatieve onbekendheid tevoorschijn om het Witte Huis te "winnen", wat volgens de mediamagnaten bewijst dat het Amerikaanse systeem werkt.

De verkiezing van Carter bewees in feite dat Tavistock dit land bestuurt en de meerderheid van de kiezers kan laten stemmen op een man waar ze bijna niets van weten. Zeggen dat "het systeem werkte" met betrekking tot Carter, en later met betrekking tot William Jefferson Clinton, was precies de inadequate reactie die Tavistock verwachtte van een massaal gehersenspoelde bevolking.

Wat Carter heeft laten zien is dat kiezers stemmen op een kandidaat die voor hen is geselecteerd. Geen zinnig mens zou George Bush, de man van Skull and Bones, als vice-president hebben gewild, maar toch kregen we Bush. Hoe kwam Carter in het Witte Huis? Het gebeurde als volgt: Dr Peter Bourne, de sociale psycholoog van Tavistock, moest een kandidaat vinden die Tavistock kon manipuleren. Met andere woorden, Bourne moest de "juiste" kandidaat voor de baan vinden volgens de regels van Tavistock, een kandidaat die verkocht kon worden aan de kiezers.

Bourne, die Carter's achtergrond kende, stelde zijn naam ter overweging voor. Zodra Carter's staat van dienst was goedgekeurd, kregen de Amerikaanse kiezers "de behandeling" - dat wil zeggen, ze werden onderworpen aan een langdurige campagne van hersenspoeling om hen ervan te overtuigen dat ze Carter als hun keuze hadden gevonden. Tegen de tijd dat Tavistock klaar was met zijn werk, was er in feite geen echte noodzaak meer voor verkiezingen. Het werd slechts een formaliteit. Carter's overwinning was een persoonlijke overwinning voor Reese, terwijl die van Bush een overwinning was voor de Tavistock methodologie. Een nog groter succes zou volgen met de verkoop van William Jefferson Clinton als kandidaat voor het Witte Huis, een prestatie die in elk ander land onmogelijk zou zijn geweest.

Toen kwam de verkoop van George W. Bush, een mislukte zakenman die het dienen als soldaat in Vietnam had vermeden en zeer weinig ervaring had met het bekleden van een functie.

Tavistock moest in actie komen, maar zelfs dat was niet genoeg. Toen het zeker was dat Bush niet zou winnen, greep het Amerikaanse Hooggerechtshof illegaal in bij een STAATSverkiezing en kende de prijs toe aan de verliezer.

Een verbijsterd (geschokt) electoraat heeft deze massale schending van de Amerikaanse grondwet doorgelaten, waardoor hun toekomst verzekerd is van een Nieuwe Wereldorde - een internationale communistische verenigde dictatoriale wereldregering.

Reese ontwikkelde de Tavistock basis verder en nam Dorwin Cartwright aan boord, een zeer bekwame bevolking profiler. Een van zijn specialiteiten was het meten van de reactie van de bevolking op een voedseltekort. Dit om ervaring op te doen wanneer het voedselwapen wordt ingezet tegen een bevolkingsgroep die zich niet aan de regels van Tavistock wil houden.

Tavistock heeft het zo gepland: de internationale voedselkartels gaan de productie en distributie van de voedselbronnen van de planeet monopoliseren. Hongersnood is een oorlogswapen, net als klimaatverandering. Tavistock zal het wapen van de hongersnood zonder terughoudendheid gebruiken als het zover is. Terwijl Tavistock blijft uitbreiden, rekruteert Reese Ronald Lippert.

Wat Tavistock in gedachten had toen het Lippert inhuurde, was om voet aan de grond te krijgen in de toekomstige controle van het onderwijs, te beginnen met jonge kinderen. Lippert was een expert in het manipuleren van de geest van de allerkleinsten. Als voormalig agent van de O.S.S. was hij een zeer bekwaam theoreticus en een specialist in het vermengen van rassen als middel om nationale grenzen te verzwakken. Eenmaal gevestigd in Tavistock, begon Lippert zijn werk met het opzetten van een "denktank" gewijd aan wat hij noemde "interrelaties tussen gemeenschappen", wat onderzoek inhield naar methoden om natuurlijke raciale barrières te doorbreken.

De zogenaamde "burgerrechten" wetgeving is puur een creatie van Reese en Lippert, en heeft in feite geen grondwettelijke basis.

(Zie "Wat u moet weten over de Amerikaanse grondwet" voor een volledige uitleg van de zogenaamde "burgerrechten").

Trouwens, ik moet zeggen dat alle wetgeving inzake

burgerrechten in de Amerikaanse grondwet gebaseerd is op het veertiende amendement, maar het probleem is dat het veertiende amendement nooit is geratificeerd. Het maakt dus geen deel uit van de Amerikaanse grondwet en alle daarop gebaseerde wetten zijn nietig. In feite is er geen grondwettelijke bepaling met betrekking tot burgerrechten.

Lippert vestigde de rechtvaardiging voor de "burgerrechten" van Martin Luther King, ondanks het feit dat hiervoor geen basis bestond in de Federale Grondwet. Kinderen uit hun scholen vervoeren was een ander succes van de Lippert-Reese hersenspoeling. Kinderen buiten hun bestemming vervoeren was zeker geen "recht". Om het idee van "burgerrechten" aan de hele Amerikaanse bevolking te verkopen, werden drie "denktanks" opgericht:

> ➢ Het Centrum voor Onderzoek van het Wetenschapsbeleid

> ➢ Het Instituut voor Sociaal Onderzoek

> ➢ De nationale opleidingslaboratoria

Via de Science Policy Research Unit kon Lippert duizenden van zijn gehersenspoelde "afgestudeerden" plaatsen op sleutelposities in de Verenigde Staten, West-Europa (inclusief Groot-Brittannië), Frankrijk en Italië. Vandaag de dag hebben Groot-Brittannië, Frankrijk, Italië en Duitsland allemaal socialistische regeringen, waarvan de basis werd gelegd door Tavistock.

Honderden topmanagers van Amerika's meest prestigieuze bedrijven zijn opgeleid aan een van Lippert's instituten. De National Training Laboratories namen de controle over van de twee miljoen leden tellende National Education Association, en door dit succes kregen zij de volledige controle over het onderwijs op de Amerikaanse scholen en universiteiten.

Maar de meest ingrijpende invloed op Amerika kwam misschien wel van Tavistocks controle over de NASA, deels vanwege het speciale rapport over NASA's ruimteprogramma dat Dr. Anatole Rappaport schreef voor de Club van Rome. Dit verbazingwekkende rapport werd gepubliceerd tijdens een seminar in mei 1967, waarvoor alleen de meest zorgvuldig geselecteerde en geprofileerde afgevaardigden uit de top van het bedrijfsleven en de regering van de meest geïndustrialiseerde landen waren uitgenodigd.

Onder de deelnemers bevonden zich leden van het Foreign Policy Institute, terwijl het State Department samenzweerder Zbigniew Brzezinski als waarnemer stuurde. In zijn eindverslag bespotte het door Tavistock gecontroleerde symposium het werk van NASA als "ongepast" en stelde voor de ruimteprogramma's onmiddellijk stop te zetten. De Amerikaanse regering voldeed door de financiering te verlagen, waardoor de NASA 9 jaar in slaap viel, de tijd die het Sovjet-ruimtevaartprogramma nodig had om de Verenigde Staten in te halen en in te halen.

Rappaports speciale rapport over NASA stelde dat het agentschap "te veel geschoolde mensen, te veel wetenschappers en ingenieurs" voortbracht, wier diensten niet nodig zouden zijn in de kleinere, mooiere post-industriële maatschappij die de Club van Rome voorschrijft. Rappaport noemde onze hoogopgeleide en getrainde ruimtewetenschappers en -ingenieurs "overbodig". De Amerikaanse regering, die, zoals ik al aangaf, onder de duim van Tavistock lijkt te zitten, sneed vervolgens de fondsen af. De inmenging in NASA is een perfect voorbeeld van hoe Groot-Brittannië de binnenlandse en buitenlandse politiek van de VS controleert.

De parel in de kroon van Tavistock is het Aspen Instituut in Colorado, dat al jaren onder leiding staat van Robert Anderson, een afgestudeerde van de Universiteit van Chicago die bij uitstek geschikt is om de Verenigde Staten te hersenspoelen. Het Aspen-instituut is het Noord-Amerikaanse hoofdkwartier van de Club van Rome, die leert dat een terugkeer naar de monarchie heel goed zou zijn voor Amerika. John Nesbitt, een andere afgestudeerde van Tavistock, hield vrij regelmatig seminars in Aspen waar de oprichting van een monarchie werd gepromoot onder vooraanstaande zakenlieden.

Een van Nesbitt's studenten was William Jefferson Clinton, die toen al werd beschouwd als presidentskandidaat. Nesbitt was, net als Anderson, verblind door het Britse koningshuis en volgde hun Kathaarse doctrines van valse ecologische zorgen.

De filosofische radicalen hadden het geloof van de Bogomils en de Katharen geïntroduceerd in socialistische kringen in Groot-Brittannië. Andersons beschermelingen waren Margaret Thatcher en George Bush, wier acties in de Golfoorlog aantoonden dat Tavistock zijn huiswerk goed had gedaan. Anderson is typerend voor gedupeerde en gehersenspoelde "afgestudeerde leiders". Zijn specialiteit is het onderwijzen van doelgerichte groepen bedrijfsleiders over het milieu.

Milieukwesties zijn Andersons sterke punt. Hoewel Anderson een deel van zijn activiteiten financiert met zijn eigen enorme financiële middelen, ontvangt hij ook donaties uit de hele wereld, met name van koningin Elizabeth en haar man, prins Philip. Anderson richtte de militante milieubeweging Friends of the Earth en de Conferentie van de Verenigde Naties over het milieu op.

Naast zijn activiteiten in Aspen is de heer Anderson President en CEO van Atlantic Richfield Company-ARCO, waarvan de Raad van Bestuur bestaat uit de volgende notabelen:

Jack Conway.

Hij wordt het best herinnerd door zijn werk voor het United Way Appeal Fund en als directeur van de Ford Foundation van de Socialist International, die beide zo on-Amerikaans zijn als maar mogelijk is. Conway is ook directeur van het Center for Change, een clearing house gespecialiseerd in de shocktroepen van Tavistock.

Philip Hawley.

Hij is voorzitter van het bedrijf "Hawley and Hale" in Los Angeles, dat banden heeft met "Transamerica", een bedrijf dat gespecialiseerd is in het maken van anti-christelijke, anti-gezins, pro-abortus, pro-lesbische, pro-homoseksuele, pro-drugs films. Hawley heeft banden met de Bank of America, die het Center for the Study of Democratic Institutions financiert, een klassieke denktank van Tavistock die drugsgebruik en -legalisatie promoot.

Dr. Joel Fort.

Deze Britse onderdaan, Fort, was lid van de raad van bestuur van de Londense krant "Observer" naast de geachte David Astor en Sir Mark Turner, directeur van het Royal Institute for International Affairs (RIIA), wiens abjecte Amerikaanse dienaar Henry Kissinger is.

Het Koninklijk Instituut voor Internationale Zaken (RIIA)

De Council on Foreign Relations (CFR) werd opgericht als zusterorganisatie, Amerika's de facto middelste geheime regering is de uitvoerende arm van het Comité van 300. In mei 1982 kondigde Kissinger trots aan dat Tavistock Amerika beheerst.

De gelegenheid was een diner voor leden van de RIIA. Kissinger prees de Britse regering, zoals men zou verwachten van een Tavistock afgestudeerde. Met zijn beste diepe stem zei Kissinger: "In mijn tijd in het Witte Huis hield ik het Britse ministerie van Buitenlandse Zaken beter op de hoogte dan het Amerikaanse ministerie van Buitenlandse Zaken."

De gemeenschappelijke noemer tussen de drie Lippert-instituten is de hersenspoelmethode die oorspronkelijk in Tavistock werd onderwezen. Alle drie de Lippert instituten werden gefinancierd met overheidssubsidies. In deze instituten werden en worden belangrijke overheidsbestuurders en besluitvormers opgeleid om de gevestigde manier van leven van Amerika, gebaseerd op de westerse beschaving en de Amerikaanse grondwet, te ondermijnen. De bedoeling is de instellingen die het fundament vormen van de Verenigde Staten te verzwakken en uiteindelijk af te breken.

De Nationale Onderwijsbond

Een indicatie van de mate van Lippert's controle over de National Education Association kan worden afgelezen aan de massale stem voor William Jefferson Clinton door haar gehersenspoelde leraren-leden, zoals geïnstrueerd door de leiding.

De Corning Group.

Het bedrijf schonk Wye Plantation aan het Aspen Institute, dat het belangrijkste oefenterrein werd voor New Age rekruten en "stoottroepen". James Houghton, de vice-president van Coming, is een boodschapper voor de Pierepoint Morgan familie van Morgan Guarantee and Trust op Wall Street. Morgan ontvangt dagelijks RIIA briefings rechtstreeks uit Londen, die INSTRUCTIES worden die moeten worden doorgegeven aan de Amerikaanse minister van Buitenlandse Zaken.

Voormalig minister van Financiën William Fowler maakte deel uit van de Corning-Aspen interface. Hij is de belangrijkste voorstander van de overdracht van het Amerikaanse begrotingsbeleid aan het Internationaal Monetair Fonds (IMF) en heeft er consequent voor gelobbyd dat de Bank voor Internationale Betalingen het Amerikaanse binnenlandse bankwezen zou controleren. Wye Plantation was de plaats waar de Arabisch-Israëlische vredesbesprekingen, bekend als de Wye-akkoorden, plaatsvonden.

Uitvoerend conferentiecentrum.

Dit "gespecialiseerde opleidingscentrum", dat onder leiding staat van Robert L. Schwartz, wordt geleid naar het model van het Esalen Instituut.

Schwartz bracht drie jaar door aan het Esalen Instituut en werkte nauw samen met Aldous Huxley, Tavistocks eerste 'respectabele' drugsgebruiker, verantwoordelijk voor de introductie van LSD bij Amerikaanse studenten. Schwartz was ook goed bevriend met de antropologe Margaret Meade en haar man, Gregory Bateson. Nadat hij Stanford en Esalen verliet, verhuisde Schwartz naar Terrytown House, het Westchester landgoed van Mary Biddle Duke, waar hij met grote subsidies van IBM en AT&T het Executive Conference Center opende, de eerste voltijdse "graduate school" van het Aquarius en New Age tijdperk voor hoge bedrijfsleiders uit alle sectoren van Amerika, industrie, handel en bankwezen.

Duizenden leidinggevenden en managers van Amerikaanse bedrijven, vooral Fortune 500 bedrijven, de top van de zakenwereld, hebben $750 per persoon betaald om te worden opgeleid in de Aquariustijdperk-methodologie in seminars van Schwartz, Meade, Bateson en andere hersenspoelers van Tavistock.

Schwartz was ooit sterk verbonden met Scientology, en was ook hoofdredacteur van *TIME* magazine.

Aspen Instituut

- De New Age centra werden genereus gefinancierd door IBM en AT&T.

Voor Amerikanen die geen toegang hebben tot dit soort informatie is het moeilijk te geloven dat IBM en AT&T, twee grote namen in corporate Amerika, iets te maken zouden hebben met mind control, hersenspoeling, gedragsmodificatie en transcendente meditatie, Baha'i gevoeligheidstraining, Zen Boeddhisme, omgekeerde psychologie en de rest van de New Age.

- De programma's van het Aquariustijdperk zijn ontworpen om de moraal van het Amerikaanse volk te breken en het gezinsleven te verzwakken. Het christendom wordt niet onderwezen.

De meeste Amerikanen die zich niet bewust zijn van de mate waarin corporate America in binnen- en buitenland regeert op manieren die gevaarlijk zijn voor de Amerikaanse grondwet en de Bill of Rights, zouden twijfels hebben. Zonder corporate America zouden we nooit de Vietnamoorlog, de Golfoorlog, de oorlog tegen Servië en een tweede oorlog tegen Irak hebben gehad. Carter en Clinton zouden ook geen kans hebben gehad om in het Witte Huis te zitten!

Als wat hier staat niet juist is, zouden deze bedrijven altijd de waarheid ervan kunnen ontkennen, maar tot nu toe hebben ze dat niet gedaan. Het zou schokkend zijn te ontdekken dat een groot aantal bedrijfsgiganten, die voor het Amerikaanse publiek een begrip zijn, hun topmanagers en leidinggevend personeel sturen om te worden gehersenspoeld door Schwartz, Meade, Bateson, John Nesbitt, Lewin, Cartwright en andere specialisten op het gebied van gedragsmodificatie en mind control van Tavistock: In het Executive Conference Centre ontmoeten de bedrijfsleiders John Nesbitt, die trouw is aan de zwarte adel en het Huis van Guelph, beter bekend als het Huis van Windsor; de RIIA, de Milner - Ronde Tafel groepen, de Club van Rome en het Aspen Instituut. Nesbitt is typerend voor de agenten die door de Britse regering worden gebruikt om het Amerikaanse en buitenlandse beleid te sturen.

Nesbitt is een overtuigd monarchist en een specialist van de Club van Rome in nulgroei voor de industrie, met name de zware industrie. Hij gelooft in post-industriële nulgroei tot het punt dat de wereld terugkeert naar een feodale staat. In een van zijn hersenspoelsessies vertelde hij prominente Amerikaanse bedrijfsleiders:

"De Verenigde Staten gaan in de richting van een monarchie zoals Groot-Brittannië en naar een regeringsstelsel waarin het Congres, het Witte Huis en het Hooggerechtshof slechts symbolisch en ritueel zullen zijn. Dit wordt een echte democratie; het Amerikaanse volk geeft er niet om wie president is; de helft stemt toch niet. De Amerikaanse economie verwijdert zich van die van een natiestaat en gaat naar steeds kleinere machtscentra, zelfs naar meerdere naties. We moeten de natiestaat vervangen door een geografische en ecologische denkwijze."

"De Verenigde Staten verwijderen zich van een concentratie van zware industriële activiteiten. Auto's, staal en woningen zullen nooit meer herrijzen. Buffalo, Cleveland, Detroit, de oude industriële centra zullen sterven. We gaan naar een informatiemaatschappij. Er is en blijft veel pijn, maar over het algemeen doet deze economie het beter dan tien jaar geleden." Nesbitt herhaalde in feite de gevoelens die Graaf Davignon in 1982 uitsprak.

HOOFDSTUK 31

Nulgroei in landbouw en industrie: Amerika's postindustriële samenleving

In 1983 schreef ik een monografie getiteld "De dood van de staalindustrie" waarin ik in detail uitlegde hoe de Franse aristocraat Etienne Davignon, van de Club van Rome, belast was met de inkrimping van de Amerikaanse staalindustrie.

Ten tijde van de publicatie waren veel mensen sceptisch, maar op basis van informatie over de Club van Rome - waarvan de meeste Amerikanen en internationale historici nog nooit hadden gehoord vóór mijn artikel uit 1970 met dezelfde titel - was ik ervan overtuigd dat Nesbitts voorspelling kon uitkomen, en in de daaropvolgende zeven jaar gebeurde dat ook, hoewel niet in alle opzichten. Hoewel delen van Nesbitt's voorspellingen fout waren - hun tijd was nog niet gekomen - had hij in veel opzichten gelijk over de bedoelingen van onze geheime regering.

Geen van de captains of industry, die de Tavistock EEG brainwashing sessies bijwoonden, vond het nodig om te protesteren tegen Nesbitt's woorden. In dat geval, hoe kon ik verwachten dat een onbekende schrijver als ik, waar niemand ooit van had gehoord, een impact zou hebben?

De conferenties en trainingen in Tarrytown House bewezen dat Reese's hersenspoeltechnieken feilloos waren. Het was een forum waar de captains of industry, de elite van het Amerikaanse bedrijfsleven, maar al te graag deelnamen aan de ondergang van de Amerikaanse staalindustrie, de unieke thuismarkt opofferden die van Amerika een grote industriële natie had gemaakt, de grondwet en de Bill of Rights verscheurden en genocidale programma's goedkeuren die opriepen tot de eliminatie van de helft van de wereldbevolking; Oosterse mystiek en Kabbala te vervangen door het Christendom; programma's toe te juichen die zouden leiden tot de ineenstorting van de nationale zeden en de vernietiging van het gezinsleven; een toekomstig gebalkaniseerd Amerika.

Niemand kan ontkennen, als we kijken naar de huidige staat van Amerika in 2005, dat Reese en zijn Tavistock methoden een verbazingwekkend werk hebben geleverd bij het hersenspoelen van onze zakelijke leiders, onze politieke en religieuze leiders, onze rechters en onderwijzers, en de morele bewakers van de natie, om nog maar te zwijgen van het Amerikaanse Huis van Afgevaardigden en de Senaat.

In 1974 legde professor Harold Isaacson van het Massachusetts Institute of Technology (MIT) in zijn boek *Idols of the Tribe* het plan van Tavistock bloot om Mexico, Canada en de Verenigde Staten samen te voegen tot Balkan-achtige staten. Ik herinner mijn lezers eraan dat het MIT is opgericht door Kurt Lewin, dezelfde Kurt Lewin die uit Duitsland werd verdreven vanwege zijn hersenspoelingsproeven; dezelfde Lewin die het strategische bommenonderzoek plande; Reese's nummer één theoreticus.

Alles wat Isaacson deed was het Aquariusplan op een meer leesbare en gedetailleerde manier uiteenzetten dan de Stanford-Willis Harmon studie van Aquarius. In 1981, zeven jaar later, werden Isaacsons ideeën (het Aquariusplan van Tavistock) aan het publiek gepresenteerd door Joel Gallo, redacteur van de *Washington Post* en woordvoerder van het Huis van Windsor en de Club van Rome. Gallo noemde zijn presentatie "The Nine Nations of North America". Gallo's versie van Tavistocks plan voor een toekomstig Amerika bevatte:

> ➢ De dood van de staalindustrie en het verval van de industrie in het industriële Noordoosten en de oprichting van de "North East Nation".

> ➢ Dixie, de opkomende natie van het Zuiden.

> ➢ Etopia, bestaande uit de kustranden van het noordwesten

van de Stille Oceaan (Willis Harmon gebruikte in zijn artikel over het tijdperk van de Waterman de term "ecotopia").

➢ De balans van Zuidwest-Amerika te combineren met Mexico als "graanschuur".

➢ Het Midwesten wordt het "Lege Kwartier" genoemd.

➢ Delen van Canada en de eilanden zullen worden aangewezen "voor speciale doeleinden". (Misschien zullen deze gebieden de locaties worden van toekomstige "goelags", nu we het ondenkbare hebben gezien - het Guantanamo Bay gevangenis reconstructie centrum waar mind control en marteling daadwerkelijk plaatsvinden).

In al deze laatste gebieden zouden geen grote steden zijn, wat in strijd zou zijn met de "ecotopie". Om er zeker van te zijn dat iedereen begreep waar hij het over had, presenteerde Gallo een kaart bij zijn boek. Het probleem was dat het Amerikaanse volk Gallo niet serieus nam. Dit was precies de manier waarop Tavistock verwachtte dat ze zouden reageren, in wat hij noemde een "perfect misfit response".

Amerikaans rechts groeide op met de Rockefellers, de Warburgs, de Vrijmetselarij, de Illuminati, de Council on Foreign Relations, het Federal Reserve complot en de Trilaterale Commissie. Er was niet veel gepubliceerd over de innerlijke werking.

Toen ik in 1969 mijn onderzoek begon te publiceren, hadden de meeste Amerikanen nog niet gehoord van het Comité van 300, de Cini Stichting, het Marshall Fonds, de Club van Rome en zeker niet van het Tavistock Instituut, de Zwarte Adel van Venetië en Genua. Hier is een lijst van de hersenspoelinstituten van Tavistock in de Verenigde Staten, waarvan melding werd gemaakt in mijn monografieën die in 1969 werden gepubliceerd:

➢ Stanford Research Centre. Heeft 4.300 mensen in dienst en heeft een jaarlijks budget van meer dan 200 miljoen dollar.

> MIT/Sloane. Heeft 5.000 mensen in dienst en een jaarlijks budget van 20 miljoen dollar.

> Universiteit van Pennsylvania Wharton School. Heeft tussen de 700 en 800 mensen in dienst en heeft een jaarlijks budget van meer dan 35 miljoen dollar.

> Management en gedragsonderzoek. Heeft 40 mensen in dienst met een jaarlijks budget van 2 miljoen dollar.

> Rand Corporation. Heeft meer dan 2.000 mensen in dienst met een jaarlijks budget van 100 miljoen dollar.

> Nationale opleidingslaboratoria. Heeft 700 mensen in dienst met een jaarlijks budget van 30 miljoen dollar.

> Het Hudson Instituut. Heeft tussen de 120 en 140 mensen in dienst en heeft een geschat jaarlijks budget van 8 miljoen dollar.

> Institut Esalen. Heeft tussen 1.800 en 2.000 mensen in dienst, met een jaarlijks budget van meer dan 500 miljoen dollar.

(Alle cijfers van 1969)

Dus alleen al in de VS hadden we in 1989 een Tavistock-netwerk van 10 tot 20 grote instellingen, plus 400 tot 500 middelgrote instellingen met meer dan 5.000 in elkaar grijpende satellietgroepen, die allemaal rond Tavistock draaien. Samen hebben zij meer dan 60.000 mensen in dienst, die op de een of andere manier gespecialiseerd zijn in gedragswetenschap, mind control, hersenspoeling, opiniepeilingen en het creëren van de publieke opinie.

En ze werkten allemaal tegen de Verenigde Staten, onze grondwet en de Bill of Rights.

Sinds 1969 zijn deze instellingen uitgebreid en is een groot aantal nieuwe instellingen aan het netwerk toegevoegd. Zij worden niet alleen gefinancierd door grote particuliere en bedrijfsgiften, maar ook door de Amerikaanse regering zelf. Tot de cliënten van Tavistock behoren:

> Het ministerie van Buitenlandse Zaken

> De US Postal Service

> Ministerie van Defensie

> De CIA: De US Navy Department of Naval Intelligence

> Het National Reconnaissance Office

> De Nationale Veiligheidsraad

> De FBI

> Kissinger Associates

> Duke University

> De staat Californië

> Georgetown University en vele anderen.

Tot de klanten van Tavistock behoren particulieren en bedrijven:

> Hewlett Packard

> RCA

> Zeilerbach kroon

> McDonald Douglas

> IBM, Microsoft, Apple Computers, Boeing

> Kaiser Industries

> TRW

> Blythe Eastman Dillon

> Wells Fargo Bank of America

> Bechtel Corp

> Halliburton

- Raytheon
- McDonnell Douglas
- Shell Olie
- British Petroleum
- Conoco
- Exxon Mobil
- IBM en AT&T.

Dit is zeker geen volledige lijst, die Tavistock angstvallig bewaakt. Dit zijn alleen de namen die ik heb kunnen vinden. Ik zou zeggen dat de meerderheid van de Amerikanen zich totaal niet bewust is van het feit dat ze in een totale oorlog zitten die sinds 1946 tegen hen wordt gevoerd; een oorlog van verwoestende proporties en onophoudelijke druk; een oorlog die we snel aan het verliezen zijn en die ons zal overweldigen tenzij het Amerikaanse volk kan worden losgemaakt uit zijn vooringenomen standpunt van "dit kan niet gebeuren in Amerika".

HOOFDSTUK 32

Het onthullen van het topniveau van de geheime parallelle regering

De enige manier om deze machtige en verraderlijke vijand te verslaan is ons volk, vooral onze jongeren, te onderwijzen in de Grondwet en standvastig te blijven in ons christelijk geloof. Anders zal onze onbetaalbare erfenis voor altijd verloren gaan. De macht die Tavistock heeft over deze natie moet gebroken worden.

Laten we hopen dat dit boek een trainingshandleiding wordt voor miljoenen Amerikanen die de vijand willen bestrijden, maar die tot nu toe niet in staat zijn geweest die vijand te identificeren.

De politieke krachten die gecontroleerd worden door geheime genootschappen, allemaal tegen de Amerikaanse republikeinse en constitutionele idealen, houden niet van alles wat het Tavistock Instituut en hun ontrouw aan Amerika aan het licht wil brengen, zeker niet wanneer zulke onthullingen niet belachelijk gemaakt en genegeerd kunnen worden. Natuurlijk betalen degenen die onze geheime regering willen ontmaskeren altijd een hoge prijs voor zulke onthullingen.

Iedereen die geïnteresseerd is in de toekomst van Amerika kan het zich niet veroorloven de manier waarop het Tavistock Instituut het Amerikaanse volk en de regering heeft gemanipuleerd te negeren, terwijl de meerderheid van de Amerikanen in het ongewisse blijft over wat er gaande is. Met de bijna totale controle die over onze natie wordt uitgeoefend door onze superieure, parallelle en geheimzinnige regering, heeft Amerika opgehouden een vrije en onafhankelijke natie te zijn.

Het begin van ons verval kan algemeen worden teruggevoerd tot toen Woodrow Wilson werd "gekozen" door de Britse aristocratie.

Veel van de meer recente activiteiten van Tavistock in de Verenigde Staten concentreerden zich rond het Witte Huis en brachten voormalig president G.H.W. Bush, voormalig president Clinton en president G. W. Bush tot een oorlog tegen Irak. Tavistock leidt de campagne om het Tweede Amendement van het volk om wapens te houden en te dragen te vernietigen.

Het heeft er ook toe bijgedragen dat belangrijke leden van de wetgevende macht weten dat zij de Amerikaanse grondwet niet langer nodig hebben, vandaar de massa's nieuwe wetten die worden aangenomen die helemaal geen wetten zijn, omdat zij de grondwettigheidstoets niet doorstaan en daarom nietig zijn volgens de Amerikaanse grondwet zoals die door de grondleggers is bedoeld.

Tavistock blijft de moeder van alle onderzoeksfaciliteiten in Amerika en Groot-Brittannië, en de leider in gedragsmodificatietechnieken, mind control en opinievorming.

Het Rand Institute in Santa Monica heeft onder leiding van Tavistock het fenomeen "El Niño" gecreëerd als onderdeel van een experiment met klimaatverandering. Tavistock is ook sterk betrokken bij New Age UFO-experimenten en buitenaardse waarnemingen als onderdeel van zijn mind control contracten met de CIA.

Het Rand Institute beheert het ICBM-programma en voert primaire analyses uit voor buitenlandse regeringen. De Rand en Tavistock profileren met succes de blanke bevolking van Zuid-Afrika om de voorwaarden voor een overname door het communistische African National Congress te testen, met hulp en steun van het Amerikaanse ministerie van Buitenlandse Zaken. "Bisschop" Desmond Tutu, die een leidende rol speelde in de aanloop naar de val van de blanke regering, was een creatie van Tavistock.

Georgetown University werd in 1938 gekocht door Tavistock.

De structuur en programma's werden aangepast aan Tavistocks "brain trust"-plan als centrum voor hoger onderwijs. Dit was van groot belang voor de Verenigde Staten, aangezien de heer Clinton op de Georgetown Universiteit zijn kunst van massamanipulatie en volksverlakkerij leerde.

Alle officieren van het State Department worden opgeleid in Georgetown. Drie van de bekendste afgestudeerden zijn Henry Kissinger, William Jefferson Clinton en Richard Armitage. De loyalisten van het "onzichtbare leger" van Georgetown hebben de Verenigde Staten onberekenbare schade toegebracht en zullen ongetwijfeld hun rol ten volle spelen tot het einde, wanneer zij zullen worden ontworteld, ontmaskerd en onschadelijk gemaakt.

Enkele van de meest gruwelijke en afschuwelijke acties tegen Amerika werden in Tavistock gepland. Ik doel op de bomaanslag op de marinebasis op het vliegveld van Beiroet, die het leven kostte aan 200 van onze beste jonge militairen. Eén persoon zou hebben geweten van de dreigende aanval van Libanese terroristen: Staatssecretaris George Schultz. Volgens onbevestigde berichten werd Schultz destijds door de Mossad, de Israëlische geheime dienst, op de hoogte gebracht van de aanval.

Hoewel Schultz een dergelijke waarschuwing tijdig ontving, heeft hij die nooit doorgegeven aan de commandant van de marinebasis in Beiroet. Schultz was, en is nog steeds, een trouwe dienaar van het Comité van 300 via Bechtel.

Een jaar nadat ik mijn vermoedens over Schultz en Bechtel had geuit (1989), brak een ontevreden senior Mossad-agent de gelederen en schreef een boek over zijn ervaringen.

Delen van het boek bevatten dezelfde informatie die ik een jaar eerder had gepubliceerd, waardoor ik geloofde dat mijn vermoedens over Schultz in 1989 niet geheel ongegrond waren. De hele episode deed me denken aan het verraad van generaal Marshall die opzettelijk informatie over een dreigende Japanse luchtaanval op Pearl Harbor achterhield voor de commandant in Hawaï.

Er is steeds meer bewijs voor de groeiende inbreng en invloed van Tavistock binnen de CIA. Veel andere inlichtingendiensten ontvangen instructies van Tavistock, waaronder het National Reconnaissance Office (NRO), de Defense Intelligence Agency (DJA), de Treasury Intelligence en de State Department Intelligence.

Elk jaar, op de verjaardag van de moord op president John F. Kennedy, word ik herinnerd aan de prominente rol die gespeeld werd bij de planning van zijn openbare executie, in het bijzonder de rol die gespeeld werd door MI6. Na 20 jaar diepgaand onderzoek naar de moord op JFK meen ik dichter bij de waarheid te zijn gekomen, zoals uiteengezet in de monografie "The Assassination of President John F. Kennedy".

De onopgeloste moord op president Kennedy blijft een grove belediging voor alles waar de Verenigde Staten voor staan. Hoe kan het dat wij, een zogenaamd vrije en soevereine natie, toestaan dat een misdaad jaar na jaar in de doofpot wordt gestopt? Weten onze inlichtingendiensten wie deze misdaad heeft gepleegd? We weten toch zeker dat de moord op Kennedy op klaarlichte dag werd uitgevoerd voor de ogen van miljoenen Amerikanen, als een belediging en een waarschuwing dat de reikwijdte van het Comité van 300 veel verder gaat dan waartegen zelfs onze hoogste gekozen functionaris zich niet kan verdedigen?

De daders van de misdaad bespotten onze verwarring, in het vertrouwen dat zij nooit voor het gerecht zullen worden gebracht, en roemen in het succes van hun criminele daad en het onvermogen van Wij het Volk om door de corporatieve sluier te prikken die hun gezichten verbergt.

De massale doofpot van de moord op Kennedy blijft bestaan. We hebben alle details over hoe de House Assassinations Committee faalde in haar taak, harde bewijzen negeerde en vasthield aan dunne geruchten; het overduidelijke feit negerend dat de röntgenfoto's van Kennedy's hoofd, genomen in het Bethesda ziekenhuis, vervalst waren.

De lijst van zonden van het Comité van 300 en zijn dienaar, het Tavistock Instituut, is eindeloos. Waarom heeft de

Senaatscommissie geen moeite gedaan om de vreemde verdwijning van de overlijdensakte van Kennedy te onderzoeken; een vitaal bewijsstuk, dat gevonden had moeten worden, hoe lang het ook duurde en hoeveel het ook kostte? Noch is Admiraal Burkely, de marineofficier die het certificaat ondertekende, serieus ondervraagd over de omstandigheden rond de vreemde - zeer vreemde - onverklaarbare verdwijning van dit vitale bewijsstuk.

Ik moet het onderwerp van de moord op John F. Kennedy (die volgens mij een Tavistock-gerelateerd project was), uitgevoerd door MI6 en het hoofd van afdeling 5 van de FBI, majoor Louis Mortimer Bloomfield, hier laten rusten. De CIA is een klant van Tavistock, evenals vele andere Amerikaanse overheidsinstellingen. In de decennia na de moord is geen enkele van deze agentschappen gestopt zaken te doen met Tavistock. Sterker nog, Tavistock heeft veel nieuwe overheidsinstellingen aan zijn klantenlijst toegevoegd.

Toen ik mijn documenten doornam, ontdekte ik dat in 1921, toen Reese Tavistock oprichtte, het onder controle stond van de Britse geheime dienst SIS.

Vanaf het begin is Tavistock dus altijd nauw verbonden geweest met inlichtingenwerk, en dat is het nog steeds. Het geval van Rudolph Hess kan van meer dan secundair belang zijn voor sommige van onze lezers. Men zal zich herinneren dat Hess werd vermoord door twee SIS agenten in zijn cel in de Spandau gevangenis in de nacht voor zijn vrijlating.

De RIIA vreesde dat Hess zou onthullen wat een duister geheim was gebleven: de nauwe banden tussen leden van de Britse oligarchie - waaronder Winston Churchill - en de Duitse Thule Society, waarvan Hess de leider was geweest.

Het feit dat het Tavistock Institute werd genoemd ter ere van de 11 hertog van Bedford, markies van Tavistock, is meer dan interessant. De titel ging over op zijn zoon, de Markiezin van Bedford (12 van de naam). Het was op zijn landgoed dat Hess landde om te proberen de oorlog te beëindigen. Maar Churchill wilde er niets van weten en liet Hess arresteren en gevangen nemen. De vrouw van de hertog van Bedford pleegde zelfmoord door een overdosis slaappillen in te nemen toen duidelijk werd dat Hess nooit zou worden vrijgelaten, zelfs niet toen de oorlog voorbij was.

In mijn werken *Who Assassinated Rudolph Hess?* en *King Makers, King Breakers - The Cecils*, onthul ik hoe nauw deze virtuele verwantschap met Hess en andere belangrijke leden van Hitlers inner circle was tot het uitbreken van de Tweede Wereldoorlog. Was Hess geslaagd in zijn missie naar de hertog van Bedford, dan waren Churchill en bijna de hele Britse oligarchie ontmaskerd als fraudeurs.

Hetzelfde zou zijn gebeurd als Hess niet als eenzame gevangene in Spandau in Berlijn was vastgehouden, na het einde van de Tweede Wereldoorlog jarenlang op zicht gevangen gehouden door troepen uit Groot-Brittannië, de VS en de USSR, tegen alle logica in en tegen enorme kosten (naar schatting 50.000 dollar per dag).

Omdat het veranderende Rusland vond dat het Amerika en Engeland in verlegenheid kon brengen - vooral Groot-Brittannië - kondigde het plotseling aan dat Hess zou worden vrijgelaten. De Britten konden het zich niet veroorloven hun krijgsheren te ontmaskeren, dus werd het bevel gegeven Hess te doden.

Tavistock levert diensten van sinistere aard aan deze mensen die overal in de Verenigde Staten te vinden zijn, in elke grote stad. Ze hebben de leidende persoonlijkheden van deze steden in de palm van hun hand, of het nu gaat om de politie, het stadsbestuur of een andere autoriteit.

Dit is ook het geval in elke stad, waar de Illuminati en de Vrijmetselaars samen met Tavistock hun geheime macht uitoefenen en de Grondwet en de Bill of Rights met voeten treden.

Je kunt je alleen maar afvragen hoeveel onschuldige mensen er vandaag de dag in de gevangenis zitten omdat ze niet op de hoogte waren van hun Grondwet en de Bill of Rights; allemaal slachtoffers van Tavistock. Kijk goed naar de TV serie "COPS". Dit is een standaard Tavistock document over mind control en meningsvorming. Het bevat elke mogelijke schending van de grondwettelijke rechten van mensen die door de politie worden gearresteerd of vastgehouden. Het is mijn vaste overtuiging dat COPS is ontworpen om het publiek te doen geloven dat de grove schendingen van rechten waarvan wij getuige zijn de norm zijn, dat de politie werkelijk buitensporige bevoegdheden heeft en dat de grondwettelijke waarborgen waarop iedere burger recht heeft in de praktijk niet bestaan. Het "COPS"-programma is een uiterst verraderlijk programma van hersenspoeling en meningscontrole, en het zou helemaal niet verwonderlijk zijn dat Tavistock er ergens bij betrokken is.

HOOFDSTUK 33

Interpol in de Verenigde Staten: oorsprong en doel onthuld

Onder de vele internationale agentschappen die Tavistock bedient is de particuliere inlichtingendienst van David Rockefeller, beter bekend als INTERPOL. Het is een complete schending van zijn wettelijke verplichtingen dat deze illegale entiteit mag blijven opereren op federaal terrein in Washington, D.C. en onder bescherming van de regering. (De Amerikaanse wet verbiedt buitenlandse particuliere politiediensten om in Amerika te opereren. INTERPOL is een particulier buitenlands politiebureau dat op Amerikaanse bodem opereert, terwijl het Congres de andere kant opkijkt, opdat het op een dag gedwongen wordt deze vervelende brandnetel te grijpen en bij de wortels uit te trekken).

Wat is INTERPOL? Het Amerikaanse Ministerie van Justitie probeert INTERPOL uit te leggen door de cruciale vragen te ontwijken. Volgens het handboek uit 1988,

> "Interpol voert intergouvernementele activiteiten uit, maar is niet gebaseerd op een internationaal verdrag of conventie of soortgelijke juridische documenten. Het is gebaseerd op een grondwet die is ontwikkeld en opgesteld door een groep politiemensen die deze niet ter diplomatieke ondertekening hebben voorgelegd en nooit ter bekrachtiging aan regeringen hebben voorgelegd."

Hoe interessant! Wat een bekentenis! Als Interpol de Amerikaanse grondwet niet met voeten treedt, dan doet niets dat. Waar zijn de waakhonden in het Huis en de Senaat? Zijn ze bang voor Tavistock en zijn machtige geldschieter, David

Rockefeller? Is het Congres bang voor het Comité van 300? Daar lijkt het wel op. Interpol is een illegale entiteit die opereert binnen de grenzen van de VS, zonder de sanctie en goedkeuring van Wij het Volk, in flagrante strijd met de Amerikaanse grondwet en de grondwetten van alle 50 staten.

De leden worden benoemd door verschillende nationale regeringen zonder enig overleg met de Amerikaanse regering. De ledenlijst is nooit voorgelegd aan een commissie van het Huis of de Senaat.

De aanwezigheid ervan in de Verenigde Staten is nooit door een verdrag gesanctioneerd. Dit heeft aanleiding gegeven tot een reeks beschuldigingen dat bepaalde door de drugshandel gecontroleerde regeringen - Colombia, Mexico, Panama, Libanon en Nicaragua - mogelijk mensen die betrokken zijn bij de drugshandel als hun vertegenwoordigers kiezen.

Volgens Beverly Sweatman van het National Central Bureau (NCB) van het Amerikaanse ministerie van Justitie (waarvan het bestaan alleen al een schending van de grondwet is) bestaat deze Amerikaanse overheidsinstantie uitsluitend om informatie uit te wisselen met Interpol.

Interpol, eigendom van en gecontroleerd door David Rockefeller, is een privéagentschap met een wereldwijd communicatienetwerk, dat op een of andere manier betrokken is bij drugshandel, van Afghanistan tot Pakistan tot de Verenigde Staten.

De interactie van luitenant-kolonel Nivaldo Madrin van Panama, generaal Guillermo Medina Sanchez van Colombia en bepaalde elementen van de Mexicaanse federale politie met Interpolstatus wijst in die richting. Het verhaal van hun betrokkenheid bij de drugshandel in dienst van Interpol is te lang om hier te bespreken, maar het volstaat te zeggen dat het een smerig verhaal is.

Maar ondanks het feit dat Interpol een particuliere organisatie is, heeft zij in 1975 van de Verenigde Naties (VN) de status van "waarnemer" gekregen, een status waardoor zij (geheel in strijd met het VN-Handvest) aan vergaderingen kan deelnemen en over resoluties kan stemmen, hoewel zij geen organisatie van een VN-lidstaat is en geen regeringsstatus heeft. Volgens het VN-Handvest kunnen alleen staten (in de volledige definitie van het woord) lid zijn van de VN. Aangezien Interpol geen staat is, waarom schendt de VN dan haar eigen handvest?

Er wordt aangenomen dat de VN sterk vertrouwt op de netwerken van Interpol om hen te helpen bij het vinden van particuliere wapens in de handen van Amerikaanse burgers die deze bezitten op grond van hun Tweede Amendement rechten, zodra de VN een "verdrag" met de Europese Unie heeft ondertekend.

De Amerikaanse regering moet alle burgerbevolkingen in de lidstaten ontwapenen.

Waar zijn de Amerikaanse wetgevers die geacht worden de Amerikaanse grondwet te steunen en te verdedigen? Waar zijn de grote staatslieden van weleer? Interpol laat zien dat we in plaats daarvan politici hebben die wetgever zijn geworden en die de wetten die ze maken niet handhaven, doodsbang om de duidelijke fouten die er aan alle kanten zijn te corrigeren, want als ze hun eed zouden moeten nakomen, zouden ze meer dan waarschijnlijk hun leuke baantjes verliezen.

Om een deel van de reeds verstrekte informatie samen te vatten: Het Tavistock Institute werd opgericht in Sussex, Engeland, in 1921, in opdracht van de Britse monarchie, met als doel het controleren van de geesten en het vormen van de publieke opinie, en het vaststellen, op een zorgvuldig onderzochte wetenschappelijke basis, wanneer de menselijke geest zou instorten indien onderworpen aan langdurige episodes van psychologische nood. We zullen later aantonen dat het voor de oorlog was opgericht door de 11 hertog van Bedford, de markies van Tavistock.

Begin jaren dertig leverde ook de stichting van de gebroeders Rockefeller een belangrijke bijdrage aan Tavistock.

Er zij op gewezen dat veel van de belangrijkste beoefenaars van mind control en gedragsmodificatie nauw verbonden waren, en nog steeds zijn, met geheime genootschappen die cultussen omarmen van vele verschillende ideeën en overtuigingen, waaronder Isis-Orsiris, Kabala, Soefi, Katharen, Bogomil en Bahai (Manicheïsche) mystiek.

Voor niet-ingewijden is het idee alleen al dat prestigieuze instellingen en hun wetenschappers betrokken zijn bij sektes, of zelfs Satanisme en de Illuministen, moeilijk te geloven. Maar het verband is zeer reëel. We kunnen zien waarom Tavistock zo geïnteresseerd was in deze onderwerpen.

De incidenten van willekeurige schietpartijen op scholen door jonge mensen onder langdurige stress en onder invloed van verslavende drugs zijn opmerkelijk omdat de daders in veel van deze tragische gebeurtenissen bijna altijd beweren dat zij "door stemmen" werden geleid om hun dodelijke werk uit te voeren. Het lijdt geen twijfel dat in deze tragische gevallen mind control aan het werk was. Helaas zullen we nog veel meer van zulke dramatische voorvallen zien voordat het publiek beseft wat er aan de hand is.

Culturalisme, mind control, de toepassing van psychologische stress en gedragsmodificatie maken allemaal deel uit van wat door Tavistock-wetenschappers wordt onderwezen. In feite heeft het Britse Lagerhuis, gealarmeerd door lekken waaruit de band met Tavistock-wetenschappers bleek, een wetsvoorstel aangenomen dat het legaal maakt voor plaatsen als Tavistock om wat in het wetsvoorstel "fysisch onderzoek" wordt genoemd, uit te voeren.

De uitdrukking "fysisch onderzoek" is echter zo dubbelzinnig dat er ernstige twijfel bestaat over de werkelijke betekenis ervan of dat het, zoals sommige critici hebben beweerd, gewoon een term is die wordt gebruikt om te verhullen wat er werkelijk aan de hand is.

In ieder geval was Tavistock niet bereid het publiek in vertrouwen te nemen. Maar ik kan met absolute zekerheid zeggen dat MI6- en CIA-agenten van de Britse inlichtingendiensten bij Tavistock training krijgen in metafysica, mind control, gedragsmodificatie, ESP, hypnose, occultisme, satanisme, illuminisme en manicheïstische culten.

Dit zijn niet zomaar overtuigingen gebaseerd op relikwieën uit de Middeleeuwen. Dit is een kwade kracht die onderwezen wordt op een manier die een verschil zal maken met mind control op een manier die nog maar een paar jaar geleden niet voor mogelijk werd gehouden. Ik doe deze voorspelling zonder angst voor tegenspraak: In de komende jaren zullen we ontdekken dat alle willekeurige schietpartijen in scholen, postkantoren, winkelcentra, helemaal geen willekeurige schietpartijen waren. Ze werden gepleegd door geconditioneerde, gemoedsgestoorde proefpersonen die zorgvuldig werden onderzocht en aan gevaarlijke stemmingsveranderende drugs werden gezet, zoals Prozac, AZT en Ritalin.

De gemene deler tussen verschillende van deze willekeurige schietpartijen, te beginnen met David Berkowitz, de zogenaamde "Zoon van Sam"-moordenaar; allen zonder uitzondering vertelden onderzoekers dat ze "stemmen hoorden" die hen zeiden mensen neer te schieten.

De zaak van Klip Kinkel, de jongeman uit Oregon die zijn moeder en vader doodschoot, alvorens op zijn middelbare school te schieten, is de bekentenis die hij aflegde aan de onderzoekers die hem ondervroegen. Op de vraag waarom hij zijn moeder en vader neerschoot, zei Kinkel dat hij "stemmen" hoorde die hem zeiden hen neer te schieten. Niemand zal ooit kunnen bewijzen dat Kinkel en de anderen slachtoffers waren van CIA mind control experimenten of dat ze werkelijk "stemmen hoorden" die werden opgewekt door een overdracht door DARPA computerprogrammeurs.

De House Oversight Committee moet de CIA mind control documenten opeisen en onderzoeken op een verband met de schietpartijen op scholen. Ik denk dat het noodzakelijk is dat een dergelijk bevel naar de CIA wordt gestuurd zonder verdere tijdverspilling.

Naast mijn eigen onderzoek naar het onderwerp "fysisch onderzoek" onthulde Victor Marachetti, die 14 jaar bij de CIA werkte, het bestaan van een door Tavistock ontworpen fysisch onderzoeksprogramma, waarbij CIA-agenten contact probeerden te maken met de geesten van overleden ex-agenten. Zoals ik al zei in mijn bovengenoemde monografie, heb ik veel persoonlijke ervaring met de "metafysische" gebieden en ik weet zeker dat een groot aantal Britse en Amerikaanse inlichtingenagenten daarin geïndoctrineerd is.

Tavistock noemt het "gedragswetenschap", en het heeft zich de laatste tien jaar zo snel ontwikkeld dat het een van de belangrijkste soorten training is geworden die agenten kunnen volgen. In de ESP-programma's van Tavistock is elke deelnemer een "vrijwilliger", die ermee instemt zijn persoonlijkheid te laten "correleren" met ESP, d.w.z. dat hij ermee instemt Tavistock te helpen een antwoord te vinden op de vraag waarom sommige mensen paranormaal begaafd zijn en anderen met ESP.

Het doel van de oefening is om elke MI6 en CIA agent zeer helderziend en begiftigd met 1 hoog ontwikkeld ESP te maken. Aangezien het een aantal jaren geleden is dat ik rechtstreeks bij deze zaken betrokken was, raadpleegde ik een collega die nog steeds in dienst is, om te weten te komen hoe succesvol de experimenten van Tavistock waren geweest. Hij vertelde mij dat Tavistock zijn technieken inderdaad had geperfectioneerd en dat het nu mogelijk was bepaalde MI6- en CIA-agenten "ESP-Perfect" te maken. Het is noodzakelijk hier uit te leggen dat de CIA en MI6 een zeer hoge mate van geheimhouding over deze zaken handhaven.

De meeste agenten van de inlichtingendienst die bij de programma's betrokken zijn, zijn lid van de Illuminati of de Vrijmetselarij, of van beide. Kortom, de "lange afstand penetratie" techniek die zo succesvol is toegepast op de normale wereld, wordt nu toegepast op de geestenwereld!

Het programma "Long Range Penetration and Inner Directional Conditioning" van Tavistock, ontwikkeld door Dr. Kurt Lewin, die we al een paar keer hebben ontmoet, is vooral een programma waarin gedachtenbeheersing wordt toegepast op massagroepen. De aanleiding tot dit programma was het alomtegenwoordige gebruik van propaganda door het Bureau Psychologische Oorlogsvoering van het Britse leger tijdens de Eerste Wereldoorlog. Deze intensieve propaganda was erop gericht de Britse arbeiders ervan te overtuigen dat oorlog noodzakelijk was. Het was ook bedoeld om het Britse publiek ervan te overtuigen dat Duitsland een vijand was en dat zijn leider een ware demon was.

Deze massale inspanning moest worden geleverd tussen 1912 en 1914, omdat de Britse arbeidersklasse niet geloofde dat Duitsland oorlog wilde, noch het Britse volk, en ze hadden zelfs geen hekel aan de Duitsers. Deze hele publieke perceptie moest worden veranderd. Een secundaire, maar niet minder belangrijke taak van het Bureau was om Amerika bij de oorlog te betrekken. Een belangrijk onderdeel van dit plan was Duitsland uit te lokken om de "Lusitania", een groot transatlantisch schip naar het voorbeeld van de Titanic, tot zinken te brengen.

Ondanks waarschuwingen in advertenties in een New Yorkse krant dat het schip was omgebouwd tot een Armed Merchant Cruiser (AMC) en daarom onder de Conventies van Genève viel, voer de Lusitania naar Liverpool met een volle bemanning van passagiers, waaronder enkele honderden Amerikanen.

De ruimen van het schip waren gevuld met een grote hoeveelheid munitie voor het Britse leger, waarvan het vervoer per oceaanschip volgens de internationale oorlogsregels verboden was.

Op het moment dat zij werd getroffen door één enkele torpedo, was de Lusitania in wezen een bewapende koopvaardijkruiser (AMC). De pers aan beide zijden van de Atlantische Oceaan werd overspoeld met verhalen over de Duitse barbaarsheid en de onuitgelokte aanval op een weerloos schip, maar het Amerikaanse en Britse publiek, dat nog moest worden'geconditioneerd', geloofde het verhaal niet. Ze dachten dat er "iets rot was in de staat Denemarken". Het zinken van de Lusitania, met veel doden, was het soort "kunstmatige situatie" dat president Wilson nodig had en het wakkerde de Amerikaanse publieke opinie tegen Duitsland aan.

Profiterend van deze ervaring richtte het Psychological Warfare Bureau van het Britse leger in opdracht van de Britse monarchie het Tavistock Institute for Human Relations op en plaatste er de Britse persmagnaat Alfred Harmsworth, zoon van een in Chapelizod bij Dublin geboren advocaat. Hij kreeg later de titel van 12 hertog van Bedford, Lord Northcliffe.

In 1897, met de oorlog in aantocht, stuurde Harmsworth een van zijn redacteuren, G.W. Steevens, naar Duitsland om een zestiendelig artikel te schrijven, getiteld *Under the Iron Heel*.

In echte omgekeerde psychologie prezen de artikelen het Duitse leger terwijl ze waarschuwden dat de Britse natie verslagen zou worden als er een oorlog tegen Duitsland zou uitbreken.

In 1909 gaf Northcliffe Robert Blatchford, een ervaren socialist, de opdracht naar Duitsland te reizen en te schrijven over het gevaar dat het Duitse leger voor Groot-Brittannië vormde. Blatchfords thema was dat hij op grond van zijn waarnemingen geloofde dat Duitsland "zich opzettelijk voorbereidde om het Britse Rijk te vernietigen." Dit kwam overeen met Northcliffe's voorspelling in de *Daily Mail* (een van zijn kranten) in 1900 dat er oorlog zou komen tussen Duitsland en Groot-Brittannië. Northcliffe schreef een hoofdartikel waarin stond dat Groot-Brittannië meer van zijn budget aan defensie moest besteden.

Toen de oorlog uitbrak, werd Northcliffe door de redacteur van *The Star* beschuldigd van het verspreiden van een oorlogsklimaat.

> "Na de keizer heeft Lord Northcliffe meer dan enig ander levend man gedaan om oorlog te veroorzaken."

De arme redacteur wist niet dat hij zelf het slachtoffer was geworden van propaganda, want de keizer had weinig gedaan om de oorlog te bevorderen en werd door het Britse militaire establishment met enige minachting bekeken. Historici zijn het erover eens dat de keizer niet in staat was het Duitse leger te controleren. Het was generaal Ludendorff waar *The Star* naar had moeten verwijzen. Het was Northcliffe die campagne begon te voeren voor de dienstplicht op de dag dat de oorlog tussen de twee naties uitbrak.

Het was een instituut waar alle aspecten van massale hersenspoeling en publieke conditionering tot kunst werden verheven. Er werden een beleid en een aantal regels opgesteld, met als hoogtepunt Tavistocks "penetratie op lange termijn en naar binnen gerichte conditionering" uit 1930, die in 1931 tegen Duitsland werd losgelaten.

In de aanloop naar de eerste jaren van de Tweede Wereldoorlog zocht Roosevelt (zelf een 33 graden Vrijmetselaar en lid van de Illuminati via de Society of Cincinnati) de hulp van Tavistock om de VS in de oorlog te krijgen. Roosevelt kreeg van de "300" de opdracht de Britse kastanjes uit het vuur te halen, maar daarvoor had hij een groot incident nodig om zijn hoed aan op te hangen.

In de periode 1939-1941 vielen in IJsland gestationeerde onderzeeërs van de Amerikaanse marine Duitse schepen aan en brachten ze tot zinken, ondanks het feit dat de neutraliteitswetgeving vijandelijkheden met strijdende partijen verbood. Maar Duitsland liet zich niet verleiden tot vergelding. Het belangrijkste incident dat Amerika's deelname aan de Tweede Wereldoorlog inluidde, was de aanval van Japan op Pearl Harbor. Het was een samenzwering van Tavistock tegen beide naties. Om de aanval te vergemakkelijken, weigerde minister van Buitenlandse Zaken Marshall de Japanse gezanten te ontmoeten die het komende conflict wilden vermijden.

Marshall wachtte ook bewust met het waarschuwen van zijn commandant in Pearl Harbor tot na het begin van de aanval. Kortom, zowel Roosevelt als Marshall waren op de hoogte van de op handen zijnde aanval, maar gaven bewust opdracht de informatie niet door te geven aan hun officieren ter plaatse in Pearl Harbor. Tavistock had Roosevelt verteld dat "alleen een groot incident" Amerika in de Tweede Wereldoorlog zou brengen. Stimson, Knox en Roosevelt wisten van de op handen zijnde aanval, maar deden niets om hem te stoppen.

Van tijd tot tijd hebben attente mensen mij gevraagd:

"Maar zouden leiders als Lord Haig, Churchill, Roosevelt en Bush niet beseffen hoeveel levens er verloren zouden gaan in een wereldoorlog?"

Het antwoord is dat de "grote mannen", als geprogrammeerde individuen, zich niets aantrokken van de hoge kosten in mensenlevens. Generaal Haig - een beruchte vrijmetselaar, illuminist en satanist - verklaarde meer dan eens zijn afkeer van de Britse lagere klassen, en bewees dat door golf na golf van "gewone Britse soldaten" tegen onneembare Duitse linies te sturen, een tactiek die elke fatsoenlijke militaire strateeg zou hebben vermeden.

Als gevolg van Haigs wrede minachting voor zijn eigen troepen stierven honderdduizenden jonge Britse soldaten uit de'lagere klassen' tragisch en onnodig. Hierdoor kreeg het Britse publiek een hekel aan Duitsland, precies zoals het British Army Psychological Warfare Bureau had voorspeld. Veel van wat ik in dit boek heb opgenomen was bewust weggelaten uit de eerste ontmaskering. Ik dacht niet dat het Amerikaanse volk klaar was om de metafysische kant van Tavistock te begrijpen. Je kunt een baby geen vlees geven; melk komt eerst. Door Tavistock op deze manier te introduceren, werden veel geesten geopend die anders gesloten zouden zijn gebleven.

HOOFDSTUK 34

De culten van de Oost-Indische Compagnie

Eeuwenlang is de Britse oligarchie de bakermat geweest van occultisme, metafysica, mystiek en mind control. Bulwer Lytton schreef *The Secrets of the Egyptian Book of the Dead*, en zo kwamen veel van de aanhangers van Annie Besant's Theosophist Society uit de Britse hogere klassen, die bij hen nog steeds populair zijn. De afstammelingen van de Katharen en Albigenzen uit Zuid-Frankrijk en Noord-Italië waren naar Engeland geëmigreerd en namen de naam "Savoyard" aan. Vóór hen waren er de Bogomils van de Balkan en de Pelikanen van Klein-Azië. Al deze sekten hadden hun oorsprong in de Manicheeërs van Babylon.

Het Tavistock Instituut is in dit soort occultisme doorgedrongen met behulp van enkele van zijn geestbeheersingstechnieken die zijn ontwikkeld door Kurt Lewin en zijn team van onderzoekers. (Zie *Het Comité van 300* voor meer details).

De East India Company (EIC) en later de British East India Company (BEIC) waren de oorspronkelijke leden van de "300", waarvan de afstammelingen vandaag de dag de wereld beheersen. Opium en drugshandel vormden toen de basis van de handel en zijn dat gebleven. Uit deze complexe en sterk georganiseerde structuur kwamen socialisme, marxisme, communisme, nationaal socialisme en fascisme voort.

Vanaf 1914 werden in Cold Spring Harbor, New York, uitgebreide experimenten met geestbeheersing uitgevoerd, het centrum van raseugenetica dat werd gesponsord door mevrouw

E.E. Harriman, de moeder van Averill Harriman, de toenmalige gouverneur van de staat New York, die later een leidende publieke en politieke figuur in de Verenigde Staten en Europa zou worden.

De grote dame stak miljoenen dollars van haar eigen geld in het project en nodigde Duitse wetenschappers uit om het forum bij te wonen. Veel van de technieken voor mind control van Tavistock, in het bijzonder de "omgekeerde psychologie" die Reese onderwees, vinden hun oorsprong in Tavistock en vormen vandaag de dag de basis van mind control oefeningen die bedoeld zijn om bij het Amerikaanse publiek het idee te implanteren dat het zwarte en gekleurde ras superieur is aan het blanke ras, "racisme" in omgekeerde zin.

Duitse wetenschappers werden uitgenodigd om de Cold Harbor indoctrinaties bij te wonen door mevrouw Harriman en haar groep, bestaande uit enkele vooraanstaande burgers van die tijd (1915). Na een jaar of twee in Cold Spring Harbor keerde het Duitse contingent terug naar Duitsland en bracht onder Hitler de in Cold Spring Harbor geleerde raseugenetica in praktijk. Al deze informatie bleef verborgen voor het Amerikaanse volk tot het werd onthuld in mijn boek *Codeword Cardinal* en in verschillende monografieën die aan dat boek voorafgingen, en vervolgens in mijn boek *Aids-The Full Disclosure*.

Tavistock en het Witte Huis

De conditioneringstechnieken van Tavistock zijn in de Verenigde Staten consequent gebruikt door enkele van de hoogste en belangrijkste politieke figuren in onze geschiedenis, te beginnen met Woodrow Wilson en verder met president Roosevelt. Elke Amerikaanse president na Roosevelt stond onder controle van de "300" en het Tavistock Instituut.

Roosevelt was een typische mentaal gecontroleerde geprogrammeerde proefpersoon, getraind in de Tavistock methodologie. Hij sprak over vrede, terwijl hij zich voorbereidde op oorlog. Hij greep bevoegdheden die hem volgens de

Amerikaanse grondwet niet toekwamen, waarbij hij de illegale acties van president Wilson als autoriteit aanvoerde, en verklaarde zijn acties vervolgens met "fireside chats", een idee van Tavistock om het Amerikaanse volk te misleiden. Net als een andere Tavistock-robot, James Earl Carter, en president Bush, zijn opvolger, overtuigde hij het Amerikaanse volk ervan dat alles wat hij deed, hoe flagrant ongrondwettelijk ook, in hun belang was. Dit was niet zoals Roosevelt, die heel goed wist dat hij verkeerd bezig was, maar die niettemin van zijn taak genoot en zijn mandaat van de Britse koninklijke familie van Tavistock met verve uitvoerde, en met een totale minachting voor het menselijk leven, zoals alle occultisten.

Toen president Bush, de oudste, het bevel gaf tot de invasie van Panama, was dat een flagrant ongrondwettelijke actie die 7.000 Panamese levens kostte, maar daar lag de heer Bush's nachts niet wakker van, evenmin als van de dood van 150.000 Iraakse soldaten in de niet-aangekondigde (illegale) oorlog tegen Irak die volgde op zijn "proces" om de publieke opinie te polsen.

Carter was geen onbekende van het occulte; een van zijn zussen was een vooraanstaande heks in Amerika. Carter geloofde dat hij een "wedergeboren christen" was, hoewel zijn hele politieke carrière doordrongen was van socialistische en communistische idealen en principes, die hij nooit aarzelde om in praktijk te brengen. Carter is een voorbeeld van een echte gespleten persoonlijkheid, een puur product van Tavistock. Dit werd opgemerkt door Hugh Sidey, een bekende columnist in de reguliere media, die in juli 1979 schreef:

> "De Jimmy Carter die nu achter de gesloten deuren van het Witte Huis werkt, is niet de Jimmy Carter die we leerden kennen in de eerste 30 dagen van zijn presidentschap."

Carter, geprogrammeerd door Tavistock gediplomeerde Dr Peter Bourne, was door de handen gegaan van een andere Tavistock psycholoog, Admiraal Hymen Rickover, tijdens Carter's verblijf in Annapolis.

Carter werd door de Rothschilds voorgedragen als iemand die bewonderenswaardig geschikt was voor een speciale opleiding, en als iemand die "aanpasbaar zou zijn aan veranderende omstandigheden", bereid om van principes af te wijken.

John Foster Dulles is een andere, door Tavistock geïndoctrineerde figuur, die dicht bij het Witte Huis stond als minister van Buitenlandse Zaken. Dulles loog schaamteloos tegen een Amerikaanse Senaatscommissie tijdens hoorzittingen van de Verenigde Naties (VN), waarbij hij onder ede getuigde over de grondwettelijkheid van het Amerikaanse lidmaatschap van dit wereldorgaan.

Dulles verblindde en misleidde de senatoren over de grondwettelijkheid van het Amerikaanse lidmaatschap van de VN en beïnvloedde genoeg senatoren om voor het zogenaamde verdrag te stemmen, dat geen verdrag was maar een dubbelzinnige overeenkomst.

De Amerikaanse grondwet erkent geen "overeenkomsten", alleen door de betrokken naties ondertekende verdragen. Dulles' probleem was echter dat de VN geen land is. Dus omzeilde Tavistock dit door het State Department te adviseren het document een "overeenkomst" te noemen. Dulles was een Satanist, een Illuminist en lid van een aantal occulte genootschappen.

George Herbert Walker Bush is een andere gecertificeerde "product-getrainde" afgestudeerde van het Tavistock mind control systeem. De daden van deze 33 graden vrijmetselaar in Panama en Irak spreken boekdelen.

In Panama ondernam Bush de oudere, in opdracht van de RIIA en de CFR, stappen om drugsgeld te beschermen in banken in Panama die eigendom waren van Rockefellers, nadat generaal Noriega onthulde dat twee ervan witwasfaciliteiten waren in de drugshandel.

Bush heeft de Amerikaanse strijdkrachten bevolen Panama binnen te vallen zonder de bevoegdheid te hebben die op de enige grondwettelijke manier, een gezamenlijke oorlogsverklaring van het Huis en de Senaat van het Amerikaanse Congres, is uitgedrukt, en in flagrante schending van zijn grondwettelijke bevoegdheden als president.

De Founding Fathers hebben de president uitdrukkelijk verboden oorlogsbevoegdheden uit te oefenen. Maar ondanks dit gebrek aan macht herhaalde Bush zijn flagrante schendingen van de Amerikaanse grondwet door de Amerikaanse strijdkrachten opdracht te geven Irak binnen te vallen, opnieuw zonder de verplichte oorlogsverklaring en met overschrijding van zijn bevoegdheden. Het "innerlijk geconditioneerde" Amerikaanse publiek, de geschokte slachtoffers van de oorlog van Tavistock, vertrok geen spier terwijl het toekeek hoe de grondwet aan stukken werd gescheurd.

Hare Majesteit Koningin Elizabeth II heeft Bush Senior van harte gefeliciteerd met zijn "succesvolle" oorlog tegen Irak, en hem geridderd voor zijn tarting van de Amerikaanse grondwet. Dit is niet de eerste keer dat Elizabeth Amerikaanse wetsovertreders beloont met hoge onderscheidingen.

De Britse en Amerikaanse occultisten en illuministen van de oliekartels voeren anno 2005 nog steeds een uitputtingsslag tegen Irak. Zij zullen niet stoppen totdat zij hun hebzuchtige, met bloed besmeurde handen leggen op de olierijkdom van Irak, op dezelfde manier als Milner het goud van de Boeren stal tijdens de Boerenoorlog (1899-1903).

Vindt u dat u op een "ongepaste manier" op deze informatie reageert? Zegt u: "Dit kunnen niet de acties zijn van een Amerikaanse president? Dat is absurd.

Als dat uw ontoereikende antwoord is, richt dan uw aandacht op de Boerenoorlog en u zult snel zien dat Bush slechts de satanische barbaarsheid van de generaals Lord Kitchener en Lord Milner evenaarde in hun uitroeiingsoorlog tegen de Boerennatie. Evenzo is het goed te bedenken dat de tragedie van Waco begon onder leiding van Bush, en dat de vendetta tegen David Koresh werd geleid door de leider van de Republikeinse partij.

Terwijl procureur-generaal Reno en Clinton het vernietigingsbeleid uitvoerden waarvoor Koresh werd veroordeeld, speelde George Bush een leidende rol bij de voorbereiding van de afschuwelijke operatie waarbij Koresh en 87 van zijn aanhangers omkwamen.

Hoewel het niet algemeen bekend is, was Tavistock betrokken bij de planning en heeft het misschien zelfs de aanval van de FBI en de ATF op Koresh en de Davidians geleid. Tavistock werd vertegenwoordigd door Britse SAS-eenheden die betrokken waren bij de training van de ATF en de FBI over hoe Koresh en zijn volgelingen te vernietigen en hun kerk tot de grond toe af te branden. Waco was onheilig zwart satanisme in actie, niets meer en niets minder.

Het flamboyante einde van Koresh en zijn volgelingen is typerend voor het satanisme aan het werk, ook al hadden de meesten van hen die deelnamen aan deze gruwelijke misdaad en schending van de mensenrechten en de rechten van de slachtoffers krachtens de amendementen 1 , 2 , 5 en 10 geen idee dat zij in handen waren van satanisten. Ze hadden er geen idee van dat ze werden gebruikt door spirituele krachten van de donkerste soort.

Tavistock's massale hersenspoeling van Amerika keerde het publiek tegen Koresh en de Davidians, en maakte de weg vrij voor de vernietiging van levens en eigendommen in Waco, volledig in strijd met de grondwet en de Bill of Rights.

De moedwillige vernietiging van onschuldig leven en eigendom door agenten van de federale regering die geen jurisdictie hadden in de staat Texas (of welke andere staat dan ook) en daarom geen bevoegdheid hadden om te doen wat zij deden, was een schending van het 10e Amendement, de bescherming van burgers tegen de excessen van de federale regering. De staat Texas greep niet in om de schending van het 10e Amendement in Waco te stoppen, wat de gouverneur volgens de grondwet van de Verenigde Staten en de grondwet van de staat Texas had moeten doen.

Tavistock heeft een lange weg afgelegd sinds Ramsey McDonald in 1895 naar de VS werd gestuurd om "het land te bespioneren om het in overeenstemming te brengen met de vestiging van het socialisme". Ramsey rapporteerde aan de Fabians dat om van de VS een socialistische staat te maken, de grondwetten van de staten en vervolgens de federale grondwet moesten worden vernietigd (in die volgorde); Waco was de belichaming van dat doel.

John Marshall, derde opperrechter van de Verenigde Staten, en de zaak Lopez, beslist door het 9 Court of Appeals, maakten voor eens en altijd duidelijk dat federale agenten geen jurisdictie hebben binnen de staatsgrenzen, behalve bij onderzoek naar de vervalsing van Amerikaanse dollars. Dit is op zich al een oxymoron, omdat zogenaamde "Amerikaanse dollars" geen Amerikaanse dollars zijn, maar "Federal Reserve notes" - geen Amerikaans geld, maar de biljetten van een particuliere, niet-gouvernementele centrale bank.

Waarom fraude beschermen, zelfs als die gepleegd wordt door de Amerikaanse regering? Toen de grondwet werd opgesteld, dachten de Founding Fathers dat hun afwijzing van een centrale bank een nepoperatie als de Federal Reserve zou voorkomen. De grondwettelijke bepaling beschermt Amerikaanse schatkistbiljetten tegen vervalsing. Het is twijfelachtig of een briefje van de Federal Reserve, dat geen Amerikaanse dollar is, de bescherming van de grondwet zou genieten.

In Waco verzaakte de sheriff zijn plicht om de agenten van Tavistock en de FBI het land uit te sturen, omdat de FBI geen onderzoek deed naar valsemunterij volgens de Amerikaanse grondwet. De FBI was illegaal in Waco. Het was allemaal onderdeel van een zorgvuldig geplande oefening om te bepalen hoe ver de federale regering kon gaan in het schenden van de grondwet voordat ze te kort kwam.

Net zoals de Britse midden- en lagere klasse aan het begin van de Eerste Wereldoorlog tegen Duitsland werd opgestookt, dankzij de valse propaganda dat de keizer zijn soldaten had opgedragen de armen van kleine kinderen af te hakken toen zij België en Nederland binnenvielen, zo programmeerde Tavistock de Amerikanen om Koresh te haten.

Tavistock's leugens over Koresh werden dag en nacht uitgezonden: Koresh had seks met zeer jonge kinderen in de'compound'. Zijn kerk, een eenvoudig houten gebouw, werd door Tavistocks mind controllers een "compound" genoemd. Een andere grove leugen van Tavistock was dat de Davidianen een amfetaminelaboratorium hadden in de "compound". De term "compound" werd zo een modewoord bij Tavistock.

Het is geen verrassing dat de heer Clinton het groene licht gaf voor de vergassing van de Davidianen, de doodsbedreiging, het dag en nacht luisteren naar duivelse muziek en tenslotte de verbranding. Via wijlen Pamela Harriman kwam de heer Clinton in Oxford in aanraking met Tavistock en werd hij geïndoctrineerd in mind control. Vervolgens werd hij geïntroduceerd in het socialisme/marxisme/communisme voordat hij door Tavistock werd goedgekeurd als opvolger van Bush Sr, die lang genoeg had gediend.

Tavistock plande en voerde een massale mediacampagne waarbij hij zijn opiniepeilingen gebruikte om Clinton in de hoofden van het Amerikaanse volk te implanteren als de meest geschikte persoon om de natie te leiden.

Het was Tavistock die het strikt gecontroleerde interview van Clinton met CBS organiseerde, nadat Geniffer Flowers onthulde dat hij de afgelopen 12 jaar haar minnaar was geweest, en het was Tavistock die de reactie van het Amerikaanse volk op het CBS-interview in handen nam. Dankzij zijn uitgebreide netwerk van opiniepeilingen werd het presidentschap van Clinton dus niet getorpedeerd, maar als Tavistock het CBS-interview niet van begin tot eind had gecontroleerd, zou Clinton zeker in schande zijn afgetreden.

Als je bewijs zoekt; als je nog steeds in "ontkenning" bent, vergelijk dan de ontsnapping van Clinton met de veroordeling van Gary Hart voor een veel mindere aanklacht. De eerste Witte Huis advocaat van het "nieuwe Aquariustijdperk" die getraind werd in de Tavistock methodologie was Mark Fabiani. Zijn vermogen om situaties aan te pakken waarvan alle waarnemers verwachtten dat ze Clinton ten val zouden brengen, werd het gesprek van de dag in Washington.

Slechts 13 mensen in de binnenste cirkel van de Illuminati en de Vrijmetselaars hiërarchie kenden het geheim van Fabiani's succes. Lanny Davis, die Fabiani opvolgde, was nog succesvoller. Davis, bekend als "Dr. Spin", verijdelde de plannen van twee speciale aanklagers, rechter Walsh en Kenneth Starr, en sloeg elke Republikeinse aanval in het Congres af, waardoor de Republikeinse partij in totale wanorde geraakte.

Deze in Tavistock opgeleide advocaat leidde een gedurfde inval tegen Clintons vele vijanden in het Congres. Davis' meesterzet kwam met de Thompson Commissie hoorzittingen over DNC campagne financiering en een groot aantal schandalen in Arkansas.

Het Tavistock plan was eenvoudig, en zoals alle eenvoudige plannen, was het een geniaal plan. Davis verzamelde elke krant in het land die ook maar één verhaal had gepubliceerd over Clintons wandaden, geldschandalen en Whitewater. Op de dag dat de Thompson-commissie in volle gang was en de president om zijn bloed smeekte, sloop een van Davis' vele assistenten de overvolle hoorzaal binnen en overhandigde elk commissielid een map met door Davis samengestelde krantenknipsels.

Het dossier ging vergezeld van een door Davis ondertekende memo: wat de commissie voor miljoenen dollars onderzocht was niet meer dan een verzameling "oud nieuws". Wat viel er te onderzoeken als de beschuldigingen tegen Clinton oud nieuws waren?

De Thompson-commissie werd verslagen, liep vervolgens leeg en trok zich terug, een grote overwinning voor Tavistock en het Witte Huis. Premier Blair moest dezelfde formule gebruiken om parlementaire critici te ontwapenen die hem ervan beschuldigden te liegen over zijn redenen om samen met Bush de Jonge de oorlog in te gaan. De verhalen in *de Daily Mirror* waren allemaal "oud nieuws", zei Blair in antwoord op wat een vernietigende vraag had kunnen zijn. Het parlementslid dat de vraag stelde leidde een beweging om Blair af te zetten. In plaats van te antwoorden, boog Blair de vraag af. Volgens de parlementaire regels had het parlementslid zijn "beurt" gehad en zou hij geen kans meer krijgen om Blair te dwingen de waarheid te vertellen.

HOOFDSTUK 35

De muziekindustrie, hersenspoeling, propaganda en oorlog

Opmerkelijk is dat de invloed van Tavistock in Amerika is toegenomen sinds het daar in 1946 zijn eigen kantoren opende. Tavistock heeft de kunst van desinformatie geperfectioneerd. Deze desinformatiecampagnes beginnen met zorgvuldig opgestelde geruchten. Deze worden meestal geplant in rechtse kringen, waar ze groeien en zich als een lopend vuurtje verspreiden. Tavistock weet al lang dat rechts een vruchtbare bodem is voor de groei en verspreiding van geruchten.

Mijn ervaring is dat er bijna geen dag voorbij gaat zonder dat mij gevraagd wordt een of ander gerucht te bevestigen, meestal door mensen die beter zouden moeten weten. De slimme strategie van het verspreiden van desinformatie via geruchten heeft twee voordelen:

1)   Dit geeft een schijn van geloofwaardigheid aan de verhalen over de conservatieven.

2)   Tegen de tijd dat bewezen is dat de informatie vals is, heeft desinformatie de verspreiders ervan zodanig besmet dat ze gerust als "gekken", "paranoïde randconservatieven", "extremisten" en nog veel erger bestempeld kunnen worden.

De volgende keer dat je dit soort geruchten hoort, denk dan goed na over de bron van het gerucht voordat je het doorvertelt. Onthoud hoe de manipulatoren van Tavistock werken: hoe sappiger het gerucht, hoe groter de kans dat je het verspreidt, waardoor je ongewild deel uitmaakt van de verraderlijke desinformatiemachine van Tavistock.

Als we het nu hebben over een ander expertisegebied waarop Tavistock zijn afgestudeerden opleidt, hebben we het over de moord op belangrijke politici die niet gekocht kunnen worden en die het zwijgen moet worden opgelegd. De moorden op de Amerikaanse presidenten Lincoln, Garfield, McKinley en Kennedy zijn allemaal in verband gebracht met de Britse geheime dienst MI6, en worden sinds 1923 in verband gebracht met het Tavistock Instituut.

President Kennedy bleek ongevoelig voor Tavistocks gedachtencontrole, dus werd hij uitgekozen voor openbare executie als waarschuwing voor degenen die naar macht streven dat niemand hoger is dan het Comité van 300.

Het macabere schouwspel van Kennedy's publieke executie was een boodschap aan het Amerikaanse volk, een boodschap waar ze zich misschien niet bewust van zijn, zelfs nu niet. Misschien leverde het Tavistock Instituut de blauwdruk voor Kennedy's executie. Misschien selecteerde het ook zorgvuldig alle deelnemers, te beginnen met Lee Harvey Oswald, wiens geest duidelijk gecontroleerd werd, tot Lyndon Johnson, wiens geestcontrole niet zo duidelijk was. Degenen die zich niet onderwierpen of de waarheid wilden onthullen, werden onderworpen aan een reeks sancties, van schande tot verbanning uit het openbare leven en zelfs de dood.

Van Tavistocks controle over Amerikaanse presidenten, in het verleden en in de toekomst, gaan we naar de muziek- en entertainmentindustrie. Nergens is de hersenspoeling van grote delen van het Amerikaanse publiek zichtbaarder dan in de "muziek- en amusementsindustrie". Tientallen jaren later worden misleide en niet-ingewijde mensen nog steeds boos op mij omdat ik onthuld heb dat "The Beatles" een Tavistock-project waren. Nu verwacht ik van dezelfde mensen die me vertellen dat ze alles weten over de geschiedenis van "The Beatles", dat het muzikanten zijn en dat ik het volgende niet in twijfel mag trekken:

Wist je dat rap muziek een ander Tavistock programma is? Dat is "Hip-Hop" ook. Hoe onzinnig en idioot de woorden ook zijn (je kunt ze nauwelijks "teksten" noemen), ze zijn ontworpen door de geestcontrole- en gedragsmodificatietechnicus om te passen in en deel uit te maken van Tavistocks bendeoorlogsprogramma voor de grote steden van Amerika. De belangrijkste leveranciers van deze "muziek" en, inderdaad, van alle zogenaamde "rock" en "pop" muziek (excuseer het gebruik van Tavistock jargon) zijn:

- ➢ Time Warner
- ➢ Sony
- ➢ Bertelsman
- ➢ EMI
- ➢ De kapitaalgroep
- ➢ Seagram Canada
- ➢ Philips Electronic
- ➢ De Indiërs

Time Warner

De jaarlijkse inkomsten bedragen 23,7 miljard dollar (cijfers van 1996). Haar muziekuitgeverij bezit een miljoen liedjes via haar dochteronderneming Warner Chappell. Hiertoe behoren nummers van Madonna en Michael Jackson. Zij drukt en publiceert ook bladmuziek. Tot de rap- en poplabels van Time Warner behoren Amphetamine Reptile, Asylum Sire, Rhino, Maverick, Revolution, Luka Bop, Big Head Todd en The Monsters die door Warner REM op de markt worden gebracht.

Time Warner distribueert ook alternatieve muzieklabels via zijn dochteronderneming. Alternative Distribution Alliance, die het grootste deel van Europa bestrijkt en vooral sterk is in het Verenigd Koninkrijk en Duitsland. Het is geen toeval dat deze twee landen het doelwit zijn van de Tavistock-manipulatoren.

Aanzetten tot geweld, ongebreidelde seks, anarchisme en satanisme zijn overvloedig aanwezig in de liedjes die door Time Warner worden verspreid. Deze bijna sektarische overheersing van de West-Europese jeugd (en sinds de val van de USSR ook in Rusland en Japan) bedreigt de Europese beschaving, die duizenden jaren nodig heeft gehad om op te bouwen en te rijpen. De immense populariteit van de jeugd en hun schijnbaar onverzadigbare honger naar dit soort rommel-"muziek" is angstaanjagend, evenals de greep van Tavistock op de geesten van degenen die ernaar luisteren.

Time Warner distribueert muziek via muziekclubs, die het in eigendom heeft of met anderen samenwerkt. Columbia House is daar een voorbeeld van. Sony heeft een belang van 50% in Columbia House.

De productiedivisie van Time Warner, WEA, maakt cd's, cd-roms, audio, video en digitale multifunctionele schijven, terwijl een andere dochteronderneming, Ivy Hill, cd-hoezen en -inserts drukt. American Family Enterprises, een andere dochteronderneming, brengt muziek, boeken en tijdschriften op de markt in het kader van een 50 % joint venture met Heartland Music.

Time Warner Motion Pictures is eigenaar van studio's en productiemaatschappijen, waaronder Warner Bros, Castle Rock Entertainments en New Line Cinemas. Time Warner Motion Pictures heeft 467 zalen in de Verenigde Staten en 464 zalen in Europa (cijfers van 1989: de cijfers zijn in 2005 veel hoger).

Het omroepnetwerk omvat WB Network, Prime Star; Cinemax, Comedy; Central Court TV; SEGA Channel; Turner Classic Movies (Ted Turner bezit 10% van de aandelen van Time Warner).

Zij zendt uit in China, Japan, Nieuw-Zeeland, Frankrijk en Hongarije. Haar kabelfranchise heeft 12,3 miljoen abonnees.

TV/Productie/Distributie: Warner Bros Television ; HBO Independent Productions, Warner Bros. Television Animations ; Telepictures Productions ; Castle Rock Television ; New Line Television, Citadel Entertainment ; Hanna Barbara Cartoons ; World Championship Wrestling ; Turner Original Productions ; Time Warner Sports ; Turner Learning ; Warner Home Videos.

De bibliotheek omvat 28.500 televisietitels en korte animaties.

Time Warner is eigenaar van CNN radio, overgenomen van Ted Turner. Het bezit ook 161 winkels, Warner Books, Littel, Brown, Sunset Books, Oxmoor House en de Book of the Month Club.

Time Warner is eigenaar van de volgende tijdschriften People; Sports Illustrated; Time; Fortune; Life; Money; Entertainment; Weekly; Progressive Farmer; Southern Accents; Parenting; Health; Hippocrates; Asiaweek; Weight Watchers; Mad Magazine; D.C. Comics; American Express Travel and Leisure; Food and Wine. Time Warner bezit ook een aantal themaparken: Six Flags; Warner Bros; Movie World; Sea World of Australia.

Ik hoop dat de lezer op dit punt de tijd zal nemen om na te denken over de enorme macht ten goede of ten kwade die in de handen van Time Warner rust. Het is duidelijk dat deze reus iemand kan maken of breken. En dan te bedenken dat het een klant is van het Tavistock Instituut. Het is beangstigend te bedenken wat deze machtige machine kan doen met de publieke opinie en de gedachten van jonge mensen kan vormen, zoals we zagen met Gay Days in Disney World.

SONY

De inkomsten van Sony werden in 1999 geschat op 48,7 miljard dollar. Het is het grootste elektronicabedrijf ter wereld. Haar muziekdivisie controleert Rock/Rap/Pop; Columbia; Rutthouse; Legacy Recordings; Sony Independent Label; MIJ Label; (Michael Jackson); Sony Music Nashville; Columbia Nashville. Sony bezit duizenden Rock/Pop labels waaronder Bruce Springsteen; So-So Def; Slam Jazz; Bone Thugs in Harmony; Rage Against the Machine; Razor Sharp; Ghost-Face Killa; Crave; en Ruthless Relativity.

Als je je ooit hebt afgevraagd hoe dit afschuwelijke stuk idioterie, met zijn zeer suggestieve woorden en aanzetten tot geweld, in zo'n korte tijd zo'n vaart heeft kunnen maken, dan weet je het nu. Het wordt op afstand gesteund door Sony. Tavistock heeft Rap lange tijd gezien als een nuttige boodschapper om anarchie en chaos - die steeds dichterbij komt - vooraf te gaan.

Sony distribueert het alternatieve punkrocklabel Epitaph Record; Hell Cat; Rancid; Crank Possum Records en Blue Sting Ray's Epitome Surf Music. Sony geeft ook muziek uit via Sony/ATV Music Publishing. Sony bezit alle "songs" van Michael Jackson en bijna al het assortiment van de Beatles.

Sony is eigenaar van Loews Theatres, Sony Theatres, en zijn televisiebelangen omvatten spelshows. Het heeft ongeveer 15% van de markt voor de verkoop van muziek, bladmuziek, en is het grootste internationale muziekbedrijf ter wereld. Andere producten van Sony zijn CD's, optische schijven en audio- en videocassettes.

Het Loews hotel in Monte-Carlo is een informatiecentrum voor drugshandel, en de werknemers melden elke "verdachte activiteit" in het hotel rechtstreeks aan de politie van Monte-Carlo.

(Met "verdacht" bedoelen we iedereen van buitenaf die probeert in te breken in de zaak). Verschillende van de top receptiemedewerkers zijn getraind door de politie van Monte Carlo om een oogje in het zeil te houden.

Het doel was niet om de drugshandel uit te roeien, maar alleen om te voorkomen dat "buitenstaanders" in de drugshandel terecht zouden komen. Buitenstaanders" die aankomen in het Loews Hotel worden geïnformeerd en snel gearresteerd. Deze gebeurtenissen worden aan de pers en de wereldmedia verkocht als "politie-invallen". Sony's Motion Pictures divisie bestaat uit Columbia Pictures; Tri-Star Pictures; Sony Pictures; Classic Triumph; Triumph Films met rechten op Columbia Home Tri-Star films. Haar televisiebelangen omvatten spelshows.

Bertelsman

Het is een Duitse privé-onderneming van Reinhard Mohn, waarvan de omzet in 1999 op 15,7 miljard dollar werd geraamd. Bertelsman bezit 200 muzieklabels in 40 landen, waaronder

Rap/Rock/Pop. Whitney Houston; The Grateful Dead: Bad Boys: Ng Records, Volcano Enterprises; Dancing Cat; Addict; Gee Street (Jungle Brothers) en Global Soul. Al deze titels bevatten expliciete aansporingen tot seksuele afwijkingen, drugsgebruik, anarchie en geweld. Bertelsman bezit de Country & Western eigendommen Arista Nashville (Pam Tillis); Career (LeRoy Parnell) RCA Label Group; BNA (Lorrie Morgan.) Andere titels die het bezit zijn de Star Wars soundtrack; Boston Pops; New Age en Windham Hill, enz. Het bedrijf geeft bladmuziek uit via BMG Music, dat de rechten op 700.000 songs beheert, waaronder die van de Beach Boys, B.B. King, Barry Manilow en 100.000 beroemde songs van Paramount Studios. Het bezit zeven muziekclubs in de VS en Canada en produceert creditcards voor MBNA Bank.

Bertelsman A.G. doet wereldwijd veel aan boekverkoop en is aangesloten bij het Comité van 300.

Bertelsmann bezit onder meer Doubleday; Dell Publishers; Family Circle; Parent and Child; Fitness; American Homes and Gardens, met 38 tijdschriften in Spanje, Frankrijk, Italië, Hongarije en Polen. De televisie- en satellietkanalen van Bertelsman bevinden zich in Europa, waar het de grootste zender is. Het bedrijf is zeer rancuneus en zal niet aarzelen om iedereen aan te vallen die durft te onthullen wat volgens haar niet in haar belang is.

EMI

Een Brits bedrijf met een geschatte omzet van 6 miljard dollar in 1999, dat zestig muzieklabels in zesenveertig landen bezit: Rock/Pop/Rap; Beetle Boys; Chrysallis; Grand Royal; Parlaphone; Pumpkin Smashers; Virgin; Point Blank.

EMI bezit en controleert The Rolling Stones, Duck Down, No Limit, N00 Tribe, Rap-A-Lot (The Ghetto Boys) en een enorme uitgeverij van bladmuziek. Het heeft een rechtstreeks of totaal belang in 231 winkels in zeven landen, waaronder HMV, Virgin Megastores: Dillons (VS). EMI heeft netwerkzenders in het

Verenigd Koninkrijk en Europa, waarvan sommige samenwerken met Bertelsmann.

De kapitaalgroep

De in Los Angeles gevestigde investeringsgroep heeft 35% van zijn aandelen verkocht aan Seagram's, het drankbedrijf dat eigendom is van de Bronsteins en een hooggeplaatst lid van het Comité van 300. Seagram's heeft een belang van 80% in Universal Music Group (voorheen MCA), dat nu eigendom is van Matushita Electric Industries.

De inkomsten in 1999 werden geschat op 14 miljard dollar. Seagram bezit meer dan 150.000 auteursrechten, waaronder die van Impact: Mechanic; Zebra; Radioactive Records; Fort Apache Records; Heavy D and the Boys.

The Capital Group heeft joint ventures met Steven Spielberg, Jeffrey Katzenburg en David Geffen. In haar Country en Western divisie is het bedrijf eigenaar van Reba McIntyre, Wynona, George Straight; Dolly Parton; Lee Anne Rimes en Hank Williams.

Via Seagram is het bedrijf eigenaar van de concertzalen Fiddler's Green (Denver); Blossom Music Center (Cleveland); Gorge Amphitheater (Washington State); Starplex (Dallas). Het heeft uitgebreid naar Toronto en Atlanta. De Capital Group is via zijn Motion Pictured-divisie eigenaar van Demi Moore, Danny De Vito, Penny Marshall en een groot aantal andere minder belangrijke figuren uit de filmindustrie. Universal Films Library is eigendom van de Capital Group, evenals Universal Films Library. Het bedrijf bezit 500 winkels, verschillende hotels en Universal Studios in Hollywood.

De Indiërs

Een van de kleinste bedrijven in de muziek- en entertainmentsector, waarvan de jaarlijkse inkomsten worden geschat op 5 miljard dollar. Het bedrijf heeft een aanzienlijke portefeuille van Rock/Rap/Pop labels, voornamelijk van de vreemdere genres.

Haar Country and Western divisie is eigenaar van Willie Nelson en de distributie verloopt via de Big Six. Zelfs zonder winkels of onafhankelijke verkooppunten te bezitten, is het bedrijf erin geslaagd een verbazingwekkende 21% van de muziekverkoop in de VS binnen te halen.

Wat belangrijk is, is dat het grootste deel van zijn inkomsten afkomstig is van de verkoop van rare Rap/Pop/Rock met gewelddadige, beledigende, schuttingtaal, seksueel suggestieve titels, anarchie - waaruit blijkt welke richting de Amerikaanse jeugd opgaat.

Philips Electronic

Dit Nederlandse bedrijf had in 1996 een omzet van 15,8 miljard dollar. Hoewel het voornamelijk een elektronicabedrijf is, valt het in de categorie "Big Six", voornamelijk omdat het 75% van Polygram Music bezit. Haar portefeuille van labels bevindt zich op het gebied van Rock/Pop/Rap. Elton John is een van haar eigendommen. Philips staat op de derde plaats in de muziekuitgeverij met 375.000 auteursrechtelijk beschermde titels.

Via zijn dochterondernemingen in Europa en het Verenigd Koninkrijk produceerde Philips in 1998 540 miljoen cd's en VHS-cassettes. De divisie Motion Pictures is eigenaar van Jodi Foster, terwijl Philips Television eigenaar is van Robert Redfords Sundance Films en Propaganda Films.

De bovenstaande informatie moet u, de lezer, een idee geven van de immense macht die deze gigantische industrie heeft over ons dagelijks leven; hoe zij de geesten van jonge Amerikanen vormt. Zonder de controle en de geavanceerde technieken die Tavistock deze bedrijven ter beschikking heeft gesteld, zouden de reuzenstappen die deze industrie heeft gezet niet mogelijk zijn geweest. De informatie die ik heb verstrekt zou u op uw grondvesten moeten doen schudden wanneer u zich realiseert dat

Tavistock het "nieuws" dat wij zien, de "home movies" en films van tv-zenders die wij mogen bekijken, de muziek waarnaar wij luisteren, controleert.

Achter deze gigantische onderneming staat het Tavistock Institute for Human Relations. Zoals ik duidelijk heb aangetoond, loopt Amerika in de pas met de gigantische film- en muziekindustrie; krachten die tot nu toe onbekend waren - machtige krachten die als enig doel hebben de geesten van onze jongeren te perverteren, verdraaien en misvormen, om de invoering van de Socialistische Nieuwe Wereld Orde door het Comité van 300 te vergemakkelijken - De vestiging van één wereldregering, waarin de nieuwe communisten de wereld regeren.

De informatie die ik u heb gepresenteerd zou een bron van grote bezorgdheid moeten zijn wanneer u nadenkt over de toekomst van uw kinderen en de jeugd van Amerika, nu u hebt geleerd en begrepen dat zij worden gevoed met anarchistische ideeën, revolutionair elan en aansporing tot drugsgebruik, vrije seks, abortus, lesbianisme en de aanvaarding van homoseksualiteit.

Zonder deze gigantische muziek- en entertainmentindustrie zou Michael Jackson een puberale en smakeloze entiteit zijn geweest, maar hij werd "opgepompt" en Tavistock vertelde de jeugd van ons land hoe geweldig hij is en hoeveel zij, de jeugd van de westerse wereld, van hem houden! Het heeft ook te maken met de macht om de media te controleren.

Voor zover de muziek- en entertainmentindustrie wat ik noem een door Tavistock ontworpen "open geheim" is, verwacht ik niet dat mijn werk over dit vitale onderwerp als de hele waarheid zal worden aanvaard, tenminste niet tot 2015, het jaar waarin ik het uitbreken van "Armageddon" voorspel, de totale nucleaire oorlog van CAB, wanneer de toorn van God zal neerdalen op de Verenigde Staten van Amerika. Maar wat de massale controle van de media betreft, is het zelfs voor de onwetende waarnemer niet moeilijk om te zien, te horen en te lezen dat de VS inderdaad een gecontroleerde media heeft, geproduceerd door het Tavistock Instituut. Het was deze factor die president Bush verkozen heeft en hem vervolgens, tot verbazing van heel Europa en minstens de helft van het Amerikaanse electoraat, voor een tweede termijn verkozen heeft gekregen, ondanks zijn betreurenswaardige staat van dienst.

Hoe is dit gebeurd? De vraag is gemakkelijk te beantwoorden: Door de ineenstorting van de Amerikaanse nationale media. Mainstream omroepen lieten hun verplichting om het algemeen belang te behartigen varen; ze voelden zich niet langer verplicht om over beide kanten van de zaak te berichten.

De nationale media hebben hun beleid van "vermenging van nieuws en fictie", dat begon met "War of the Worlds", geïntensiveerd.

Dit heeft weliswaar kijkers aangetrokken en de inkomsten verhoogd, maar het heeft niets veranderd aan de aloude doctrine van eerlijkheid in de omroep, die zo essentieel is voor de informatiestroom in een vrije samenleving. De laatste jaren is dit ernstige probleem verergerd door de opkomst van de rechtse "donderbrigade", die geen tegengeluid duldt. Zij zenden alleen de standpunten van de regering-Bush uit en aarzelen niet om het nieuws op Tavistock-manier te verdraaien en te "spinnen".

Dit werd bevestigd door een gezamenlijk onderzoek dat in 2004 werd uitgevoerd door het Center on Policy Studies, het Center on Policy Attitudes, het Program on International Policy Attitudes en het Center for International and Security Studies. Wat zij vonden is echt de sleutel tot waarom Bush nog steeds in het Witte Huis zit, en een eerbetoon aan de kracht van professionele propaganda:

> ➤ 75% van de aanhangers van Bush was niet overtuigd van de conclusie van de presidentiële commissie dat Irak niets te maken had met Al Qaeda.

> ➤ De meerderheid van de Bush-aanhangers geloofde dat een groot deel van de islamitische wereld de Verenigde Staten steunde bij de invasie van Irak. Dit is volledig in tegenspraak met de feiten. Egypte, een moslimstaat, steunt de VS niet en de meerderheid van de Egyptenaren

wil de VS uit Irak. Turkije, dat weliswaar een seculiere staat is maar voor het overgrote deel islamitisch, is met 87% van de stemmen tegen de aanwezigheid van de VS in Irak en verwerpt de redenen die voor de invasie worden aangevoerd.

➢ Zeventig procent van de gelovigen gelooft dat Irak massavernietigingswapens bezat.

Wat ik hier heb geschreven is de onbetwistbare waarheid, maar er is een belangrijke gebeurtenis voor nodig om dit als zodanig te bevestigen, net zoals het 14 jaar duurde voordat mijn boek van het Comité van 300 en 25 jaar voordat mijn rapport van de Club van Rome door Alexander King zelf werd bevestigd. Maar het lijdt geen twijfel dat Tavistock vandaag, in 2005, elk aspect van het leven in Amerika beheerst. Niets ontsnapt eraan.

In 2005 zijn we getuige van de verbazingwekkende invloed en macht van het Tavistock Instituut en zijn hoge bazen, het Comité van 300, in de manier waarop president George Bush de Verenigde Staten leidt en in de acceptatie van wat Bush zegt en doet zonder vragen of twijfel.

De redenen voor deze verkeerde overtuigingen zijn niet moeilijk te vinden. In 1994 vertelde de regering Bush het Amerikaanse publiek herhaaldelijk dat Irak over kernwapens beschikte die klaar waren voor gebruik. Berichten van de regering-Bush dat president Hoessein Al Qaida-eenheden in Irak steunde en dat Al Qaida verantwoordelijk was voor de aanslag op het World Trade Center (WTC) werden ook als waarheid gezien, zonder enige feitelijke basis. Toch herhaalden leden van het Roaring Right Radio Network (RRRN) vrolijk deze fouten, waaronder Hannity en Combs en Fox News. Hannity vertelde zijn publiek dat de wapens naar Syrië waren overgebracht. Hij bood nooit een greintje bewijs om zijn bewering te staven. Bovendien spuien Fox News en andere radioprogramma's massa's propaganda. De belangrijkste vertegenwoordigers van radiopropaganda ten gunste van de regering Bush zijn:

➢ Rush Limbaugh

- Matt Drudge
- Sean Hannity
- Bill O'Reilly
- Tucker Carlson
- Oliver North
- John Stossell
- Gordon Liddy
- Peggy Noona
- Larry King
- Michael Reagan
- Gordon Liddy
- Dick Morris
- William Bennett
- Michael Savage
- Joe Scarborough

Larry King is een van de best getrainde marionetten van Tavistock. In de zeldzame gevallen dat hij een tegenstander van Bush' oorlog in zijn show heeft, geeft hij hem ongeveer twee minuten om zijn zaak te bepleiten, onmiddellijk gevolgd door vijf pro-Bush "deskundigen" om de moedige tegenstander te weerleggen.

Bijna alle bovengenoemde radiopersoonlijkheden hebben in verschillende mate training gekregen van de deskundigen van Tavistock. Wanneer we hun methodologie bestuderen, zien we een duidelijke gelijkenis met de in Tavistock geperfectioneerde presentatiemethoden. Hetzelfde geldt voor de televisiepersoonlijkheden, de "nieuwslezers" en hun "nieuws", die qua inhoud en stijl niet van elkaar verschillen. Allen, zonder uitzondering, dragen het stempel van het Tavistock Instituut.

De Verenigde Staten zijn in de greep van het grootste en

duurzaamste programma van massale mind control (hersenspoeling) en "conditionering", en dit vindt zijn weerslag op elk niveau van onze samenleving. De meesters van manipulatie, bedrog, samenspanning, misleiding, halve waarheden en hun tweelingbroer, regelrechte leugens, hebben het Amerikaanse volk bij de keel.

Churchill vertelde het Lagerhuis, voordat hij "getransformeerd" werd, dat de bolsjewieken "Rusland bij de haren hebben gevat". Wij durven te zeggen dat "Tavistock het hoofd en de geest van het Amerikaanse volk heeft gegrepen".

Tenzij de geest van 1776 en de opwekking die plaatsvond onder de generatie die de Founding Fathers opvolgde, opnieuw ontwaakt, zijn de Verenigde Staten gedoemd in te storten, net zoals de Griekse en Rosenische beschavingen ineenstortten.

Wat nodig is, is de vorming van ons eigen "onzichtbare leger" van "stoottroepen" die elk dorp, elke stad en elke plaats in de hele Verenigde Staten zullen binnengaan om het tegenoffensief te leiden dat de troepen van Tavistock zal doen terugtrekken en hen naar een definitieve nederlaag zal leiden.

BIJLAGE

DE GROTE DEPRESSIE

Montagu Norman, destijds gouverneur van de Bank of England, en een goede vriend van de familie van de Fabiaanse socialiste Beatrice Potter Webb, bracht een verrassingsbezoek aan de Verenigde Staten als voorbode van het begin van de Grote Depressie. Zoals u ziet, was het een "verzonnen gebeurtenis" zoals het zinken van de Lusitania die de Verenigde Staten de Eerste Wereldoorlog in sleurde.

De gebeurtenissen die leidden tot de Grote Depressie van de jaren 1930.

1928

23 februari - Montagu Norman bezoekt de heer Moreau, president van de Banque de France.

14 juni - Herbert Hoover wordt door de Republikeinse Partij genomineerd als presidentskandidaat.

18 augustus - Montagu Norman wordt herkozen als voorzitter van de Bank of England.

6 november - Herbert Hoover wordt verkozen tot president van de Verenigde Staten.

17 november - Montagu Norman wordt herkozen als gouverneur van de Bank of England.

1929

1 januari - The *New York Times* verklaart dat in 1929 een grote

goudvlucht uit de Verenigde Staten wordt verwacht.

14 januari - Eugene R. Black is herkozen als gouverneur van de Federal Reserve Bank van Atlanta, Georgia.

26 januari - Volgens persberichten heeft het aanstaande bezoek van Montagu Norman niets te maken met de verplaatsing van goud van New York naar Londen.

30 januari - Montagu Norman arriveert in New York; hij beweert dat hij slechts een beleefdheidsbezoek brengt aan G.L. Harrison.

31 januari - Montagu Norman brengt een dag door met ambtenaren van de Federal Reserve Bank.

4 februari - Montagu Norman verklaart dat zijn bezoek niet zal leiden tot een onmiddellijke verandering in de situatie van sterling of goud. Congreslid Loring M. Black, Jr. dient een resolutie in waarin hij de Federal Reserve Board vraagt of deze met Montagu Norman heeft gesproken op of rond het moment dat hij zijn kredietwaarschuwing gaf.

10 februari - Vertegenwoordiger Black dient een resolutie in waarin hij president Coolidge en minister Mellon vraagt om opheldering over het bezoek van Norman, die geen ambtenaar van de Bank of England is.

12 februari - Andrews verklaart dat de bewering dat de Federal Reserve Bank de controle over de monetaire situatie heeft verloren, een illusie is en beweert dat de Bank de markt naar believen kan reguleren door in te grijpen in de herschikkingen. Zijn verklaring "heeft geleid tot herhaalde beschuldigingen dat het Federal Reserve System de controle over de economie heeft verloren. "

19 februari - De resoluties van Black worden verworpen door de Bank- en Geldcommissie.

26 februari - The *New York Times* meldt dat veel banken de Federal Advisory Council hebben gevraagd mee te werken aan het beperken van leningen voor beursspeculatie.

4 maart - Herbert Hoover wordt beëdigd als president.

12 maart - Minister van Financiën Mellon verklaart dat hij zich niet zal bemoeien met het beleid van de Raad.

21 maart - De Federal Reserve Bank of Chicago neemt maatregelen om het lenen van aandelen te beperken door de speculatieve leningen te verlagen van 25% naar 50%.

1 april - In haar rapport van april over de economie pleit de National City Bank voor een verhoging van de discontovoet tot 6% om de buitensporige speculatie op de aandelenmarkt te beteugelen. Een bank in handen van de Rockefellers!

Op 5 mei verhoogde de Kansas City Federal Reserve het hertellingspercentage tot 5%.

14 mei - De Federal Reserve Bank of Minneapolis verhoogt de hertarieven tot 5%.

19 mei - De verhoging van het hertarief tot 5% wordt uniform verklaard; het verzoek van New York en Chicago om een tarief van 6% wordt afgewezen.

23 mei - Het Adviescollege adviseert een herdisconteringspercentage van 6%.

9 augustus - De Federal Reserve Bank van New York verhoogt de rente tot 6%; de maatregel wordt omschreven als "slim".

3 september - In haar maandelijkse bulletin stelt de National City Bank (een Rockefeller-Standard Oil bank) dat het effect van de verhoging van het herdisconteringspercentage onzeker is.

29 oktober - De beurscrash maakt een einde aan de naoorlogse welvaart; 16.000.000 aandelen, inclusief onbeperkte baissetransacties, veranderen van eigenaar.

Aan het eind van het jaar bedroeg de waardedaling van de aandelen $15.000.000.000; aan het eind van 1931 bedroegen de voorraadverliezen $50.000.000.000.

Nov - De Federal Reserve Bank van New York verlaagt het hertellingspercentage tot 5%.

11 november - Montagu Norman wordt voor een elfde termijn

verkozen tot gouverneur van de Bank of England.

15 november - Het tarief van de herdiscontering wordt verlaagd tot 4,5%.

Gedurende het eerste deel van 1929 waren er voortdurend berichten over goudzendingen naar de VS van en naar Londen, waardoor de indruk werd gewekt dat het bericht van 1 januari juist was. Maar met de beurskrach begon de vlucht van goud uit de VS serieus.

Kurt Lewin

Het werk van Kurt Lewin (1890-1947) had een diepgaande invloed op de sociale psychologie en het ervaringsleren, de groepsdynamica en het actieonderzoek. Lewin werd geboren op 9 september 1890 in het dorp Mogilno in Pruisen (nu deel van Polen). Hij was een van de vier kinderen uit een middenklasse Joods gezin (zijn vader had een kleine winkel en een boerderij).

Ze verhuisden naar Berlijn toen hij vijftien was en hij schreef zich in aan het Gymnasium. In 1909 ging Kurt Lewin naar de universiteit van Freiberg om medicijnen te studeren. Daarna verhuisde hij naar de Universiteit van München om biologie te studeren. Gedurende deze tijd raakte hij betrokken bij de socialistische beweging. Hij hield zich vooral bezig met de strijd tegen het antisemitisme en de democratisering van de Duitse instellingen.

Hij promoveerde aan de universiteit van Berlijn, waar hij geïnteresseerd raakte in wetenschapsfilosofie en de Gestaltpsychologie ontdekte. Hij promoveerde in 1916, maar diende toen in het Duitse leger (hij raakte gewond in de strijd). In 1921 trad Kurt Lewin toe tot het Instituut voor Psychologie van de Universiteit van Berlijn, waar hij seminars gaf in filosofie en psychologie. Hij begon naam te maken met publiceren en lesgeven. Zijn werk werd bekend in Amerika en hij werd uitgenodigd om zes maanden door te brengen als gasthoogleraar in Stanford (1930). Toen de politieke situatie in Duitsland in 1933 aanzienlijk verslechterde, vertrok hij met zijn vrouw en dochter naar de Verenigde Staten.

Later raakte hij bij het Tavistock Instituut betrokken bij verschillende toegepaste onderzoeksinitiatieven in verband met de oorlogsinspanning (de Tweede Wereldoorlog), met name om het moreel van de strijdende troepen en de psychologische oorlogsvoering te beïnvloeden. Hij is altijd een overtuigd socialist geweest. Hij richtte het Center for Group Dynamics aan het MIT op. Hij was ook betrokken bij een programma - de Commission of Community Interrelations in New York. De "T-groepen" waarvoor Lewin beroemd werd, kwamen voort uit dit programma, dat tot doel had religieuze en raciale vooroordelen op te lossen.

Lewin kreeg financiering van het Office of Naval Intelligence en werkte nauw samen om zijn agenten te trainen. De National Training Laboratories was een ander van zijn massahersenspoelprogramma's die een belangrijke rol speelden in het bedrijfsleven.

Niall Ferguson

Niall Ferguson is een professor in de geschiedenis die heeft gedoceerd in Cambridge en nu een post bekleedt in Oxford. Dit zijn de geloofsbrieven van een "hofhistoricus" wiens voornaamste doel het is de patriottische en politieke mythen van zijn regering te beschermen.

Professor Fergusson heeft echter een iconoclastische aanval geschreven op een van de meest eerbiedwaardige patriottische mythes van Groot-Brittannië, namelijk dat de Eerste Wereldoorlog een grote en noodzakelijke oorlog was waarin de Britten de nobele daad stelden om de Belgische neutraliteit, de Franse vrijheid en het Franse en Britse rijk te beschermen tegen militaire agressie door de gehate Hun. Politici als Lloyd George en Churchill stelden dat oorlog niet alleen noodzakelijk, maar ook onvermijdelijk was. Zij werden daarbij vakkundig geholpen door de propagandafabriek van Wellington House, "het huis van leugens" zoals Toynbee het noemt.

Ferguson stelt en beantwoordt tien specifieke vragen over de Eerste Wereldoorlog, waarvan een van de belangrijkste is of de oorlog, met in totaal tien miljoen slachtoffers, de moeite waard was.

Hij antwoordt niet alleen ontkennend, maar concludeert ook dat de wereldoorlog noch noodzakelijk, noch onvermijdelijk was, maar veeleer het resultaat van schromelijk verkeerde beslissingen van Britse politieke leiders, gebaseerd op een onjuiste perceptie van de "dreiging" die Duitsland voor het Britse Rijk vormde. Ferguson noemde het "niets minder dan de grootste vergissing in de moderne geschiedenis".

Hij gaat verder en legt de meeste schuld bij de Britten, omdat het de Britse regering was die uiteindelijk besloot om van de continentale oorlog een wereldoorlog te maken.

Hij betoogt dat de Britten geen wettelijke verplichting hadden om België of Frankrijk te beschermen en dat de Duitse marineopbouw hen niet echt bedreigde.

Volgens Ferguson hadden de Britse politieke leiders zich moeten realiseren dat de Duitsers vooral bang waren om omsingeld te worden door de groeiende industriële en militaire macht van Rusland en het grote Franse leger. Hij beweert ook dat de Kaiser zich zou hebben gehouden aan zijn belofte aan Londen aan de vooravond van de oorlog om de territoriale integriteit van Frankrijk en België te garanderen in ruil voor de neutraliteit van Groot-Brittannië.

Ferguson concludeert dat "het besluit van Groot-Brittannië om in te grijpen het resultaat was van geheime plannen van haar generaals en diplomaten die teruggingen tot 1905" en gebaseerd was op een verkeerde interpretatie van de Duitse bedoelingen, "die geacht werden van Napoleontische omvang te zijn". Ook politieke berekeningen speelden een rol bij het uitbreken van de oorlog. Ferguson merkt op dat minister van Buitenlandse Zaken Edward Grey de impuls gaf die Groot-Brittannië op het oorlogspad bracht. Hoewel een meerderheid van andere ministers aarzelde. "Uiteindelijk gingen ze akkoord om Grey te steunen, deels uit angst om uit de macht verdreven te worden en de Tory's in het Huis te laten."

Dat was de kracht van de leugens en propaganda van Wellington House, de voorloper van het Tavistock Institute of Human Relations.

De Eerste Wereldoorlog blijft de Britten tot op de dag van vandaag bezighouden, net zoals de Amerikaanse Burgeroorlog de Amerikanen blijft achtervolgen. De Britse slachtoffers in de oorlog bedroegen in totaal 723.000, meer dan het dubbele van het aantal in de Tweede Wereldoorlog. De auteur schrijft:

> "De Eerste Wereldoorlog blijft het ergste wat het volk van mijn land ooit heeft moeten doorstaan."

Een van de grootste kosten van de oorlog, die door Britse en Amerikaanse deelname werd verlengd, was de vernietiging van de Russische regering.

Ferguson betoogt dat zonder Britse interventie de meest waarschijnlijke uitkomst een snelle Duitse overwinning zou zijn geweest met enkele territoriale concessies in het oosten, maar geen bolsjewistische revolutie.

Er zou geen Lenin zijn geweest - en ook geen Hitler.

> "Uiteindelijk was het door de oorlog dat beide mannen konden opstaan om barbaarse despoten te vestigen die nog meer bloedbaden aanrichtten."

Volgens Ferguson zou hun rijk nog steeds sterk en levensvatbaar zijn als de Britten aan de zijlijn waren blijven staan. Hij gelooft dat de Britten gemakkelijk hadden kunnen samenleven met Duitsland, waarmee ze voor de oorlog goede betrekkingen onderhielden. Maar de Britse overwinning kwam met een prijs die "veel groter was dan hun winsten" en "de eerste gouden eeuw van economische'globalisering' teniet deed". Maar meedogenloze anti-Duitse propaganda veranderde die goede relaties in vijandschap en haat.

De Eerste Wereldoorlog betekende ook een groot verlies van individuele vrijheid. "Groot-Brittannië in oorlogstijd... werd in fasen een soort politiestaat," schrijft Ferguson. Natuurlijk is vrijheid altijd een oorlogsslachtoffer en de auteur vergelijkt de Britse situatie met de draconische maatregelen die president Wilson in Amerika oplegde.

De onderdrukking van het vrije woord in Amerika "maakte een aanfluiting van de pretenties van de geallieerde mogendheden om voor vrijheid te vechten". Wat professor Fergusson wist, was dat Wilson de ergste beperkingen op de vrije meningsuiting had opgelegd. Hij probeerde zelfs senator La Follette te laten arresteren omdat hij tegen de oorlog was.

Hoewel Ferguson voornamelijk tot een Brits publiek sprak, is hij relevant voor Amerikanen die tragisch genoeg de Britten, verdwaasd door propaganda en volledig gemanipuleerd, volgden in twee wereldoorlogen, ten koste van een enorm verlies aan vrijheid als gevolg van de centralisatie van de macht in de Leviathan-regering in Washington.

Er kunnen veel waardevolle lessen worden getrokken uit deze tijdige waarschuwing dat het Tavistock Instituut, de opvolger van Wellington House, heeft aangetoond hoe gemakkelijk het is om de geest van grote delen van de bevolking te conditioneren en te controleren.

"De Grote Oorlog: De kracht van propaganda

De vruchten van de oorlog die gewone mensen in Groot-Brittannië, Frankrijk, Duitsland, België en Rusland niet wilden: gedood in de bloei van hun leven:

Groot-Brittannië en het Rijk	2 998 671
Frankrijk	1 357 800
Duitsland	2 037 700
België	58,402

Dit zijn voornamelijk doden aan het "Westelijk Front" en het

"Oostelijk Front" en omvatten niet de verliezen geleden aan andere fronten door andere naties. De kosten bedroegen $180.000.000.000 in directe boekhouding en $151.612.500.000 in indirecte boekhouding.

De twee Eerste Wereldoorlog veldslagen die in dit boek worden genoemd:

Passendale. De slag begon op 31 juli 1917 en duurde drie maanden. Er vielen in totaal 400.000 slachtoffers.

Verdun. Begon op 21 februari 1916 en eindigde op 7 juni. 700.000 man gedood.

Latere propaganda inspanningen

Het Tavistock Instituut heeft zijn technieken zodanig geperfectioneerd dat, volgens recente deskundigen, 70% van al het kapitaal en de menselijke middelen die de reclame- en propagandaprogramma's van de Amerikaanse regering besteden aan strategische doelstellingen naar psychologische operaties gaan, en de propaganda waaruit deze psychologische operaties bestaan is het belangrijkste onderdeel geworden van wat het betekent om Amerikaan en Brit te zijn.

Het niveau van de propaganda is nu zo hoog, zo alomvattend, dat sociale wetenschappers erop vertrouwen als de totaliteit van het Amerikaanse leven, en als gevolg van deze aanhoudende propaganda is het leven in beide landen een simulatie geworden. Tavistock voorspelt, net als filosofen en sociologen van Beaudrilliard tot McLuhan, dat deze simulatie spoedig de werkelijkheid zal vervangen.

De publieke perceptie van propaganda associeert het met reclame en het soort partijdige propaganda dat op praatradio wordt uitgezonden, of met een ijverige radioprediker. Dit zijn allemaal vormen van propaganda, maar ze worden meestal als zodanig herkend.

De adverteerder probeert zijn product of dienst in het publieke bewustzijn te brengen. Politiek commentaar doet precies hetzelfde en evenzo zijn religieuze uitzendingen evenzeer bedoeld om volgelingen te motiveren tot een bepaalde handelwijze, zoals het steunen van de oorlog of een land dat zij als "bijbels" beschouwen en dat we met uitsluiting van anderen moeten steunen, als om de geestelijke oriëntatie van niet-geëngageerde luisteraars te veranderen. Op die manier hopen zij dat de luisteraars worden overgehaald om de ideeën van de sprekers over te nemen of hun voorbeeld te volgen ter ondersteuning van dit of dat doel. Vooral elke "prediking" over het Midden-Oosten op de Amerikaanse radio verraadt al snel dit doel.

Andere vormen van communicatie, in alle mediavormen, zijn veel indringender, zoals opzettelijk partijdige of onjuiste, onvolledige berichtgeving, gepresenteerd als waarheid of objectief feit. In werkelijkheid is het pure propaganda, vermomd als nieuws, waar afgestudeerden van Tavistock in uitblinken.

Gedwongen propaganda, voor het eerst geïntroduceerd door Bernays in Wellington House om de onwillige bevolking met geweld te overtuigen, gebeurt door wetenschappelijke herhaling. De Eerste Wereldoorlog was een grote dag voor Wellington House, met duizenden reputaties als "de Slager van Berlijn", enz.

Tijdens de laatste Golfoorlog was het Amerikaanse volk niet geneigd zich zorgen te maken over een invasie van Saddam Hoessein, maar Powell, Rice, Cheney en een reeks "autoriteiten" lieten het Amerikaanse volk geloven dat Saddam Hoessein binnenkort een "paddestoelwolk" boven de Verenigde Staten zou kunnen toveren, ook al waren hun beweringen ongegrond.

De uitspraak dat "Saddam een bedreiging was voor zijn buren" werd keer op keer herhaald door regeringsfunctionarissen en militaire leiders, waarbij zich al snel grote aantallen mensen aansloten.

Particuliere organisaties, politieke commentatoren, intellectuelen, kunstenaars en natuurlijk de nieuwsmedia haalden de krantenkoppen, ook al waren die gebaseerd op lagen leugens.

De propagandaboodschappen verschillen, maar de

basisboodschap is altijd dezelfde. De hoeveelheid waarschuwingen en de diversiteit van de betrokken bronnen hebben ertoe bijgedragen dat de mensen de dreiging als reëel ervaren. De slogans helpen de luisteraars en lezers van dit propagandamateriaal het "gevaar" te visualiseren, niet zozeer om het land te beschermen als wel om actieve deelname aan te moedigen door het niveau van de hysterie te verhogen.

Dit is een gebruikelijke praktijk van Groot-Brittannië en de Verenigde Staten in alle oorlogen waarbij zij vanaf 1900 tot op heden betrokken zijn geweest. Het klimaat van angst dat daardoor ontstond, heeft het gewenste effect gehad: een snelle uitbreiding van militair onderzoek en wapenvoorraden, en "preventieve aanvallen" in Servië en Irak.

De propaganda liep sterk terug tijdens de oorlog in Vietnam, toen de Amerikanen de wreedheid van de gevechten in hun huiskamers zagen en het idee van een "defensieve" oorlog ineenstortte. De bedenkers van de oorlogen in Servië en Irak zorgden ervoor dat deze fout niet werd herhaald.

Het effect van de propaganda was zo groot dat de meeste Amerikanen nog steeds geloven dat Vietnam een "anticommunistische" oorlog was. Van de Koude Oorlog in het algemeen - de Cubaanse raketcrisis - tot Servië, liet propaganda de vijandelijkheden bloeien en vermeerderen.

De propaganda van het anticommunistische tijdperk was op maat gemaakt door Tavistock en ontworpen om de ontwikkeling van de wereldwijde militaire expansie van de VS te vergemakkelijken, die al gaande was sinds de oprichting van het Instituut voor Vreedzame Betrekkingen in de jaren dertig en waarover McCarthy struikelde.

Er zijn andere soorten verraderlijke propaganda; andere soorten propaganda zijn gericht op sociaal gedrag of groepstrouw. Wij zien dit in het ontstaan van het verval van de moraal dat de wereld heeft overspoeld op een golf van goed gerichte propaganda van het soort dat werd bevorderd door H. V. Dicks, R. Bion, Hadley Cantril en Edward Bernays, de sociale wetenschappers die ooit de leiding hadden over de activiteiten van Tavistock. Hun product, propaganda, is de illusie van waarheid vervaardigd door deze propagandistische prostituees van bedrog en leugens.

Bibliografie

Journey Into Madness, Gordon Thomas

MK. Ultra 90; CIA

American Journal of Psychiatry, januari 1956; Dr. Ewan Cameron.

Documenten over de activiteiten van "The Society for the Investigation of Human Psychology". Het was een dekmantel voor CIA experimenten in mind control.

Ethiek van Terreur, Prof. Abraham Kaplan.

De psychiater en de terreur, Prof. John Gun.

De technieken van het overtuigen, I.R.C. Brown.

The Psychotic; Understanding Madness, Andrew Crowcroft.

(Als je "waanzin" eenmaal begrijpt, kan het in elk onderwerp worden nagebootst).

The Battle for the Mind, Invicta Press.

The Mind Possessed, Invicta Press.

De verzamelde werken van Dr. Jose Delgado

The Experiments of Remote Mind Control (ESB): Dr. Robert Heath.

Dr. Heath heeft succesvolle experimenten uitgevoerd met het EGS, waaruit is gebleken dat het gaten in het geheugen kan creëren, plotselinge impulsen kan veroorzaken (zoals willekeurige geweerschoten), op zijn commando angst, plezier en haat kan oproepen.

ESB Experimenten, Gottlieb.

Dr. Gottlieb zei dat zijn experimenten leidden tot de schepping van een psycho-beschaafd persoon, en vervolgens een hele psycho-beschaafde samenleving, waarin elke menselijke gedachte, emotie, sensatie en verlangen volledig wordt beheerst door elektrische stimulatie van de hersenen.

Dr Gottleib zei dat hij een stier kon tegenhouden en mensen kon programmeren om op commando te doden.

Gedetailleerde documentatie van de experimenten van de CIA met de CSE, onder leiding van Dr. Stephen Aldrich.

De verzamelde onderzoeksdocumenten van Dr. Alan Cameron.

Ze werden gevonden bij de enorme verzameling documenten over experimenten met mind control, verpakt in 130 dozen, uitgevoerd door Dr Gottleib en die hij niet had vernietigd zoals de CIA had bevolen.

The *New York Times*, december 1974. "Een ontmaskering van CIA mind control experimenten."

Naast het bovenstaande is er Dr. Coleman's eigen werk, *Metaphysics, Mind Control, ELF Radiation and Weather Modifications*, gepubliceerd in 1984, en bijgewerkt in 2005.

In hetzelfde boek legt dr. Coleman uit hoe mind control werkt en geeft hij duidelijke voorbeelden. [th]Hij heeft zijn eerdere werk uitgebreid met *Mind Control in de 20e eeuw*, waarin expliciet wordt beschreven hoe de technieken voor mind control zich hebben ontwikkeld.

Een dynamische theorie van persoonlijkheid. Dr. Kurt Lewin

Tijdsperspectief en moreel

De neurose van de oorlog. W.R. Bion (Macmillan Londen 1943)

Ervaringen in groepen" (*Lancet*, 27 november 1943)

Leaderless Groups (Londen 1940)

Ervaringen in groepen (Bulletin du Messager)

Catastrophic Change, (The British Psychoanalytical Soc.)

Elements of Psychoanalysis, Londen 1963.

Borderline Persoonlijkheidsstoornissen, Londen

Kracht en ideeën, Walter Lippmann

Publieke Opinie, Walter Lippmann

Crystallizing Public Opinion, Edward Bernays

Propaganda, Edward Bernays

The *Daily Mirror*, Alfred Harmsworth 1903/1904

The *Sunday Mirror*, Alfred Harmsworth 1905/1915

Menselijke kwaliteit, Aurelio Peccei 1967

The Chasm Ahead, Aurelio Peccei

Willem II, keizer van Duitsland. Correspondentie van Willem II

Memoires van Lenin, N. Krupskaja (Londen 1942)

De wereldcrisis, Winston Churchill

How We Advertised America, George Creel, New York 1920.

Wilson, The New Freedom, Arthur S. Link 1956.

The Aquarian Conspiracy, Marilyn Fergusson...

Some Principles of Mass Persuasion, Dorwin Cartwright

Journal of Humanistic Psychology, John Rawlings Reese...

Understanding Man's Behavior, Gordon Alport

Invasie van Mars, Hadley Cantrill...

War of Worlds, H. G. Wells...

Terror by Radio, The *New York Times*

Psychologie van de Wetenschap, Aldous Huxley...

A Kings' Story, The Duke of Windsor

Mijn vier jaar in Duitsland, James W. Gerard

Onder de ijzeren hiel, G. W. Stevens

Het technologische tijdperk, Zbigniew Brzezinski...

Institute for Development and Management Publications, Ronald Lippert,

Wanneer actieonderzoek een methodologie uit de Koude Oorlog wordt

De wetenschap van dwang, Renses Likert

Managementsystemen en -stijl.

Mentale spanningen. H.V. Dicks

De stand van zaken in de Britse psychiatrie, H.V. Dicks

The Jungle, Upton Sinclair

Beroep op de rede De geldwisselaars

Propaganda technieken in de Wereld Oorlog, Harold Lasswell

Imperial Twilight, Berita Harding

Onschuld en Ervaring, Gregory Bateson

In godsnaam, Bateson en Margaret Meade...

They Threw God Out of the Garden, R.D. Laing...

Stappen naar een ecologie van de geest. De feiten van het leven.

Op onze weg, Franklin D. Roosevelt

Hoe democratieën ten onder gaan, Jean François Revel

Disraeli, Stanley Weintraub

Brute Force: Allied Strategy Tactics WWII. John Ellis

De concentratiekampen in Zuid-Afrika, Napier Davitt

The Times History of the War in South Africa, Sampson Low 7 Vols.

De man van de organisatie, Jorgen Schleiman 1965

Stalin en het Duitse communisme, Jorgen Schleiman 1948

Willi Munzenberg Een politieke biografie, Babetta Gross 1974.

Propaganda Techniek in de Wereld Oorlog, Harold Lowell

The Propaganda Menace, Frederick E. Lumley 1933

Geschiedenis van de Russische Communistische Partij, Leonard Schapiro 1960

Neue Zurcher Zeitung, 21 december 1957

De opkomst van de bolsjewieken en de novemberrevolutie, A.P. Kerensky 1935.

Ten Days That Shook The World, John Reed 1919

Reeds gepubliceerd

Historische gebeurtenissen worden vaak veroorzaakt door een "verborgen hand"...

De geschiedenis van de oprichting van de Verenigde Naties is een klassiek geval van de diplomatie van de misleiding...

Deze openlijke samenzwering tegen God en de mens omvat de onderwerping van de meeste mensen...